新时代网络意识形态安全治理的法治路径研究

刘远亮　著

西北工业大学出版社

西　安

【内容简介】 本书立足于学界既有相关研究,集中探讨新时代网络意识形态安全治理法治路径的深层逻辑与实践进路。具体研究中,从网络空间意识形态工作和法治建设的密切关联入手,通过分析二者内在的逻辑契合,从深层次剖析和把握新时代网络意识形态安全治理法治路径的特点和规律,明晰基于法治路径牢牢掌握网络空间意识形态工作领导权的思维要求、能力诉求、战略定位、保障机制等,以推进网络意识形态安全治理问题深入研究,使研究更好地服务新时代的意识形态安全工作需求。

图书在版编目(CIP)数据

新时代网络意识形态安全治理的法治路径研究 / 刘远亮著. — 西安:西北工业大学出版社,2023.4
ISBN 978-7-5612-7730-0

Ⅰ.①新… Ⅱ.①刘… Ⅲ.①互联网络-意识形态-安全管理-法规-研究-中国 Ⅳ.①D922.174

中国国家版本馆 CIP 数据核字(2023)第 004377 号

XINSHIDAI WANGLUO YISHI XINGTAI ANQUAN ZHILI DE FAZHI LUJING YANJIU
新 时 代 网 络 意 识 形 态 安 全 治 理 的 法 治 路 径 研 究

责任编辑: 万灵芝 蔡晓亮	**策划编辑:** 张 晖
责任校对: 李文乾	**装帧设计:** 李 飞
出版发行: 西北工业大学出版社	
通信地址: 西安市友谊西路 127 号	**邮编:** 710072
电　　话: (029)88491757,88493844	
网　　址: www.nwpup.com	
印 刷 者: 西安五星印刷有限公司	
开　　本: 710 mm×1 020 mm	1/16
印　　张: 11	
字　　数: 222 千字	
版　　次: 2023 年 4 月第 1 版	2023 年 4 月第 1 次印刷
定　　价: 58.00 元	

如有印装问题请与出版社联系调换

前　言

对任何一个国家来说,在其发展过程中意识形态都发挥着十分重要的作用。马克思曾指出,"如果从观念上来考察,那么一定的意识形式的解体足以使整个时代覆灭",说的正是这个道理。它警示我们,在国家发展中必须要特别重视意识形态问题并加强意识形态工作。对此,党的二十大报告特别强调,"意识形态工作是为国家立心、为民族立魂的工作",要"牢牢掌握党对意识形态工作的领导权,全面落实意识形态工作责任制,巩固壮大奋进新时代的主流思想舆论"。

当前,我国正处于全面建设社会主义现代化国家的关键时期,社会矛盾多发,国内外发展环境复杂且发生着深刻变化,多元文化激荡,在此背景下,确保意识形态安全就显得尤为关键。习近平总书记指出,"经济建设是党的中心工作,意识形态工作是党的一项极端重要的工作","我们要深刻认识经济基础对上层建筑的决定作用,深刻认识上层建筑对经济基础的反作用,既要有硬实力,也要有软实力,既要切实做好中心工作、为意识形态工作提供坚实物质基础,又要切实做好意识形态工作、为中心工作提供有力保障;既不能因为中心工作而忽视意识形态工作,也不能使意识形态工作游离于中心工作"。从国家发展战略高度把握意识形态问题,强调意识形态工作的重要意义,提出推进意识形态工作的系列新理念新思想,表明我们党对意识形态工作规律的认识达到了一个新的高度。实践中,意识形态工作也取得了显著成效。新征程中,意识形态建设既有良好机遇,也面临严峻挑战,多措并举做好意识形态工作,坚持马克思主义在意识形态领域指导地位的根本制度,防范化解意识形态领域重大风险挑战,进而形成具有强大凝聚力和引领力的社会主义意识形态,以牢固全党全国各族人民团结奋斗的思想文化基础。

在新时代整体的意识形态工作中,网络意识形态工作是非常特殊且不容忽视的内容。自 20 世纪 90 年代中期我国正式接入互联网以来,在 20 余年的时间里,互联网在我国表现出了迅猛发展态势,成为驱动国家改革发展的全新变量。但与此同时,它也带来了诸多新的风险和挑战,这些风险和挑战在国家安全领域尤其突出。由于网络技术对意识形态领域的介入,在网络技术逻辑与意识形态逻辑的交融互动中,纷繁复杂的网络意识形态安全问题便成为新的治理难题。习近平总书记强调,"网络意识形态安全风险问题值得高度重视","掌握网络意识形态主导权,就是守护国家的主权和政权"。可见,如何健全网络综合治理体系,推动形成良好网络生态,进而有效维护和实现网络意识形态安全,牢牢掌握网络意识形态工作领导权,是新时代意识形态工作面临的一项迫切任务。可以说,没有网络意识形态安全,就没有整体的意识形态安全,国家安全也就无从谈起了。

在防范化解网络空间各种意识形态安全风险和挑战过程中,法治的作用不可或缺,以法治路径促进网络意识形态安全治理是一个全新理路。固然,互联网为人们提供了较为自由的交流互动平台,但要实现毫无约束的所谓完全的"网络自由"是不可能的,也是不现实的。而要应对网络空间的诸种风险挑战,治理各种网络乱象,必须充分发挥法治的引领和规范作用。网络空间不是法外之地。在全面依法治国进程中,依法治网是重要实践向度。通过法治思维和法治方式推进网络空间治理,是切实提升网络综合治理能力、营造清朗网络空间,进一步筑牢网络空间这个意识形态安全高地的现实需要。

近年来,有不少学者开始从法治角度探讨网络意识形态安全治理问题,提出了网络意识形态工作法治化、意识形态阵地建设法治化等,于是凸显了一个新的研究议题。笔者认为,以法治路径推进网络意识形态安全治理,它不只是简单的网络空间的法律执行的问题,还涉及治理观念的转变、治理能力的提升、治理体制的创新等多方面的问题,它是一个系统的过程。基于法治路径推进网络意识形态安全治理,必须综合考虑法治和意识形态工作二者的特殊逻辑及其互动关系,进而在此基础上来寻求推进网络意识形态安全治理的可行路径。

正是基于这样一种思考,笔者开始着手本书的研究工作。在研究中,笔者立足于对近年来习近平总书记关于全面依法治国、意识形态工作、网络安全治理等方面的系列重要论述,以及学界积累的既有研究成果的梳理和分析,对网络意识形态安全治理的法治路径展开研究,主要探讨以法治路径促进网络意识形态安全治理的内在逻辑及实践路径。研究的落脚点,是强调我们应准确把握网络意识形态安全治理法治路径的核心内涵及重要意义,高度重视和不断完善网络意识形态安全治理的法治路径,最终使法治成为牢牢掌握网络意识形态工作领导权的关键抓手,进而更好地服务新时代国家的网络意识形态工作。

需要强调的是,本书虽然聚焦于网络意识形态安全治理的法治路径问题,但并不是研究单纯的法律问题,研究要传达的核心理念,即我们应基于法治逻辑,注重用法治思维和法治方式来防范化解网络空间的诸种意识形态安全问题。从法治角度推进网络意识形态安全治理,这不仅是一个热门研究议题,也是一个现实问题。希望本书的研究能为进一步推进网络意识形态安全治理问题研究提供有益的理论参考。当然,本书对该问题所进行的分析尚属于初步的探讨,其中涉及的诸多问题仍然需要进一步深入研究。

写作本书曾参阅了相关文献、资料,在此谨向其作者深致谢忱。

由于水平有限,书中难免有诸多不足,敬请广大读者批评指正。

著 者

2023年1月

目 录

导论　从法治角度研究网络意识形态安全治理 ……………………… 1
　一、网络意识形态安全的核心要旨 …………………………………… 2
　二、新时代我国网络意识形态安全面临的突出问题 ………………… 6
　三、提出网络意识形态安全治理法治路径的重要价值 ……………… 10
　四、文献回顾及本书研究思路 ………………………………………… 12

第一章　以法治路径促进网络意识形态安全治理的时代背景 ……… 17
　一、为何强调网络意识形态安全治理的法治路径 …………………… 17
　二、背景一：将社会主义核心价值观融入法治建设成为意识形态工作新思路
　　…………………………………………………………………………… 22
　三、背景二：全面推进依法治国为意识形态工作创造新环境 ……… 26
　四、背景三：依法规范网络空间秩序成为意识形态工作新要求 …… 32

第二章　以法治路径促进网络意识形态安全治理的内在逻辑 ……… 38
　一、"法"和"意识形态"的马克思主义阐释 ………………………… 38
　二、网络空间意识形态安全工作与法治建设是内在统一的过程 …… 44
　三、法治作用于网络意识形态安全治理的重要机理 ………………… 49
　四、法治路径内含的促进网络意识形态安全治理的基本方式 ……… 56

第三章　以法治路径促进网络意识形态安全治理的思维向度 ……… 60
　一、网络意识形态安全治理的法治路径呼唤法治思维 ……………… 60
　二、以法治思维应对网络意识形态安全问题必须尊重意识形态规律 … 66
　三、以法治思维应对网络意识形态安全问题必须尊重网络社会发展规律
　　…………………………………………………………………………… 72

· I ·

四、需要从思维观念角度把握和处理好的三对关系……… 76

第四章 以法治路径促进网络意识形态安全治理的能力诉求 ……… 87
  一、以法治路径推进网络意识形态安全治理的能力保障……… 87
  二、核心能力：借助于法治牢牢掌握网络意识形态工作领导权 ……… 97
  三、以法治路径提升网络意识形态安全治理能力的着力点 ……… 104

第五章 以法治路径促进网络意识形态安全治理的战略定位 ……… 114
  一、从战略角度认识网络意识形态安全治理的法治路径 ……… 114
  二、法治是决定网络意识形态安全治理成效的关键 ……… 122
  三、法治路径与网络意识形态的内生安全动力 ……… 125
  四、回归网络意识形态的凝聚力和引领力 ……… 129

第六章 以法治路径促进网络意识形态安全治理的保障机制 ……… 132
  一、严格落实网络意识形态工作责任制 ……… 132
  二、完善网络意识形态领域的法律规范体系 ……… 138
  三、夯实依法保障网络意识形态安全的技术基础 ……… 142
  四、基于依法治网构建网上网下同心圆 ……… 148

结语 高度重视和不断完善网络意识形态安全治理的法治路径 ……… 153
  一、准确把握网络意识形态安全治理法治路径的基本要求 ……… 153
  二、不断完善和强化网络意识形态安全治理的法治路径 ……… 156
  三、使法治成为牢牢掌握网络意识形态工作领导权的关键抓手 ……… 158

参考文献 ……… 161

导论　从法治角度研究网络意识形态安全治理

当今时代,网络技术革命持续推进,使得人类社会既有的信息传播和交往方式发生了前所未有的变化,与之相应,人们许多传统的生活方式、思想观念等也发生了巨大的变化。中国作为一个后发现代化国家,网络技术对国家改革发展的影响尤为突出,其中对意识形态的影响是重要的方面,网络意识形态安全问题因而备受关注。

网络意识形态是网络社会的产物,它是高度融渗和综合了线上线下意识形态而形成的网络社会的全新意识形态样式。[①] 2016年2月19日,在党的新闻舆论工作座谈会上,习近平总书记指出,"过不了互联网这一关,就过不了长期执政这一关"[②]。在党的二十大报告中强调要"建设具有强大凝聚力和引领力的社会主义意识形态",其中"健全网络综合治理体系,推动形成良好网络生态"[③]是重要内容,正说明了网络意识形态安全治理的重要性。网络意识形态安全治理无疑是一个复杂的过程,其中法治的引领和规范作用必不可少。依法加强网络空间治理,营造良好网络空间生态,切实保障网络安全,是做好网络意识形态工作的现实需要。以法治路径推进网络意识形态安全治理,是有效防范化解纷繁复杂的网络意识形态安全风险的全新理路。当然,这也是一个颇具现实价值的研究课题,而且实际上也已成为热点研究议题,需要从学理上给予积极的回应,推动其深入研究。

要开展网络意识形态安全治理的法治路径研究,有必要对一些基本问题做一清晰的回答。比如:如何理解网络意识形态安全的核心要旨？新时代中国特色社会主义发展中网络意识形态领域究竟面临哪些突出问题？当前提出网络意识形态安全治理的法治路径有什么重要价值？关于网络意识形态安全治理法治路径目前学界研究的现状是什么？下面将对这些问题进行分析,为本书的研究奠定基础。

---

① 黄冬霞、吴满意：《网络意识形态内涵的新界定》,《社会科学研究》2016年第5期,第107~112页。
② 中共中央文献研究室：《习近平关于社会主义文化建设论述摘编》,北京：中央文献出版社2017年版,第42页。
③ 习近平：《高举中国特色社会主义伟大旗帜　为全面建设社会主义现代化国家而团结奋斗——在中国共产党第二十次全国代表大会上的报告》,北京：人民出版社2022年版,第44页。

一、网络意识形态安全的核心要旨

作为一种全新的意识形态呈现形态,网络意识形态已然成为国家整体意识形态工作框架中十分重要的内容。特别是网络技术变革与我国社会转型的交织,更是加剧了网络意识形态安全风险。所以,积极推进网络意识形态安全治理,有效应对诸多网络意识形态安全问题,确保网络空间马克思主义主流意识形态的指导地位和权威性,是新时代意识形态工作面临的迫切任务。

(一)网络技术变革催生出网络意识形态问题

"意识形态"(ideology)作为一个概念,最早由法国哲学家德斯蒂·德·特拉西提出。这个概念在19世纪初创造出来不久,就成了一个带有强烈政治色彩、甚至颇有贬义的名词,而且常常成为政治攻讦的工具。但不可否认,现代民族国家的建构及发展都与意识形态有着紧密的关联,意识形态在每个国家的变迁中都扮演了不可替代的角色,发挥着极为重要的功能。可以说,现代各国的发展过程,很大程度上正是各种意识形态相互竞争、重构以及更新的过程。

按照马克思主义的理论观点,意识形态是一种对社会存在的系统解释,在总体上是一类确定的文化,这种文化是对社会存在的反映,受社会存在的制约,个人或集体都会自觉不自觉地受这种文化的影响。此外,意识形态是社会意识中构成社会观念上层建筑的部分,包括艺术思想、道德观念、政治法律思想、宗教观点和哲学等内容。因此,"统治阶级的思想在每一时代都是占统治地位的思想。这就是说,一个阶级是社会上占统治地位的物质力量,同时也是社会上占统治地位的精神力量。支配着物质生产资料的阶级,同时也支配着精神生产资料,因此,那些没有精神生产资料的人的思想,一般地是隶属于这个阶级的"[①]。

实际上,意识形态就是一种对事物的感观思想,是观念、观点、概念、思想、价值观等要素的总和。意识形态在国家发展中发挥着独特的作用。对此,我国学者俞吾金曾指出,"作为一种统治工具,意识形态是代表统治阶级根本利益的情感、表象和观念的总和"[②],它在本质上是一种以一定理论为基础的信仰体系,因而有着强烈的主观意图——论证政治统治或者争取某种政治统治的合法性。在当今社会,任何一个国家都需要意识形态的作用,它是政治合法性信仰体系的深层基础,是整个社会得以凝聚和团结的精神支柱,是国家软实力的重要体现。

然而,伴随着社会环境的变化,意识形态的特征也会随之发生变化。现如今,

[①] 《马克思恩格斯选集》(第一卷),北京:人民出版社1995年版,第98页。
[②] 俞吾金:《意识形态论》,上海:上海人民出版社1993年版,第129页。

人类已经迈入网络社会。在此背景下,基于网络技术革命持续推进以及网络技术在社会各领域的广泛运用,人类社会既有的社会存在方式、政治沟通方式、信息传播和获取方式、话语表达方式、消费娱乐方式等,都发生了深刻而广泛的变化,而意识形态领域的变化则是突出方面。事实上,网络技术与意识形态的密切关联,已经成为当今网络社会发展过程中表现出来的显著特征,网络意识形态问题因此日益凸显并受到社会各界的高度关注,目前已成为学界研究的热门课题。

美国著名学者尼葛洛庞帝在其研究中指出,在网络社会,"分散式体系结构令互联网络能像今天这样三头六臂。无论是通过法律还是炸弹,政客都没有办法控制这个网络","传统的中央集权的生活观念将成为明日黄花"。① 的确,互联网络所具备的高度的开放性、互动性及跨越国界特征,打破了前网络社会信息传播的许多限制,比如政府对传播媒介所有权的垄断、对传播内容的严格控制等,使得网络空间成了各种思想观点的集散地,以及人们传播和获取政治信息、进行互动交流的新平台,乃至国家间政治渗透和斗争的新领地。政府对网络媒介及网络传播内容完全控制和垄断已不再可能,国家意识形态安全于是面临新的网络化风险和挑战,网络意识形态安全治理的难度也随之日益增加。

互联网对意识形态安全的冲击近年来受到了党中央的高度重视。习近平总书记指出,"意识形态工作是党的一项极端重要的工作",而且"互联网已经成为舆论斗争的主战场"。② 他强调,"要把网上舆论工作作为重中之重来抓,善于运用网络传播规律,改进创新网上宣传,发展健康向上的网络文化,形成网上正面舆论强势。大力推进传统媒体和新兴媒体融合发展,增强主流媒体的传播力公信力影响力和舆论引导能力。加强网络社会管理,加强网络新技术新应用的管理,推进网络依法有序规范运行,确保互联网可管可控,使我们的网络空间清朗起来"③,要"坚持发展和治理相统一、网上网下相融合,广泛汇聚向上向善力量。各级党委和政府要担当责任,网络平台、社会组织、广大网民等要发挥积极作用,共同推进文明办网、文明用网、文明上网,以时代新风塑造和净化网络空间,共建网上美好精神家园"④。可见,把握网络传播规律,利用网络信息传播的特点和优势推进意识形态工作,是新时代意识形态建设的重要内容,也是网络强国建设的现实需要。加强网络意识形态建设,实际上,就是通过塑造和谐、健康的网络舆论生态,发挥网络反映群众心声和现实诉求的作用,引导广大人民群众的思想观念朝向正确的方向发展,通过网络空间弘扬主旋律,传播正能量,使马克思主义主流意识形态通过网络渠道更好地

---

① [美]尼葛洛庞帝:《数字化生存》,海口:海南出版社1996年版,第269、259页。
② 习近平:《意识形态工作是党的一项极端重要的工作》,《人民日报》2013年8月20日。
③ 《创造中华文化新的辉煌——关于建设社会主义文化强国》,《人民日报》2014年7月9日。
④ 《习近平谈治国理政》(第四卷),北京:外文出版社2022年版,第319页。

入脑入心,为构建和谐有序的社会秩序及整体社会发展奠定重要思想基础,提供重要精神支撑。

网络技术变革催生了网络意识形态这种新的意识形态形式,诸多意识形态安全问题都是因网而生。必须看到,互联网作为一种大众传播媒介,在本质上与报刊、广播、电视等是一致的,但它又具有明显优势。这种优势,尤其体现在其信息传播的高效、自由、开放等特征上,并推进了信息传播领域重大革命的发生。而且网络技术对社会各领域的全面渗透及介入,也促进了社会的转型。对于互联网兴起产生的革命性意义,有学者将其概括为如下几方面:新的技术概念引领着划时代的范式革命、知识和信息创造着新的增长方式和经济逻辑、网络革命实实在在推动着社会的进步。① 互联网已成为当今时代最具代表性的基础设施及生产要素,在人类社会的经济、政治、文化等方面的发展中发挥着越来越重要的作用,因而表现出了越来越大的影响力。诸多网络意识形态安全风险和挑战的存在,深刻影响着新时代中国特色社会主义的整体发展。没有网络意识形态安全,就没有国家整体的意识形态安全。

(二)网络意识形态安全的特殊内涵

当今社会,随着网络空间意识形态安全问题的日益凸显,许多学者都开始关注网络意识形态安全问题,从不同学科、不同角度对网络意识形态展开研究,以至于网络意识形态成为马克思主义理论、政治学、社会学等学科的热点研究议题。值得肯定的是,目前学者们关于网络意识形态问题的探讨,已经形成了许多富有价值的研究成果,为进一步深入对网络意识形态问题研究奠定了重要学术基础。但也应该看到,时至今日,人们对于网络意识形态仍然众说纷纭,关于网络意识形态的界定甚至存在许多分歧和争议。这些分歧和争议的存在,影响着人们对网络意识形态安全问题的认知,以及实践中具体网络意识形态工作的开展。

研究新时代中国特色社会主义发展过程中的网络意识形态安全治理问题,涉及的首要问题,就是对"网络意识形态安全"核心内涵的理解。网络意识形态是人类意识形态发展的新形态,随着网络与现实的深度共融,以网络技术为基础,以网络语言为载体,集中反映人民群众世界观和价值观的网络意识形态,如今已成为意识形态体系的一个重要组成部分。② 正确理解网络意识形态安全,把握其核心要旨,有助于我们更好地推进网络意识形态安全治理研究。为此,在开展本书核心问题研究之前,需要在学界既有研究的基础之上,对网络意识形态安全的概念略做

---

① 蔡文之:《网络:21世纪的权力与挑战》,上海:上海人民出版社2007年版,第40~51页。
② 朱箭容:《新时代我国网络意识形态发展逻辑和新动能研究》,《南京邮电大学学报(社会科学版)》2018年第6期,第32~39页。

分析。

从目前学界已有的研究成果来看,关于"网络意识形态"的定义,代表性观点主要有以下几种:

(1) 网络意识形态是指国家及各级管理部门基于多元互联网平台进行文化生产、思想教育、价值传播、舆论引导的社会主义意识形态的总称。①

(2) 网络意识形态是指传统意识形态各要素在网络信息空间的延伸和再现,并在一定条件下反作用于现实世界,对现实世界产生影响。②

(3) 网络意识形态是网民借助数字化、符号化、信息化中介系统而进行的信息、知识、精神的共生共享活动中形成的有机体系,是网民在网络社会中具有符号意义的信仰和观念表达方式的总和,其核心是价值观念。③

(4) 网络意识形态是人类社会发展进程中一种全新的意识形态形式,是基于网络时代而产生的。可以从两个层面理解:其一,把网络作为一种信息载体,在这种信息载体上传播各种各样的思想观念,这些思想观念代表着不同阶级、阶层的利益,具有明显的意识形态属性;其二,就是在这个虚拟的网络空间里,网民们形成了自己的看待网络世界的思想体系,这些思想体系代表着网民们的自身利益,指导着网民们的日常行动,并通过虚拟社会反作用于现实社会。④

(5) 网络意识形态,指的是虚拟空间中社会意识形态的新样态,是观念上层建筑在虚拟空间的反映和表现。⑤

由上述不同观点可以看出,网络意识形态是一种特殊的意识形态表现形式,是网络社会的产物,是网络技术的广泛运用及其对意识形态工作全面介入而形成的,主要以网络空间为依托,通过线上、线下交融发挥作用,它既遵循意识形态工作一般规律,也有许多特殊性。它是网络空间的技术逻辑与社会主流意识形态形成发展逻辑相互作用的产物,其内核乃是网络群体的深层次信仰与价值判断体系。⑥所以必须认识到,网络意识形态并不是社会意识形态在网络空间的简单投射,而是互联网发展的产物,主要以感性形式承载抽象的意识形态内容,具有稳定的价值导

---

① 李怀杰、吴满意、夏虎:《大数据时代高校网络意识形态建设探究》,《思想教育研究》2016年第5期,第75~79页。
② 姚元军:《网络意识形态安全问题探究》,《江汉大学学报(社会科学版)》2014年第5期,第20~23页。
③ 黄冬霞、吴满意:《近年来国内学界网络意识形态问题研究状况述评》,《天府新论》2015年第5期,第115~121页。
④ 杨永志、吴佩芬等:《互联网条件下维护我国意识形态安全研究》,天津:南开大学出版社2015年版,第79页。
⑤ 丁存霞:《新时代网络意识形态安全治理能力现代化》,《湖北社会科学》2020年第1期,第158~164页。
⑥ 张卫良、龚珊:《网络意识形态的二重性特质与主流意识形态安全维护》,《中南大学学报(社会科学版)》2020年第1期,第137~143页。

向,并在一定条件下作用于现实社会。①

所谓"网络意识形态安全",按照代表性的观点,就是指在网络虚拟空间内,对网民认知事物进行指导与导向,维护网民价值观念与信仰的正确性,确保国家主流意识形态在互联网环境下稳定且不受威胁,借此制定符合国家网络安全维稳的目标与策略,用以保证国家安全在网络方面的落实。② 意识形态安全属于国家政治安全的范畴。如何在当前严峻的网络安全形势下确保网络意识形态安全,是国家政治安全治理中要着力解决的重大现实问题。

就我国而言,网络意识形态安全有其特殊的内涵,意指依凭于一定的网络信息技术和相应的制度安排,来捍卫马克思主义在网络空间中的话语权,保障社会主义核心价值观免受西方意识形态、价值观念与各种不法信息的侵扰,营造风清气正的网络空间的一种能力。③ 由此可见,网络意识形态安全包含两层含义:一是主流意识形态在网络空间免受威胁进而维持其权威性的状态,二是主流意识形态在网络空间能更好地发挥其引领和规范作用的能力。

二、新时代我国网络意识形态安全面临的突出问题

意识形态对于国家发展的重要性是不容置疑的。对此,习近平总书记指出:"我们在集中精力进行经济建设的同时,一刻也不能放松和削弱意识形态工作……我们必须把意识形态工作的领导权、管理权、话语权牢牢掌握在手中,任何时候都不能旁落,否则就要犯无可挽回的历史性错误。"④有学者也强调:"意识形态安全是立国之本,如果放弃了对意识形态的主导权,必将导致国家既有政治和经济制度的衰落甚至毁灭。"⑤在新时代中国特色社会主义发展中,必须切实维护意识形态安全,充分发挥意识形态在引领社会发展上的功能。应看到,当前意识形态领域的斗争依然错综复杂,面临的风险挑战依然十分严峻;意识形态风险仍然是我们今天面临的重大挑战,有效进行意识形态的斗争是我们开展具有许多新的历史特点的伟大斗争的重要方面,对此必须有足够清醒的认识。⑥

网络意识形态是意识形态工作的重中之重。而网络意识形态安全作为网络意

---

① 金伟、白舒娅:《当前我国网络意识形态风险的特点及防控策略》,《当代世界与社会主义》2022年第4期,第59~65页。
② 何茜:《西方文化渗透下我国网络意识形态安全发展态势与对策研究》,《中国社会科学院研究生院学报》2018年第3期,第55~63页。
③ 史献芝:《新时代网络意识形态安全治理的现实路径》,《探索》2018年第4期,第172~178页。
④ 中共中央文献研究室:《习近平关于社会主义文化建设论述摘编》,北京:中央文献出版社2017年版,第21页。
⑤ 刘慧:《中国国家安全研究报告(2014)》,北京:社会科学文献出版社2014年版,第74页。
⑥ 阙道远、梁军峰:《坚持底线思维 着力防范化解重大风险》,北京:人民日报出版社2019年版,第41页。

识形态工作的第一要务,越来越受到广大党员领导干部的关注和认同。①推进网络意识形态安全治理,确保网络空间意识形态安全,牢牢掌握网络意识形态工作领导权,是意识形态建设的重点内容。然而,必须客观认识到,目前我国网络意识形态安全仍然面临着严峻挑战。

(一)网络技术变革与社会转型的交织加剧了网络意识形态安全风险

我国目前正处于社会转型期,也是一种大变革时期,社会矛盾多发。特别是在社会主义市场经济条件下,社会价值多元化,人们的价值观念中既包含符合社会主义价值观念的积极因素,也包含逐利、拜金等消极因素。而且这种多样化的思想观念借助于网络平台的传播和扩散,会从不同角度不同程度地削弱主流意识形态的指导作用,消解主流意识形态的权威性。"网络是一把双刃剑,一张图、一段视频经由全媒体几个小时就能形成爆发式传播,对舆论场造成很大影响。这种影响力,用好了造福国家和人民,用不好就可能带来难以预见的危害。"②对于意识形态安全而言,互联网是十分重要的影响变量:一方面,它为人们提供了获取信息和言论表达的新途径,就此来说,网络媒介一定程度上成为化解社会矛盾、疏导社会不良情绪的减压阀;另一方面,开放、多元、交互的信息传播方式无形中加大了我国意识形态的治理难度,人们在海量的信息面前也可能不再被动接受主导媒体的灌输和教育,不再简单追随主流意识形态,从而导致对主流意识形态认同的弱化。③

无疑,信息技术革命与社会转型的交织加剧了我国意识形态的安全风险。由于社会正处于转型期,有的制度体制不够完善,在原有沟通和表达机制尚不健全的情况下,多样化的网络信息交流平台就成了人们表达政治愿望和互动的主要渠道,人们参与和表达的热情得到了空前释放,互联网对国家改革发展的影响也显得更为突出。于是,现实社会中的诸多矛盾、问题在网络空间都有所表现,与之相应的就是多元化的话语表达和思想传播。这种多元化的话语表达和思想传播,会直接对政府施政产生影响,也会消解主流意识形态的权威性。特别是突发公共事件爆发后,往往出现网络意识形态场域剧烈震荡、网络社会思想领域激烈交锋、异质网络意识形态投射对抗等异象,容易引发网络意识形态安全风险。④此外,"互联网容易表现出暴力化倾向,某些偏激的网民喜欢上纲上线,把任何问题都政治化"⑤,

---

① 李艳艳:《习近平关于网络意识形态工作重要论述的逻辑探析》,《思想理论教育导刊》2022年第5期,第46~55页。
② 《习近平谈治国理政》(第三卷),北京:外文出版社2020年版,第319页。
③ 任洁:《当前我国意识形态建设面临的六大挑战》,《党建》2012年第7期,第22~23页。
④ 丁强、牟德刚、孔德民:《突发公共事件中网络意识形态风险的表象、生成与治理》,《思想教育研究》2021年第8期,第149~153页。
⑤ 王金水:《网络政治参与与政治稳定机制研究》,《政治学研究》2014年第4期,第53~60页。

导致各种非理性网络行为的出现,比如在网络空间进行谩骂、恶搞、揭丑、泄愤,甚至传播谣言,成为危及意识形态安全的重要诱因。截至 2022 年 6 月,我国网民规模已达 10.51 亿人,网络普及率为 74.4%。① 网络信息技术普及率逐年提高,运用范围日益广泛,多样化的移动客户端形态,交互、网状的信息传递格局,使政府对网络信息流的控制越来越难,这对意识形态安全治理而言是极大的挑战。

目前,我国网络意识形态安全状况表现出一些新特征,比如主流意识形态在网络舆论场的引导力存在弱化现象、突发社会事件上升为意识形态论争的频率加大、网络意识形态论争的形式日趋复杂多样、网络意识形态论争对于民众心理的影响更加深刻等。② 这些新的特征充分表明,强化网络意识形态安全治理是一项艰巨的任务。

"牢牢掌握意识形态工作领导权",是我们党立足于当前国内外发展环境的深刻变化,对新时代意识形态工作作出的重要战略部署。必须看到,在当前网络社会背景下,各种意识形态都在网络空间传播,并力求争夺自己的话语权,试图在网络空间争取自己的生存空间,阐释自己的优越性。尤其是诸多不符合中国国情的政治理念和政治思潮、非法和不良信息,借助于网络进行大肆传播,难免会冲淡马克思主义在意识形态领域的指导作用,消解其权威性。为了抢夺流量,资本控制下的平台往往无暇顾及内容的质量,导致互联网上粗劣低俗信息泛滥,使得主流网络媒体的公信力被不断侵蚀,网络社会心理被搅乱,网民价值、信仰被误导,从而扰乱网络意识形态安全场域,并威胁网络意识形态安全。③ 网络空间的主流意识形态和非主流意识形态之间的碰撞,不仅能削弱主流意识形态的引导力,还容易激化社会矛盾。维护网络意识形态安全,进一步巩固马克思主义在网络意识形态领域的指导地位,是新时代意识形态工作中要解决的重要问题。实际上,它不仅仅是网络意识形态的问题,也是国家整体发展所面临的重大问题,直接关乎国家的安全稳定。

(二)西方意识形态渗透对我国网络意识形态安全构成严峻挑战

网络空间的形成与发展,使信息实现了在全球范围内的自由流动,而信息流动的本质就是意识形态的传播④。就此而论,网络空间跨越国界的信息流动,已成为网络意识形态安全治理中不可忽视的变量。它容易造成对国家"信息主权"的侵害,尤其是大大增加了国家意识形态安全治理的复杂性和难度,增加了网络意识形态安全风险。

---

① 中国互联网络信息中心(CNNIC):第 50 次《中国互联网络发展状况统计报告》,2022 年 8 月 31 日。
② 李艳艳:《如何看待当前网络意识形态安全的形势》,《红旗文稿》2015 年第 14 期,第 9～12 页。
③ 丁强、牟德刚、孔德民:《突发公共事件中网络意识形态风险的表象、生成与治理》,《思想教育研究》2021 年第 8 期,第 149～153 页。
④ 沈雪石:《国家网络空间安全理论》,长沙:湖南教育出版社 2017 年版,第 130 页。

我国社会发展有其自身的特殊逻辑,其中最为突出的一点就是坚持中国共产党领导,这是由近现代中国的特殊历史发展境遇所决定的。邓小平曾强调:"坚持四项基本原则的核心,是坚持共产党的领导。历史事实证明了这一点。……资产阶级自由化的核心也是反对共产党的领导,而没有党的领导也就不会有社会主义制度。"①如今,资产阶级自由化依然是不可忽视的问题,西方敌对势力对中国实施西化、分化,力图颠覆中国共产党政权的战略图谋并没有改变。在网络社会背景下,网络技术迅猛发展极大地改变了传统的政治传播格局,为中国共产党提供了新的执政资源,但同时,互联网络跨越国界的特征,也使得网络空间的信息传播错综复杂,险象丛生,给我们党的长期稳定执政及意识形态工作带来了新的难题。

现实中,一些西方国家往往利用网络信息手段对中国进行窃密、诋毁、攻击和意识形态渗透。从 1997 年起,美国之音的汉语广播就开始进入互联网,英国的 BBC、德国之声、法国国际广播电台等也陆续上网。随后,在这些电台的网络上就出现了诸如极权主义、侵犯人权、核武器扩散、盗版、愚昧等字眼并与中国联系起来,从各个方面妖魔化中国。② 2000 年 2 月 13 日,时任美国总统布什在接受美国广播公司采访时称:"如果因特网以在其他国家发展的那种方式进入中国,那么自由将迅速地在那片土地上站稳脚跟。"③2013 年轰动全球的"棱镜门"事件,就揭露了美国通过网络对全球多个国家(政要)进行监听的事实。

利用网络向中国"兜售"自由主义意识形态,宣扬资本主义文化,并不断造谣生事,进行歪曲报道,从多方面解构社会主义制度,也是其惯用手段。在虚拟的网络空间,针对中国的反华网站约有 2000 个,对中国实施全天候的信息轰炸。影响甚广的 Google、Twitter 有着大量的宣传西方思想文化和意识形态、诋毁和批判中国主流意识形态和民族文化的各种信息;在中国台湾、西藏及"民主""人权"等相关问题的报道中,充斥着不少对中国社会制度和意识形态的攻击性言论。④ 这些跨国不良政治信息在网络空间自由传播,容易消解和侵蚀人们既有的政治认知基础。西方一些敌对势力没有放弃颠覆我国社会制度的企图,其意识形态渗透的策略和手法更为复杂多变,"中国威胁论""中国崩溃论"等论调从未停止,一些错误思潮的传播蔓延也更具隐蔽性,经常抓住一些热点问题和重大时间节点做文章,不仅善于以思想和学术的外衣包装自己,而且不断利用网络技术影响和侵蚀青年一代。⑤

---

① 《邓小平文选》(第二卷),北京:人民出版社 1994 年版,第 391 页。
② 胡键、文军:《网络与国家安全》,贵阳:贵州人民出版社 2002 年版,第 41 页。
③ 中国现代国际关系研究所:《全球战略大格局——新世纪中国的国际环境》,北京:时事出版社 2000 年版,第 547 页。
④ 郑志龙、余丽:《互联网在国际政治中的"非中性"作用》,《政治学研究》2012 年第 4 期,第 61~70 页。
⑤ 阙道远、梁军峰:《坚持底线思维 着力防范化解重大风险》,北京:人民日报出版社 2019 年版,第 50~51 页。

虽然互联网有助于我们掌握信息、了解世界、增进与世界的交往，但是，以美国为首的西方发达国家在信息技术方面的霸权地位，造成了全世界信息传播与管理上的极大不平等，这使得西方各种有害思潮、价值观无孔不入，造成对社会主义民主传统文化、价值观念的严重冲击。[①]

在此背景下，如果不能有效应对网络空间来自国外各方面的挑战，不能保障网络安全，有效应对各种外来的网络攻击和渗透，特别是防范化解意识形态安全风险和挑战，那么整体的国家安全与稳定将深受影响，社会主义现代化国家建设及中华民族伟大复兴进程也将会受到冲击。

三、提出网络意识形态安全治理法治路径的重要价值

研究网络意识形态安全治理，有一个非常重要的问题，即什么样的方式更有利于促进网络意识形态安全，更有助于牢牢掌握网络空间意识形态工作领导权。为此，寻求既符合网络社会和网络技术特点又符合我国发展实际的网络意识形态安全治理路径，是一个现实问题。在实现网络意识形态安全的诸多路径中，法治是极为重要的方面，这也正是许多学者进行网络意识形态安全治理问题研究的重要学术关注点。实际上，"无论什么形式的媒体，无论网上还是网下，无论大屏还是小屏，都没有法外之地、舆论飞地。"[②]在社会主义新时代，提出通过法治路径推进网络意识形态安全治理具有重要价值。

(一)进一步拓展和深化网络意识形态安全研究

网络意识形态安全问题主要是基于网络社会的发展以及网络技术的广泛运用而产生的，对国家整体发展的影响不容忽视。能否不断优化网络意识形态安全治理，确保网络空间马克思主义的指导地位，牢牢掌握网络意识形态工作领导权，直接关乎新时代党的执政安全、社会和谐稳定、国家长治久安。因此，对正处于社会转型、社会矛盾多发、改革发展同时面临国内国际多重压力和挑战的我国来说，切实解决诸多网络意识形态安全问题的意义更为突出。正是这样的现实，决定了不断推进网络意识形态安全治理问题研究的价值。

立足于网络社会发展和网络技术变革的实际，深入开展网络意识形态安全问题研究，把握网络意识形态安全问题的生成规律，探寻有效应对网络意识形态安全问题的可行路径，是学界必须予以积极回应的重大问题。值得肯定的是，近年来学者们从不同的视角、学科出发对网络意识形态安全治理问题展开了研究，并积累了

[①] 刘丹、何隆德：《防范化解重大风险研究》，北京：国家行政管理出版社2020年版，第79页。
[②] 《习近平谈治国理政》（第三卷），北京：外文出版社2020年版，第318页。

许多富有价值的研究成果,有利于促进对网络意识形态安全问题的深入研究,以及对网络意识形态安全理论内涵的挖掘。但总体来看,网络意识形态安全治理问题尚属于新兴研究领域和研究议题,相关研究仍然处于起步阶段,以至于在一些基本理论问题上还需要进一步深入探讨。

当前,在探讨网络意识形态安全治理路径的问题上,许多学者明确提出了法治路径,从全面依法治国背景下分析网络意识形态安全治理问题,强调网络意识形态安全治理法治化、网络意识形态阵地建设法治化,倡导通过法治思维和法治方式解决诸多网络意识形态安全问题,这有助于进一步深化对网络意识形态安全的理论研究,拓展探讨网络意识形态安全治理的视野,丰富网络意识形态安全的理论内涵,因而具有重要的理论价值。

(二)为网络意识形态安全治理提供有益借鉴

社会主义建设的历史经验表明,经济建设必须作为国家的中心工作,因为经济工作搞不好必然要出大问题。意识形态作为政治上层建筑范畴,其工作搞不好也会出大问题。"经济建设是党的中心工作,意识形态工作是党的一项极端重要的工作","只有物质文明建设和精神文明建设都搞好,国家物质力量和精神力量都增强,全国各族人民物质生活和精神生活都改善,中国特色社会主义事业才能顺利向前推进"[①]。在当前社会转型期,社会矛盾多发,加之网络社会发展及网络技术的广泛运用而带来的社会价值观的多元化发展,给主流意识形态安全增加了新的变数。因此,不断推进网络安全治理,营造清朗网络空间,强化马克思主义主流意识形态对网络空间的引导作用,是改革发展中必须着力解决的现实问题。

提出网络意识形态安全治理的法治路径及其具体举措,能更好地服务于国家网络意识形态安全工作需要。有研究强调,"作为社会主义核心价值观的重要内容,法治不仅是衡量社会行为的基本价值尺度,也是当代中国特色社会主义的基本价值追求。法治有助于凝聚改革的思想共识、价值共识、制度共识和行为共识,还可以通过法治思维、法治方式、法定程序来汇聚民意、反映民情、集中民智,调动各类主体的积极性、创造性,使不同利益主体求同存异,团结一切可以团结的力量,筑牢实现中国梦的力量根基"[②]。法治是解决诸多社会矛盾和问题、凝聚社会共识等非常有效的方式。网络空间作为一个新的空间存在形态,其良性运转离不开法治,依法治网已成为各国通行做法。对于优化网络空间治理,防范化解诸多网络意识形态安全风险来说,法治具有不可替代的作用。

相比于传统的意识形态工作,网络意识形态工作更为复杂,而且前网络社会所

---

① 习近平:《意识形态工作是党的一项极端重要的工作》,《人民日报》2013年8月20日。
② 吴永明:《用法治保障实现中国梦》,《人民日报》2014年10月21日。

形成的维护意识形态安全的机制在网络社会背景下已经受到了严重冲击,所以,与之相应的维护意识形态安全的路径和方法就需要进行调整和改变。网络意识形态是网络社会发展的产物,解决网络意识形态安全问题必须要有新的路径和方法。网络意识形态安全治理的法治路径,强调的是通过法治思维和法治方式解决网络意识形态安全问题,从而提升维护网络意识形态安全的能力。这种新的路径,契合了网络意识形态工作日益增长的法治诉求。因此,不断深化对该问题的研究,对于有效应对网络社会发展背景下的种种意识形态安全风险和挑战,确保网络意识形态安全,具有重要的实践借鉴价值。

(三)为分析网络意识形态安全问题提供新思路

研究网络意识安全问题,认识论和方法论非常重要。从目前学界的研究状况来看,有不同的分析视角,比如网络技术视角、政治学视角、社会学视角等,都着力于探讨如何有效地实现网络意识形态安全。提出网络意识形态安全治理的法治路径,除了前述的重要理论和实践价值之外,还有一个很重要的价值,即认识论和方法论层面的价值。

认识论和方法论是研究的起点。认识论和方法论的选择,直接决定对特定问题的研究思路。在诸多实现网络意识形态安全的路径中,法治的特殊性就在于立足于法治的逻辑和原则,认识和分析网络意识形态安全问题,探寻网络意识形态安全治理的可行路径。研究网络意识形态安全治理的法治路径,主要是从法治视角来审视当前日益凸显的网络意识形态安全问题,它不仅有助于促使人们改变当前在意识形态安全问题上存在的认知偏差和局限,也能拓展意识形态安全研究思路和方法,进而以一种新的视角去认识和研究意识形态安全问题。

因此,对于进一步深化和拓展网络意识形态研究来说,在既有相关研究基础上提出网络意识形态安全治理的法治路径,其重要的认识论和方法论价值是不言而喻的。

四、文献回顾及本书研究思路

对于网络意识形态安全治理,目前学界有许多学者明确提出了法治路径。这种研究理路的形成,是对新时代我国改革发展中面临的纷繁复杂的网络意识形态安全问题的积极回应。

(一)已有研究文献回顾及评析

当前,围绕网络意识形态安全治理的法治路径,学者们主要进行了以下探讨。

其一,以法治路径促进网络意识形态工作的必要性。代表性研究如下:

一是从法治建设角度分析意识形态安全治理。法治和意识形态之间有密切的关联,其中意识形态及其建设规约依法治国的基本走向,依法治国为意识形态及其建设提供规则,中国特色社会主义法治演进是意识形态演变的直接映射。[①] 研究认为,意识形态法治建设是意识形态建设的重要抓手,是维护意识形态安全的必由之路,特别强调对于各种论坛、博客、微博、微信等具有新闻舆论和社会动员功能的平台,都要纳入依法治理轨道。[②] 基于对法治与网络意识形态关联性的分析,指出必须用法律武器保卫网络意识形态安全。[③] 此外,还有论者指出,在法治轨道上推进网上意识形态工作,是加强网上意识形态建设、掌握意识形态斗争主动权的重要保证。[④]

二是明确提出意识形态工作法治化的思路。认为在法治中国建设中,应改变传统的以权力为核心的政治意识形态,树立与现代政治相适应的法治意识形态;[⑤]提出推进网络意识形态安全治理法治化[⑥],并从网络空间意识形态斗争的本质、意识形态斗争的特点、意识形态斗争的手段、意识形态工作中相关问题的消解等方面进行阐释;[⑦]认为只有积极进行意识形态工作法治化建设,推动意识形态工作向法治化方向发展,才能确保意识形态工作扎实有效地稳步开展。[⑧] 关于网络意识形态安全治理的法治化,有研究指出,它具有遵循依法治国、保障国家安全、惩治网络乱象的时代逻辑;法治共识、人民立场和坚持党的领导是其必须遵循的理论逻辑;健全法治规则体系、优化法治实施体系、提升法治意识素养是其必须坚守的实践逻辑。[⑨]

其二,以法治路径促进网络意识形态安全治理的举措。代表性研究如下:

一是强调通过建立完善的法律法规促进网络意识形态安全治理。认为网络技术飞速发展、网络参与的无序状态呼唤与网络有关的立法,因而需要加强网络法制

---

① 魏崇辉:《中国特色社会主义法治原则视野下意识形态建设研究》,《宁夏社会科学》2016年第1期,第10~15页。
② 朱文华:《加强意识形态法治建设研究》,《理论建设》2015年第2期,第26~31页。
③ 彭谦、程志浩:《依法治国视域下的网络意识形态安全——以新疆地区为例》,《中共贵州省委党校学报》2016年第2期,第28~33页。
④ 任庆华、许今朝:《网上意识形态工作法治化探讨》,《西安政治学院学报》2016年第3期,第82~84页。
⑤ 陈金钊:《意识形态法治化及意义》,《北京联合大学学报(哲学社会科学版)》2015年第3期,第47~58页。
⑥ 冯颜利、王玉鹏:《推进网络意识形态治理法治化》,《人民论坛》2015年第14期,第38~39页。
⑦ 任庆华、许今朝:《网上意识形态工作法治化探讨》,《西安政治学院学报》2016年第3期,第82~84页。
⑧ 刘晓丹:《新时代意识形态工作法治化建设的研究》,《法制与社会》2018年第4期,第50~52页。
⑨ 段辉艳、蒲清平:《新时代网络意识形态治理法治化的三重逻辑》,《学校党建与思想教育》2019年第1期,第26~28页。

建设,制定一套科学规范的法规及制度,依法管网治网①;提出使意识形态管理走向制度化和法治化,以克服人为因素较大、管理随意性较强、法规制度不健全等弊端②;强调完善的法律法规和科学合理的制度安排,是实现网络意识形态安全固本强基的强盛之方,也是划分网络意识形态安全治理效度高低界限的决定性因素③;提出构建网络空间意识形态治理法规体系和执法体系,进而形成网络空间意识形态治理的法治体系。④

二是从规范网络舆情生态角度探讨意识形态安全治理。认为应重构网络空间意识形态传播生态⑤,健全网络舆情危机应对机制⑥,优化对网络虚拟社群的治理⑦,依法加强网上舆论引导力度、形成正面舆论以及塑造政府良好形象⑧,由此来解决诸多网络意识形态安全问题。

三是从网络阵地建设角度探讨意识形态安全治理。强调通过宪法和法律构筑起捍卫主流意识形态的制度防火墙,把意识形态阵地建设和管理制度化、法治化作为保障意识形态各项工作有序开展的制度支撑点,扎实稳步推进,力争实效,⑨以营造传播马克思主义的清朗网络空间。有研究认为,新时代网络意识形态法治理应当加快主流意识形态网络化建设的制度供给、建立健全网络意识形态法治体系、全方位构筑网络意识形态的内容监管体系和构建网络意识形态法治治理的创新机制,从而进一步维护我国网络空间意识形态安全。⑩

总体来看,目前越来越多的学者开始关注网络意识形态安全治理的法治路径问题,凸显了一个崭新的学术研究主题。从多方面对网络意识形态安全治理的法治路径进行研究,也形成了许多富有价值的研究成果,为进一步开展相关问题的研究奠定了重要学术基础。

当然,还应该看到,既有的研究仍然比较零散,关于网络意识形态安全治理法治路径的研究,仍然处于起步阶段。尽管有学者明确提出网络意识形态安全治理

---

① 房正宏:《网络政治参与与意识形态安全》,北京:中国社会科学出版社2017年版,第153页。
② 黄传新等:《社会主义意识形态的吸引力和凝聚力研究》,北京:学习出版社2012年版,第309页。
③ 史献芝:《新时代网络意识形态安全治理的现实路径》,《探索》2018年第4期,第172~178页。
④ 冯颜利、王玉鹏:《推进网络意识形态治理法治化》,《人民论坛》2015年第14期,第38~39页。
⑤ 王涛、姚崇:《网络虚拟空间社会主义意识形态传播及其建设研究》,《北京师范大学学报(社会科学版)》2017年第2期,第99~109页。
⑥ 李北伟、富金鑫、周昕:《意识形态视角下网络舆情危机应对机制研究》,《情报理论与实践》2018年第5期,第27~31页。
⑦ 杨嵘均:《论网络虚拟空间的意识形态安全治理策略》,《马克思主义研究》2015年第1期,第98~107页。
⑧ 彭谦、程志浩:《依法治国视域下的网络意识形态安全》,《中共贵州省委党校学报——以新疆地区为例》2016年第2期,第28~33页。
⑨ 莫纪宏:《稳步推进意识形态阵地建设法治化》,《人民论坛》2017年第19期,第86~88页。
⑩ 杨广越、黄明理:《网络意识形态治理法治化的内涵与实践进路》,《治理研究》2020年第3期,第93~99页。

的"法治化"思路,但仍是初步探讨,如何切实将网络意识形态安全治理纳入法治轨道,探讨并把握其内在规律,还有待深入系统的研究。再者,在如何以法治方式推进网络意识形态安全治理的问题上,已有研究大都是把网络空间的"意识形态安全治理"和"法治"看作两个单独变量,强调通过"法治"手段作用于"意识形态安全治理",而从二者的有机融合中寻求可行路径的研究比较欠缺。所以,关于网络意识形态安全治理的法治路径,还有较大的研究空间。这既是一个重大现实问题,也是需要不断深入研究的重要课题。

(二)本书研究思路

法治是治国之重器,是国家治理体系和治理能力的重要依托。《中共中央关于全面推进依法治国若干重大问题的决定》指出,"依法治国,是坚持和发展中国特色社会主义的本质要求和重要保障,是实现国家治理体系和治理能力现代化的必然要求,事关我们党执政兴国,事关人民幸福安康,事关党和国家长治久安",认为"全面建成小康社会、实现中华民族伟大复兴的中国梦,全面深化改革、完善和发展中国特色社会主义制度,提高党的执政能力和执政水平,必须全面推进依法治国",并强调"我国正处于社会主义初级阶段,全面建成小康社会进入决定性阶段,改革进入攻坚期和深水区,国际形势复杂多变,我们党面对的改革发展稳定任务之重前所未有、矛盾风险挑战之多前所未有,依法治国在党和国家工作全局中的地位更加突出、作用更加重大"。因此,全面推进依法治国意义深远,在新时代坚持和发展中国特色社会主义基本方略即"十四个坚持"中,"坚持全面依法治国"是重要内容。党的二十大报告进一步强调:"全面依法治国是国家治理的一场深刻革命,关系党执政兴国,关系人民幸福安康,关系党和国家长治久安。必须更好发挥法治固根本、稳预期、利长远的保障作用,在法治轨道上全面建设社会主义现代化国家。"[①]

意识形态问题是新时代我国改革发展中必须高度重视的问题,意识形态工作也因此是一项极端重要的工作。对此,习近平总书记强调,"我们必须坚持以立为本、立破并举,不断增强社会主义意识形态的凝聚力和引领力",并强调"建设具有强大凝聚力和引领力的社会主义意识形态,是全党特别是宣传思想战线必须担负起的一个战略任务"。[②] 互联网具有鲜明的意识形态属性。[③] 推进网络意识形态安全治理,占领互联网这个意识形态工作的最前沿和主阵地,确保马克思主义的指导地位,是新时代意识形态工作面临的迫切任务。能否打赢网络意识形态斗争,事关

[①] 习近平:《高举中国特色社会主义伟大旗帜 为全面建设社会主义现代化国家而团结奋斗——在中国共产党第二十次全国代表大会上的报告》,北京:人民出版社2022年版,第40页。
[②] 《习近平谈治国理政》(第三卷),北京:外文出版社2020年版,第311~312页。
[③] 夏一璞:《互联网的意识形态属性》,北京:首都经济贸易大学出版社2015年版。

党和国家政治安全,事关民族凝聚力和向心力,事关对外维护国家主权、安全、发展利益,要求我们一定要站在党和国家事业发展全局的高度,深刻认识开展网络意识形态斗争的重要性和紧迫性,科学把握其内在规律,不断提高斗争能力和水平。①

本书立足于学界现有研究基础之上,着重分析新时代网络意识形态安全治理法治路径的深层逻辑与实践进路。

需要强调的是,本书从法治角度研究网络意识形态安全治理,绝非简单地强调通过法律手段对网络空间的参与和表达行为进行强行规制进而来解决相应的问题,而是从网络意识形态工作和法治建设的密切关联的探讨入手,通过分析二者内在的逻辑契合,从深层次透视和把握新时代网络意识形态安全治理法治路径的特点和规律,分析基于法治路径牢牢掌握网络空间意识形态工作领导权的思维要求、能力诉求、战略定位、保障机制等,推进网络意识形态安全治理问题深入研究,为实践中有效应对诸多网络意识形态安全风险和挑战提供有益借鉴。

---

① 吴涛:《"坚决打赢网络意识形态斗争"——学习习近平相关重要论述》,《党的文献》2021年第6期,第54~61页。

第一章　以法治路径促进网络意识形态安全治理的时代背景

理论从来都是时代的产物,源于实践,并作用于实践。恩格斯曾指出:"每一时代的理论思维,包括我们时代的理论思维,都是一种历史产物,在不同时代具有非常不同的形式,并因而具有非常不同的内容。"①对于社会科学研究而言,相应概念和理论的提出,或者理论创新,绝不是天马行空而进行的主观臆断,也绝不是无根无据的标新立异,相反,它正是在特定社会发展背景下,基于对特定社会问题的分析,按照事物发展规律而不断推演的结果。网络意识形态安全问题的研究正是如此。互联网作为意识形态建设的主阵地,对我国社会意识形态建设具有牵一发而动全身的全局效应,应当成为当前及未来相当长时期内意识形态建设的重点领域。② 事实上,"掌控网络意识形态主导权,就是守护国家的主权和政权。"③在探索网络意识形态安全治理的可行路径上,当前学界有学者提出了法治路径。这种研究理路的形成,有其特殊的时代背景。对这种背景的分析,有助于我们更好地认识和理解网络意识形态安全治理的法治路径,以及进一步推进网络意识形态安全治理法治路径的深入研究。

一、为何强调网络意识形态安全治理的法治路径

网络意识形态安全问题是网络时代的产物,研究网络意识形态安全治理必须基于网络社会的特殊发展逻辑。"实践没有止境,理论创新也没有止境。世界每时每刻都在发生变化,中国也每时每刻都在发生变化,我们必须在理论上跟上时代,不断认识规律,不断推进理论创新、实践创新、制度创新、文化创新以及其他各方面创新。"④从研究角度来说,提出网络意识形态安全治理的法治路径,正是基于理论

---

① 《马克思恩格斯选集》(第三卷),北京:人民出版社1995年版,第465页。
② 李艳艳:《互联网意识形态建设研究》,北京:人民出版社2019年版,第197页。
③ 中共中央党史和文献研究院:《习近平关于网络强国论述摘编》,北京:中央文献出版社2021年版,第54页。
④ 《习近平谈治国理政》(第三卷),北京:外文出版社2020年版,第21页。

创新和实践发展的需要。

(一)网络意识形态安全理论研究的推进

诚如马克思所言:"各种经济时代的区别,不在于生产什么,而在于怎样生产,用什么劳动资料生产。"①在网络社会,网络技术已经成为第一生产要素,是人类社会发展中必不可少的工具,"互联网+"已经是当今社会发展表现出的显著特征。网络意识形态正是意识形态在网络社会背景下的一种全新表现形式,它以网络媒介的广泛运用为基础。网络媒介在信息传播方面的巨大优势,使得网络意识形态在影响受众思想观念方面也表现出了更强的力度。

与传统的大众传播媒介相比,互联网在信息容量、信息传播覆盖面、信息互动性、开放性等方面,都具有独特优势,而且网络信息能够超越传统的国家边界,以及种族、语言、地位、年龄、性别等方面的界限,使人们在网络空间中能较为自由地进行信息传递、表达、参与等。也正因如此,互联网上的意识形态呈现出新的特点,比如网络空间的意识形态的多元化存在、网络空间形态斗争日趋明显、意识形态斗争方式的隐蔽性等,虽然"润物无声",但危害甚重。不可否认,网络技术的发展及广泛应用给意识形态工作带来了难得的机遇,但也给国家意识形态安全治理带来了新的难题。

就机遇来看,比如,借助网络技术,可以加强社会主义意识形态的吸引力,能够增强社会主义意识形态的影响力,可以丰富社会主义意识形态的内容,更新社会主义意识形态的传播方式,拓展社会主义意识形态宣传与受众认同交互沟通的新渠道,各种新技术手段的广泛运用,给意识形态工作创造了有利条件。

就挑战而言,比如,网络媒介如今已成为敌对势力加紧对我国进行思想渗透的重要工具,成为各种社会意识自由表达的主要场所,成为各种社会心理和情绪宣泄的渠道,网络空间思想舆论的引导力更为困难。如此一来,意识形态工作变得极为复杂,多元化的意识形态及其在网络空间争夺话语权,都会从不同方面影响马克思主义主流意识形态的指导地位。这些问题的存在,都不利于网络意识形态安全。

因此,如何利用网络技术发展给意识形态工作带来的种种机遇,同时有效应对网络空间的网络意识形态安全风险和挑战,切实提升网络意识形态安全治理成效,是一个颇具现实意义的研究课题,急需学界进行深入研究。

在网络意识形态安全治理问题研究上,提出法治路径是一重要突破。当前,有很多学者都注重从法治建设角度分析网络意识形态安全治理。譬如,有的学者指

---

① 《马克思恩格斯全集》(第二十三卷),北京:人民出版社1995年版,第204页。

出必须用法律武器保卫我国网络意识形态安全；①有的学者认为坚持在法治轨道上推进网上意识形态工作创新发展，是加强网上意识形态建设、掌握意识形态斗争主动权的重要保证。②再如，有学者明确提出意识形态工作法治化的思路，提出推进网络意识形态安全治理法治化，③分析网络意识形态安全治理法治化的时代逻辑、理论逻辑、实践逻辑，④认为网络意识形态治理法治化充分彰显了全面依法治国思想的理论意蕴，凸显了防范和抵制敌对意识形态激烈攻击的现实意蕴并揭示了构建中国特色网络意识形态法治治理体系的价值意蕴。⑤

实践是不断发展的，它要求理论研究也要随之变化。现如今，意识形态有了新的变化，网络技术变革催生出了网络意识形态这种新的研究主题，以及新的研究论域。在社会主义新时代，治理法治化是网络意识形态治理应对新问题、解决新矛盾的重要举措，强调网络意识形态安全治理法治化，即运用法治思维和法治方式，将治网、办网、用网、护网的所有环节都纳入法治轨道，它意味着法律对于网络的制度安排不会受到任何人为因素干扰，从而使得网络意识形态处于一种理性治理的状态。⑥明确提出网络意识形态安全治理的法治路径，从法治视角推进网络意识形态安全问题深入研究，这是学者们基于网络社会背景下意识形态工作实际，在意识形态安全问题上进行积极理论探索的结果，是对意识形态领域发生深刻变化的一种理论回应。

（二）牢牢掌握网络意识形态工作领导权的现实需要

在社会转型的背景下，社会思想观念多元化发展已成为显著特点。实际上，自进行市场经济体制改革以来，利益群体就开始产生分化，社会阶层变动加剧，很多新的社会阶层开始出现；而不同社会阶层和群体都有其各自的政治和经济利益，其所形成的政治观点和政治思想也各种各样，都有其意识形态基础。⑦在当今网络社会，网络空间诸多不符合中国国情的观点和政治思潮借助于网络大肆传播，难免

---

① 彭谦、程志浩：《依法治国视域下的网络意识形态安全——以新疆地区为例》，《中共贵州省委党校学报》2016年第2期，第28～33页。
② 任庆华、许今朝：《网上意识形态工作法治化探讨》，《西安政治学院学报》2016年第3期，第82～84页。
③ 冯颜利、王玉鹏：《推进网络意识形态治理法治化》，《人民论坛》2015年第14期，第38～39页。
④ 段辉艳、蒲清平：《新时代网络意识形态治理法治化的三重逻辑》，《学校党建与思想教育》2019年第1期，第26～28页。
⑤ 杨广越、黄明理：《网络意识形态治理法治化的内涵与实践进路》，《治理研究》2020年第3期，第93～99页。
⑥ 段辉艳、蒲清平：《新时代网络意识形态治理法治化的三重逻辑》，《学校党建与思想教育》2019年第1期，第26～28页。
⑦ 胡伯项等：《我国现代化进程中意识形态安全问题研究》，北京：人民出版社2017年版，第174页。

会冲淡主流意识形态对社会的引领作用和功能的发挥，造成主流意识形态凝聚力下降。而且，互联网的开放性和跨越国界的特征，也使得各种意识形态在网络空间都在争夺话语权，试图争取自己的生存空间，加之西方国家的网络渗透，推行西方价值观念，又大大增加了网络意识形态安全治理的复杂性和难度。以美国为例，互联网意识形态输出已是其政府的重要施政传统，比如通过控制信息流来确立美国的世界认同、理想主义与现实主义的意识形态内容交织、通过话语转换和认同建立等方式进行政治意识形态输出等，是其显著特征。① 对我国的意识形态工作来说，这必须引起足够的重视，并采取措施予以防范和积极应对。积极推进网络意识形态安全治理，是营造风清气正网络空间的必然要求，是推进国家治理现代化的应有之义，是巩固我们党执政地位的必然要求。②

大众媒介具有鲜明的政治属性，书籍、报刊、电视等媒介形式向来都是各国执政者用以传播主流政治意识形态的重要平台。无论是西方发达国家，还是广大发展中国家，大众媒介在强化和巩固主流意识形态上的功能都是非常突出的。即使是在西方私营媒介为主的媒介体制下也不例外，传播资产阶级主流政治文化观念、维护资本主义制度，是其核心任务。在发展中国家，强化和巩固主流意识形态，也是大众媒介的重要功能。对于执政者来说，掌握大众媒介工具，就意味着掌握了传播意识形态的主动权。阿尔蒙德等在分析大众媒介的政治社会化功能时就曾指出："大众媒体除了提供关于政治事件的具体而直接的消息之外，还直接或间接地传播一个社会所接受的主要价值观。媒体能够把某些事件刻画成国家的象征，并赋予它特定的感情色彩，如全国的节假日或者传统的政府活动。"③这正说明了大众媒介在强化和巩固主流政治文化或者说意识形态上的重要价值。

在网络技术变革的推动下，社会舆论环境、媒体格局、传播方式、受众特点等都发生了深刻变化，加之国内外发展环境的深刻变化及其相关复杂因素的影响，使得意识形态领域面临诸多新的问题，网络空间成为意识形态工作的主阵地、最前沿。近年来我们党高度重视网络意识形态工作，并且在党的坚强领导下，意识形态工作取得了显著成效，但必须看到，"互联网上社会主义意识形态主阵地遭受巨大冲击的态势并未发生根本改变，互联网意识形态主战场的斗争仍然十分激烈，社会主义意识形态取得决定性胜利的阶段还没有到来"④。因此，通过各种方式加强网络意识形态的宣传和教育，增强人们对网络空间主流意识形态理念的认同，对于强化网

---

① 李艳艳：《互联网意识形态建设研究》，北京：人民出版社 2019 年版，第 130~140 页。
② 王永贵：《推进网络意识形态安全治理现代化》，《中国党政干部论坛》2022 年第 7 期，第 36~40 页。
③ [美]加布里埃尔·A.阿尔蒙德等：《当代比较政治学：世界视野》，杨红伟，等译，上海：上海人民出版社 2010 年版，第 64 页。
④ 李艳艳：《互联网意识形态建设研究》，北京：人民出版社 2019 年版，第 141 页。

络意识形态工作就具有了必然性和紧迫性。能否增强网络空间主流意识形态的凝聚力和引领力，增强人们对主流意识形态的认同，占领好网络空间这个意识形态工作主阵地，实际上就是网络意识形态工作的领导权问题。

意识形态建设和法治之间具有密切的关联。法治为意识形态及其建设提供了规则，它规范意识形态及其建设。①改革开放以来，中国共产党意识形态话语的法治化建构，也正是源于社会发展的现实需要。②推进网络意识形态安全治理，法治的特殊作用就在于，通过规范人们的网络行为，使其维持在法律划定的边界以内，并引导人们进行理性网络表达，进而基于法治逻辑来增强主流意识形态的凝聚力和引领力，进一步巩固马克思主义在网络意识形态领域的指导地位。

习近平总书记指出："一个政权的瓦解往往是从思想领域开始的，政治动荡、政权更迭可能在一夜之间发生，但思想演化是个长期过程。思想防线被攻破了，其他防线也就很难守住。"③在诸种因素综合作用下，当前意识形态安全领域面临空前挑战，能否做好意识形态工作，直接关乎国家整体安全稳定。而网络意识形态的复杂性又决定了新时代意识形态工作必须要有新的治理理路。在防范化解纷繁复杂的网络意识形态安全风险和挑战方面，法治的作用受到了越来越多的重视和关注。可以说，没有法治，要实现良好网络空间生态是不可能的，要维护网络意识形态安全也是不可想象的。

总体而论，强调网络意识形态安全治理的法治路径，是牢牢掌握网络意识形态工作领导权的现实需要。虽然近年来我们党高度重视网络意识形态工作，而且意识形态领域也呈现出了新的面貌，主流意识形态进一步巩固，但我们也要看到当前所面临的风险。网络空间具有信息量大、即时互动、无界无域、传播迅速等鲜明特点，对意识形态的影响日益凸显。通过法治思维和法治方式有效应对诸多网络意识形态安全问题，显得尤为重要。"我们不仅要深入开展网上舆论斗争，严密防范和抑制各种各样的网上攻击渗透行为，组织力量对错误思想观点进行深入揭露、批驳，而且要进一步依法加强对网络社会的管理，加强网络新技术新应用的管理，真正确保互联网可管可控，使我们的网络空间更加清朗起来"④。就网络意识形态工作的实践逻辑而言，"必须积极顺应全面依法治国和网络强国战略的时代要求，在坚持党的领导和以人民为中心的双重原则之下，着力针对当前网络意识形态法治

---

① 魏崇辉：《中国特色社会主义法治原则视野下意识形态建设研究》，《宁夏社会科学》2016年第1期，第10～15页。
② 胡荣涛、徐进功：《改革开放以来中国共产党意识形态话语的法治化建构》，《学术论坛》2018年第4期，第66～72页。
③ 中共中央文献研究室：《习近平关于社会主义文化建设论述摘编》，北京：中央文献出版社2017年版，第21页。
④ 朱继东：《新时代党的意识形态思想研究》，北京：人民出版社2018年版，第244页。

治理的现实状况,构建起党领导人民依法治理网络意识形态的整体格局,探索构建中国特色网络意识形态法治治理体系"①。

二、背景一:将社会主义核心价值观融入法治建设成为意识形态工作新思路

社会主义核心价值观与社会主义意识形态之间有密切的关联。前进道路中,"必须坚持马克思主义,牢固树立共产主义远大理想和中国特色社会主义共同理想,培育和践行社会主义核心价值观,不断增强意识形态领域主导权和话语权,推动中华优秀传统文化创造性转化、创新性发展,继承革命文化,发展社会主义先进文化,不忘本来、吸收外来、面向未来,更好构筑中国精神、中国价值、中国力量,为人民提供精神指引。"②"社会主义核心价值观是凝聚人心、汇聚民力的强大力量。"③积极培育和践行社会主义核心价值观,是新时代我国文化建设的重要战略任务,而将社会主义核心价值观融入法治,则是核心价值观建设的重要举措,当然,这也为意识形态工作提供了新的思路。

(一)社会主义核心价值观是意识形态工作涉及的重要内容

对于一个国家来说,核心价值观是国家整个思想体系的内核,反映着人们的价值评判标准,是社会成员价值追求的集中体现。社会主义核心价值观,是社会主义核心价值体系的内核,它体现了社会主义核心价值体系的根本性质和基本特征,反映了社会主义核心价值体系的丰富内涵和实践要求,是社会主义核心价值体系的高度凝练和集中表达。④ 在实践中,要把社会主义核心价值观融入社会发展各方面,转化为人们的情感认同和行为习惯。而要更好地发挥社会主义核心价值体系的影响力,必须积极培育和践行社会主义核心价值观。

社会主义核心价值观有着丰富的内容,包含富强、民主、文明、和谐,自由、平等、公正、法治,爱国、敬业、诚信、友善等基本要素。其内容可以分为三个基本层面:其一,国家层面,包含富强、民主、文明、和谐,这是我国社会主义现代化国家的建设目标,也是从价值目标层面对社会主义核心价值观基本理念的凝练,在社会主义核心价值观中居于最高层次,对其他层次的价值理念具有统领作用;其二,社会

---

① 杨广越、黄明理:《网络意识形态治理法治化的内涵与实践进路》,《治理研究》2020 年第 3 期,第 93~99 页。
② 《习近平谈治国理政》(第三卷),北京:外文出版社 2020 年版,第 18 页。
③ 习近平:《高举中国特色社会主义伟大旗帜 为全面建设社会主义现代化国家而团结奋斗——在中国共产党第二十次全国代表大会上的报告》,北京:人民出版社 2022 年版,第 44 页。
④ 中共中央办公厅:《关于培育和践行社会主义核心价值观的意见》。

层面,包含自由、平等、公正、法治,这是对美好社会的生动表述,也是从社会层面对社会主义核心价值观基本理念的凝练;其三,个人层面,包含爱国、敬业、诚信、友善,这是公民基本道德规范,是从个人行为层面对社会主义核心价值观基本理念的凝练。有研究指出:"社会主义核心价值观的提出和建设,对外有助于在与资本主义意识形态相互交锋过程中争夺话语权,对内有助于引领多样化社会思潮,为多元价值观和谐共生、健康发展提供必要的价值引导,具有强烈的现实针对性和重大的实践意义。"[1]社会主义核心价值观是适应社会主义经济政治制度,适应社会主义文化发展繁荣要求,在社会主义价值体系中起主导作用的价值理念。它是马克思主义社会意识形态理论在新历史条件下的具体运用,是对中华民族优良文化传统的传承与升华,是对人类价值观合理因素的借鉴和吸取,是中国共产党领导全国各族人民在建设中国特色社会主义实践中所做出的符合社会发展规律和时代要求的价值选择。

社会主义核心价值体系是社会主义意识形态的本质体现,而社会主义核心价值观则是社会主义核心价值体系的内核。社会主义核心价值观决定社会主义文化性质和文化发展方向的深层要素,提出社会主义核心价值观也是我们党在主流意识形态建设方面的重要突破。习近平总书记指出,"确立反映全国各族人民共同认同的价值观'最大公约数',使全体人民同心同德,团结奋进,关乎国家前途命运,关乎人民幸福安康"[2],为此必须"把培育和弘扬社会主义核心价值观作为凝魂聚气、强基固本的基础工程",并强调"我们要弘扬社会主义核心价值观,弘扬以爱国主义为核心的民族精神和以改革创新为核心的时代精神,不断增强全党全国各族人民的精神力量"[3]。"要坚持以社会主义核心价值观引领文化建设,紧紧围绕举旗帜、聚民心、育新人、兴文化、展形象的使命任务,加强社会主义精神文明建设,繁荣发展文化事业和文化产业,不断提高国家文化软实力。"[4]价值观与意识形态都属于上层建筑中的思想意识范畴,都具有引导社会文化和思想道德的强大功能,都是社会存在的反映,二者具有共生性,"一荣俱荣,一损俱损",相互依存,相互影响。[5]社会主义核心价值观之所以能对全国各族人民从精神上产生凝聚共识的作用,归根结底,是由其意识形态属性决定的。

在我国改革发展过程中,党中央高度重视培育和践行社会主义核心价值观。

---

[1] 张志丹:《意识形态功能提升新论》,北京:人民出版社2017年版,第239~240页。
[2] 习近平:《青年要自觉践行社会主义核心价值观——在北京大学师生座谈会上的讲话》,《人民日报》2014年5月5日。
[3] 习近平:《在庆祝中国共产党成立95周年大会上的讲话》,《人民日报》2016年7月2日。
[4] 《习近平谈治国理政》(第四卷),北京:外文出版社2022年版,第310页。
[5] 杨永志、吴佩芬等:《互联网条件下维护我国意识形态安全研究》,天津:南开大学出版社2015年版,第239页。

中共中央办公厅印发的《关于培育和践行社会主义核心价值观的意见》指出:"面对世界范围思想文化交流交融交锋形势下价值观较量的新态势,面对改革开放和发展社会主义市场经济条件下思想意识多元多样多变的新特点,积极培育和践行社会主义核心价值观,对于巩固马克思主义在意识形态领域的指导地位、巩固全党全国人民团结奋斗的共同思想基础,对于促进人的全面发展、引领社会全面进步,对于集聚全面建成小康社会、实现中华民族伟大复兴中国梦的强大正能量,具有重要现实意义和深远历史意义。"党的二十大报告进一步强调,要"广泛践行社会主义核心价值观"①。正因如此,社会主义核心价值观成为学界研究的重要议题。

应该看到,目前学界对社会主义核心价值观的研究,更多关注的是对社会主义核心价值观的理论内涵、根本性质、逻辑结构等问题的分析,而忽略了对它所担负的意识形态功能的探讨。

实际上,对社会主义核心价值观问题的研究,不仅仅是一个纯粹的学术理论问题,还是一个现实的国家意识形态安全问题。就像有的研究指出的那样:"意识形态反映了社会群体的利益诉求,其核心是核心价值观,国家意识形态在促进社会群体的认同中起着主要的导向和激励作用。在社会思潮多样化的背景下,应当通过核心价值观的构建,来加强国家意识形态安全。"②也正是社会主义核心价值观的意识形态功能,决定了其特有的理论性质。

(二)社会主义核心价值观融入法治建设对意识形态工作的要求

在积极培育和践行社会主义核心价值观方面,法治受到了特别的重视。对此,中共中央办公厅、国务院办公厅专门印发了《关于进一步把社会主义核心价值观融入法治建设的指导意见》(以下简称《意见》)。《意见》指出:"社会主义核心价值观是社会主义法治建设的灵魂。把社会主义核心价值观融入法治建设,是坚持依法治国和以德治国相结合的必然要求,是加强社会主义核心价值观建设的重要途径。"并强调"要从巩固全体人民团结奋斗的共同思想道德基础的战略高度,充分认识把社会主义核心价值观融入法治建设的重要性紧迫性,切实发挥法治的规范和保障作用,推动社会主义核心价值观内化于心、外化于行"。换言之,只有充分发挥法治的作用,培育和践行社会主义核心价值观才能取得预期的成效。

根据《意见》,将社会主义核心价值观融入法治,必须"全面落实依法治国基本方略,坚持依法治国和以德治国相结合,把社会主义核心价值观融入法治国家、法

---

① 习近平:《高举中国特色社会主义伟大旗帜 为全面建设社会主义现代化国家而团结奋斗——在中国共产党第二十次全国代表大会上的报告》,北京:人民出版社2022年版,第44页。
② 曾志浩:《国家意识形态安全视域下的核心价值观构建》,《三峡大学学报(人文社会科学版)》2013年第4期,第11~15页。

治政府、法治社会建设全过程,融入科学立法、严格执法、公正司法、全民守法各环节,以法治体现道德理念、强化法律对道德建设的促进作用,推动社会主义核心价值观更加深入人心,为实现'两个一百年'奋斗目标、实现中华民族伟大复兴的中国梦提供强大价值引导力、文化凝聚力和精神推动力"。没有法治的引领和规范作用,要积极培育和践行社会主义核心价值观则难以取得理想效果,当然也不利于夯实社会主义意识形态的基础。

法在本质上就是一种规范。具体而言,它是调整社会关系的行为规范,通过规范人们的行为而达到调整社会关系的目的;它是国家制定或认可的行为规范,体现国家的意志,具有高度的统一性、极大的权威性;它是规定权利和义务的社会规范,通过规定人们的权利和义务,影响人们的行为动机,指引人们的行为,调节社会关系;法也是由国家强制力保证实施的社会规范。[①] 法治优于人治,比人治更可靠,不会因领导人的改变而改变,不会因领导人的注意力的改变而改变。落实法律的实施,推进依法治国,对于切实保护人民群众利益,维持社会秩序,实现国家长治久安等都具有极为重要的意义。

全面推进依法治国,必须将法治的精神和要求贯穿到社会发展的各个方面,把社会主义核心价值观融入法治建设乃势所必然。《意见》指出:"法律法规体现鲜明价值导向,社会主义法律法规直接影响人们对社会主义核心价值观的认知认同和自觉践行。要坚持以社会主义核心价值观为引领,恪守以民为本、立法为民理念,把社会主义核心价值观的要求体现到宪法法律、法规规章和公共政策之中,转化为具有刚性约束力的法律规定。"对此,党的十九届四中全会通过的《中共中央关于坚持和完善中国特色社会主义制度推进国家治理体系和治理能力现代化若干重大问题的决定》特别强调,要"完善弘扬社会主义核心价值观的法律政策体系,把社会主义核心价值观要求融入法治建设和社会治理"。价值是法治的灵魂,法治是价值的保障。通过法治的方式将社会中稳定的、一致的价值观念和原则加以确认,将其与法治有机融合,是人类法律发展的规律,也是核心价值观建设的必由之路。对我国来说,把社会主义核心价值观融入法治建设,实现二者有机互动,有助于切实提升社会主义核心价值观建设成效。

学界的研究表明,社会主义核心价值观融入法治建设已逐渐成为社会共识,二者为"魂体相符"的契合式融入,体现了严谨的内在逻辑关系;社会主义核心价值观入法是克服法治自身局限、维护社会主义意识形态安全和培育社会主义法治信仰的必然要求;社会主义核心价值观是法治的灵魂统帅,法治为社会主义核心价值观提供制度保证,中国"法的精神"的意蕴是社会主义核心价值观入法的现实基础。

---

① 张文显:《法理学》,北京:高等教育出版社2018年版,第72~76页。

科学立法、严格执法、公正司法、全民守法,为社会主义核心价值观从各个层面有效融入法治建设并成为全民信仰提供了具有价值导向的实践路径。①

如前文所述,社会主义核心价值体系是社会主义意识形态的本质体现,社会主义核心价值观则是社会主义核心价值体系的内核,而如今,将社会主义核心价值观融入法治建设已经是核心价值观建设的重要路径。既然如此,那么,以法治路径促进网络意识形态安全治理也就是一种逻辑的必然。对于新时代网络意识形态安全治理来说,这是一种新的工作思路。实践中,需要借助于法治方式,在社会主义文化繁荣发展中不断提升网络空间主流意识形态的凝聚力和引领力。

三、背景二:全面推进依法治国为意识形态工作创造新环境

坚持全面依法治国是新时代坚持和发展中国特色社会主义基本方略的重要内容。党的二十大报告描绘了建设社会主义法治国家的宏伟蓝图,并对新时代全面推进依法治国、推进法治中国建设提出了新任务和新要求,强调"我们要坚持走中国特色社会主义法治道路,建设中国特色社会主义法治体系、建设社会主义法治国家,围绕保障和促进社会公平正义,坚持依法治国、依法执政、依法行政共同推进,坚持法治国家、法治政府、法治社会一体建设,全面推进科学立法、严格执法、公正司法、全民守法,全面推进国家各方面工作法治化"②。全面推进依法治国为国家改革发展创造了新的环境,要求各个方面建设都应将法治的精神和要求贯穿其中。在意识形态工作领域,强调以法治路径应对网络意识形态安全问题,这是全面依法治国的重要实践向度,也是牢牢掌握网络意识形态工作领导权的有效方式。

(一)全面依法治国是国家治理的一场深刻革命

进入社会主义新时代,党中央高度重视法治建设,并提出了一系列推进法治建设的新思想新战略,推动我国法治建设取得了重大进展。党的十八届四中全会审议通过的《中共中央关于全面推进依法治国若干重大问题的决定》指出:"法律是治国之重器,良法是善治之前提。建设中国特色社会主义法治体系,必须坚持立法先行,发挥立法的引领和推动作用,抓住提高立法质量这个关键。要恪守以民为本、立法为民理念,贯彻社会主义核心价值观,使每一项立法都符合宪法精神、反映人

---

① 赵蓉、黄明理:《社会主义核心价值观融入法治建设的逻辑理路》,《理论探讨》2018 年第 5 期,第 69~74 页。
② 习近平:《高举中国特色社会主义伟大旗帜 为全面建设社会主义现代化国家而团结奋斗——在中国共产党第二十次全国代表大会上的报告》,北京:人民出版社 2022 年版,第 40 页。

民意志、得到人民拥护。要把公正、公平、公开原则贯穿立法全过程,完善立法体制机制,坚持立改废释并举,增强法律法规的及时性、系统性、针对性、有效性。"

全面推进依法治国意义深远,事关我们党执政兴国,事关人民幸福安康,事关国家长治久安,事关新时代中国特色社会主义事业发展全局。随着社会主义在实践中不断开拓前进,我们党对法治的认识也在不断深化。习近平总书记指出,"全面依法治国是中国特色社会主义的本质要求和重要保障"①,而且强调它"是国家治理的一场深刻革命"②。法治更具根本性、全局性、长期性、稳定性,提高党的执政能力和执政水平,必须严格厉行法治,着力解决好党的领导和依法治国的关系问题,推进党执政的制度化、规范化、程序化,以依法执政促进和保障科学执政、民主执政。能否解决这个问题,直接影响我们党的执政能力和执政水平。就像有的研究指出的那样,"法律是国家治理之根据,没有法律,政治便无所依据,导致人人各行其是,各逞其私,如此一来,政治腐败,国家必乱"③。对于我国来说,正在走向法治,建设社会主义法治国家。"无论人们如何理解法治的精神和内涵,不论是从那些法律发展报告所反映的数据,还是个人的经验来看,法治正逐渐成为中国人的生活方式"④。

推进国家治理现代化,必须坚持依法治国。对此,习近平总书记强调,"全面推进依法治国,是我们党从坚持和发展中国特色社会主义出发、为更好治国理政提出的重大战略任务,也是事关我们党执政兴国的一个全局性问题。落实好这项重大战略任务,对推动经济持续健康发展、维护社会和谐稳定、实现社会公平正义,对全面建成小康社会、实现中华民族伟大复兴,都具有十分重大的意义"⑤。我国是一个有十四亿多人口的大国,地域辽阔,民族众多,国情复杂。我们党在这样一个大国长期稳定执政,要保证国家统一、政令统一、市场统一,要实现经济发展、政治清明、文化昌盛、社会公正、生态良好,必须坚持依法治国,发挥法治在治国理政中的引领和规范作用。

全面依法治国是国家治理的一场深刻革命,这种"革命",既指全面推进依法治国所涉及的诸方面变革的深刻性,也指全面推进依法治国所带来的深远影响。

进入社会主义新时代,在统筹推进伟大斗争、伟大工程、伟大事业、伟大梦想,全面建设社会主义现代化国家的新征程上,要善于运用制度和法律治理国家,不断提高党科学执政、民主执政、依法执政水平,更好发挥法治固根本、稳预期、利长远

---

① 《习近平谈治国理政》(第三卷),北京:外文出版社2020年版,第18页。
② 《习近平谈治国理政》(第三卷),北京:外文出版社2020年版,第30页。
③ 王立峰:《法治中国》,北京:人民出版社2014年版,第4页。
④ 王立峰:《法治中国》,北京:人民出版社2014年版,第4页。
⑤ 习近平:《在党的十八届四中全会第二次全体会议上的讲话》,2014年10月23日。

的保障作用。当前,我们党所处的执政方位和执政环境已发生深刻变化,面临的执政考验、改革开放考验、市场经济考验、外部环境考验是长期的、复杂的、严峻的,精神懈怠危险、能力不足危险、脱离群众危险、消极腐败危险更加尖锐地摆在全党面前。要提高执政能力、巩固执政地位,实现长期执政,必须更加自觉地运用法治思维和法治方式治理国家,提高依法治国、依法执政水平,巩固党长期稳定执政的法治基础。

(二)意识形态安全治理与国家治理的内在关联

对任何国家来说,在其发展中都离不开意识形态的作用。特别是主流意识形态的传播,它作为社会中主流的价值观倾向,是实现政治一体化,增强执政者政治合法性和权威,塑造社会政治认同的重要方式,直接影响社会的凝聚力,影响着国家整体的发展。

在现代社会发展中,大众媒介本质上是一种"权力的媒介",始终都是国家用以强化政治意识形态,促进政治稳定的重要方式。在任何国家,大众媒介的意识形态色彩都是很明显的,其报道内容大要以主流的意识形态为准绳,凡是与主流意识形态相违背、相抵触的信息都难以进入公众视野。在传统政治中,统治者往往控制和垄断着大众媒介,书籍、报刊等都是强化其意识形态的重要工具。比如,中国儒家思想意识形态的传播对中国古代政治发展就产生了重要作用,实际上"儒家意识形态形成了一种整合力量,用以论证政治统治,确定国家的目标,提出精英的共同价值观,以及调和社会中的各种利益"[①],其政治效果就是巩固了封建政权,强化了政治秩序,推动了传统政治发展。

在现代社会,人们思想观念的多元化发展成为主流,但这并不意味着在现代政治共同体内强调意识形态就没了必要。恰恰相反,通过强化主流意识形态来巩固和维持政治秩序,维护基本政治制度,保持社会政治生活的基本稳定,仍然是国家治理中非常重要的内容。即使在以自由民主自诩的西方发达国家,诸如意识形态教化、政策、法规、执政理念的宣传等,仍是必不可少的。因为"任何组织严密的生活方式都要按照自己设计的模式来塑造人的行为。与社会主义国家的共产主义思想一样,资本主义社会的个人主义必须从人的襁褓时期开始,直到他埋葬入土之日为止,反复地进行灌输"[②]。虽然在西方国家,政治生活的娱乐化已成为重要特点。日益发展的新媒介技术,使公民越来越沉溺于不太严肃的政治话题和其他娱乐信

---

① [美]詹姆斯·R.汤森等:《中国政治》,顾速,等译,南京:江苏人民出版社2007年版,第31~32页。
② [美]哈德罗·D.拉斯维尔:《政治学:谁得到什么?何时和如何得到?》,杨昌裕,译,北京:商务印书馆1992年版,第19页。

息之中,脱口秀、体育、肥皂剧逐步消解了人们对严肃政治话题的耐心,公民从积极的政治参与角色退化到信息消费者的地位。[①] 但娱乐化的政治并没有因此而降低大众媒介对意识形态的强化作用,而是出现了新的形式。比如在美国,"艺术化、娱乐化的政治教育正是美国媒体政治社会化的基本特征,公众在享受艺术带来的美感的同时,意识形态的核心价值已经不知不觉地渗透到每个人的精神世界"[②],这正是维护其资本主义政治制度,实现资本主义社会政治稳定的精神源泉。

对于广大发展中国家来说,由于大都处于社会转型期,难免会出现价值、信仰和理想的真空,进而不利于整体的国家治理现代化发展。为此,充分利用大众媒介,加强对意识形态的宣传和教育,培养社会成员的共同体意识,增强人们对政府的忠诚和支持,对于强化社会政治秩序、实现国家稳定发展,是内在要求。如果一种意识形态被普及,成为共同观念的基础,成为一种普遍理解的语言的基础,那么意识形态在建构团结方面是有用的。这样,强有力的意识形态就是那些在观念形成过程中关键时刻赋予个人与其他人的认同感和团结感的意识形态。[③] 社会大众对主流意识形态的认同,进而保持政治秩序、维护政治稳定等,是国家治理的重要前提。

意识形态安全治理与国家治理之间具有密切的关联。"意识形态作为观念的上层建筑,是现代国家的重要组成部分,它对国家治理具有特殊的导向功能、整合功能,能够在最大程度上使人们自愿服从某个目标,能够在最大程度上激发人们合作参与的热情,能够在最大程度上消弭人们的利益冲突,甚至能够在最大程度上使人们沉溺幻象而不自觉。"[④]然而,一旦意识形态发展与国家发展不相符,或者说二者之间出现突出矛盾或冲突,那么国家发展必然受到严重影响。

从现代国家治理的实际状况来看,意识形态与之关联的程度或高或低、或强或弱,虽然并不能直接将意识形态作为衡量国家治理绩效高低的重要指标,但意识形态可以分解为一些细化的国家治理指标,由此将意识形态与国家治理绩效直接挂起钩来。[⑤] 从宏观角度来看,国家发展"必要秩序"的维系,国家一体化的推进,社会凝聚力的形成,人民大众国家认同的强化等,都离不开意识形态作用的有效发挥。

---

① 刘文科、张文静:《第三代政治传播及其对政治的影响》,《西南政法大学学报》2010年第5期,第50~55页。
② 谢岳:《大众传媒与民主政治:政治传播的个案研究》,上海:上海交通大学出版社2005年版,第122页。
③ [美]戴维·E.阿普特:《现代化的政治》,陈尧,译,上海:上海人民出版社2010年版,第244页。
④ 王侃:《马克思历史总体观视域下的意识形态构建与国家治理现代化》,《浙江学刊》2016年第2期,第11~19页。
⑤ 任剑涛、朱丹:《意识形态与国家治理绩效》,《学海》2018年第2期,第72~81页。

(三)全面依法治国背景下意识形态安全治理的思路转换

网络意识形态安全治理是国家治理的重要组成部分,推进网络意识形态工作离不开法治的作用。基于法治的理路应对网络空间复杂的意识形态安全问题,这是全面依法治国的重要内容,也是推进全面依法治国的现实需要。

当今世界,如何依法对网络信息传播加以规制,是各国都面临的问题。在新加坡,网络传播活动必须依照相关"网络管理办法"进行,若传播危害公共安全和国防、破坏种族及宗教和谐、违反公共道德等信息,将受到严厉处罚。在德国,按照《信息和传播服务法》甚至允许设定特定的网络警察来监控危害性内容的传播。中国作为一个正处于转型期的发展中大国,互联网的迅猛发展对国家整体发展的影响尤为突出,这就更需要依法对之加以规制。借助于网络传播和获取信息当然是公民言论自由的权利,需要受到保护,但这种权利一旦失去规制,就会产生巨大危害。"如果政府到了不但不能规制信息的发布和传递,而且不能规制信息真伪的地步,那对政治统治而言,无异于一场灾难"[①]。其中,意识形态问题是重要的方面。

对于规范网络空间信息传播,我国政府已出台了一系列管理办法或条例,比如《计算机信息网络国际联网安全保护管理办法》《全国人民代表大会常务委员会关于维护互联网安全的决定》《网络信息内容生态治理规定》等,对传播危害国家安全的信息做了许多规定。

比如《全国人民代表大会常务委员会关于维护互联网安全的决定》明确规定,对有下列行为之一,构成犯罪的,依照刑法有关规定追究刑事责任:利用互联网造谣、诽谤或者发表、传播其他有害信息,煽动颠覆国家政权、推翻社会主义制度,或者煽动分裂国家、破坏国家统一;通过互联网窃取、泄露国家秘密、情报或者军事秘密;利用互联网煽动民族仇恨、民族歧视,破坏民族团结;利用互联网组织邪教组织、联络邪教组织成员,破坏国家法律、行政法规实施。

《网络信息内容生态治理规定》也指出,网络信息内容生产者不得制作、复制、发布含有下列内容的违法信息:反对宪法所确定的基本原则的;危害国家安全,泄露国家秘密,颠覆国家政权,破坏国家统一的;损害国家荣誉和利益的;歪曲、丑化、亵渎、否定英雄烈士事迹和精神,以侮辱、诽谤或者其他方式侵害英雄烈士的姓名、肖像、名誉、荣誉的;宣扬恐怖主义、极端主义或者煽动实施恐怖活动、极端主义活动的;煽动民族仇恨、民族歧视,破坏民族团结的;破坏国家宗教政策,宣扬邪教和封建迷信的;散布谣言,扰乱经济秩序和社会秩序的;散布淫秽、色情、赌博、暴力、

---

① 刘文富:《网络政治:网络社会与国家治理》,北京:商务印书馆2002年版,第199页。

凶杀、恐怖或者教唆犯罪的;侮辱或者诽谤他人,侵害他人名誉、隐私和其他合法权益的;法律、行政法规禁止的其他内容。

上述规定的核心要义,就是要依法规制网络空间的信息传播,以降低对公民权利、社会舆论、社会稳定、国家安全等方面的消极影响。

在这些规定中,不论是对危害国家安全和社会稳定的网络行为做出明确规定,划定网络活动边界,规定人们的网络活动范围,还是强调要重视对网络安全技术的研究和开发,加强对互联网的运行安全和信息安全的宣传教育,依法实施有效的网络管理,以及强调互联网行业要依法从事活动和采取积极措施停止有害网络信息传播,并及时向有关机关报告,等等,都非常必要。也就是说,要通过这些措施来规避网络风险,消除因网络的运用而对社会造成的威胁和破坏,而维护意识形态安全则是应有之义。

中国社会现代化转型的一个重要特殊之处就在于,它是在网络社会的时代场域中进行的,而网络社会的迅猛发展又不断增加现代化转型的风险。在前网络社会,信息传播方式单一,渠道有效,因而控制大众媒介,营造统一舆论,是确保意识形态安全的有效方式。但互联网的迅猛发展打破了传统的信息控制,现实社会的大量矛盾和问题都在网络空间反映了出来。如此一来,多元化的网络信息、价值观念、意识形态都充斥着网络空间,加之负面的网络宣传和网络动员与现实社会矛盾的结合,容易给马克思主义主流意识形态带来冲击,因而确保网络意识形态安全就显得尤为重要。

正因如此,各级政府对网络传播都保持着高度警惕,而且很多时候都是通过法律手段来应对网络意识形态安全风险。从关闭不法网站、删除不法信息、内容过滤、对网络信息传播进行技术控制,到对不法网络行为者进行严厉打击、针对特定网络安全问题开展相应的专项网络整治活动(如整顿网络大V、网络谣言),从政府相关部门(公安、行政、网信等部门)对网络行为者的直接管控,到委托第三方(如网络服务提供商)进行删帖、过滤网络传播内容、限制网民行为,各色不等。2013年9月10日开始实施的《最高人民法院、最高人民检察院关于办理利用信息网络实施诽谤等刑事案件适用法律若干问题的解释》[1],对因网络运用而造成的相应犯罪要件进行了详细解释,目的也正是能更好地规范各种新式的网络行为。

总之,全面依法治国为网络意识形态工作创造了新环境。在全面依法治国背景下,通过各种法律手段的实施来应对因网络社会发展和网络技术运用而带

---

[1] 中央网络安全和信息化领导小组办公室、国家互联网信息办公室政策法规局:《中国互联网法规汇编》,北京:中国法制出版社2015年版,第276~278页。

来的诸多网络意识形态安全风险和挑战,消除或降低网络信息传播及网络行为的负面效应,是有效维护网络意识形态安全的现实需要。这在客观上也决定了我们的网络意识形态工作思路必须随之转变,依法保障网络意识形态安全是应然之举。

四、背景三:依法规范网络空间秩序成为意识形态工作新要求

如今,网络空间已然成为人们生产生活的第二空间,毫无疑问,它是一把"双刃剑"。正如有研究所指出的那样,网络社会的兴起,给人类社会带来了网络化的生活;不过,人类在享受网络文明的同时,也被网络文明的阴影笼罩着,因为网络世界也是一个"潘多拉盒子"。① 因而,如何规范网络空间秩序,是国家改革发展中面临的重要问题。在此过程中,法治是极为重要的方式,依法治网是维护和实现网络安全的现实选择,当然,它也成为网络意识形态工作的新要求。

(一)网络空间已是意识形态工作主阵地和最前沿

纵观人类文明发展史,可以发现两个重要的轨迹:一是每一次重大科学发现和科技应用都催生出了新的信息传播技术,产生新的传播方式,推动人类信息传播活动向更新、更高的层次迈进;二是每一次重大的技术革命都会引起权力属性和权力结构的转变。② 互联网的出现也是如此。它不仅仅是一种便捷高效的信息传播媒介,其迅猛发展及其对社会诸方面的渗透,也使得社会既有的权力关系发生了深刻变化。曼纽尔·卡斯特在研究中指出,在网络社会,"新的权力存在于信息的符码中,存在于再现的影像中;围绕这种新的权力,社会组织起了它的制度,人们建立起了自己的生活,并决定着自己的所作所为"③。

信息传播技术变革对人类社会发展的影响历来受到理论家们所关注。传播学奠基人威尔伯·施拉姆(Wilbur Schramm)曾把大众传播对发展中国家社会发展的功能概括为六个方面,即增强国家意识;传播国家计划;发展必要的技巧;扩大有效市场;帮助人民发挥新的功能;形成民族国家意识。④ 丹尼尔·勒纳(Danier Lerner)甚至把大众传播看作中东国家政治现代化发展的先决条件,认为如果没有

---

① 胡键、文军:《网络与国家安全》,贵阳:贵州人民出版社2002年版,第8页。
② 蔡文之:《网络传播革命:权力与规制》,上海:上海人民出版社2011年版,第18页。
③ [美]曼纽尔·卡斯特:《认同的力量》,曹荣湘,译,北京:社会科学文献出版社2006年版,第416页。
④ Lucian W. Pye (eds.), Communications and Political Development, Princeton University Press, 1963, pp.38 – 42.

发达的大众传播体系,现代社会的有效交流与运作是不可能的。① 如果说传统的诸多大众传播媒介技术(书籍、报刊、广播、电视等)在促进国家现代化发展中表现出了巨大影响,那么网络技术的出现及迅猛发展则在这种影响的广度和深度上又有了极大的扩展。

在我国,随着网络技术迅猛发展,政府对网络技术的开发和利用程度不断提高。比如,中国政府网于2005年1月正式开通,极大地改善了政府与社会的政治沟通状况,有助于二者间的互动和交流。2013年4月19日开始,全国各大网站均开设了"网络监督专区",该专区直接链接到中纪委、中组部、最高人民检察院、最高人民法院、国土资源部等国家机关的举报网站,有利于举报人揭发党政干部的贪腐行为,完善权力监督体系。2013年7月15日开始,国家信访局门户网站的网上投诉全面放开,开辟了新的信访途径,确保民众反映的问题能得到及时妥善处理。2015年3月,"互联网+"正式写入政府工作报告,成为网络时代国家发展的重大举措,同年7月4日国务院发布了《关于积极推进"互联网+"行动的指导意见》,指出要"积极发挥我国互联网已经形成的比较优势,把握机遇,增强信心,加快推进'互联网+'发展",并"着力创新政府服务模式,夯实网络发展基础,营造安全网络环境,提升公共服务水平"。2017年,国务院办公厅印发了《政务信息系统整合共享实施方案》,紧紧围绕政府治理和公共服务的改革需要,以最大限度利企便民,让企业和群众少跑腿、好办事、不添堵为目标,加快推进政务信息系统整合共享,提升政务服务质量。2022年6月,国务院印发了《关于加强数字政府建设的指导意见》,以期通过加强数字政府建设更好地适应新一轮科技革命和产业变革趋势、引领驱动数字经济发展和数字社会建设、营造良好数字生态、加快数字化发展。各种对网络技术的运用,都有助于调整和优化政府与社会关系,更好地发挥互联网在驱动社会发展中的积极作用。

当然也应看到,网络技术也使国家改革发展面临新的挑战,其中对意识形态安全的挑战是突出方面。在网络空间,诸多不符合中国国情的观点和思潮借助于网络进行大肆传播,难免会冲淡主流意识形态的主导作用和功能的发挥。在社会中既有的沟通和表达机制尚不健全的情况下,互联网已逐步成为人们政治表达和互动的主要通道,因而其政治参与和表达的热情得到了空前释放。对此,曾有论者认为,"中国网络舆论场的强度,放眼全世界也找不出第二家"②,其观点所揭示的正是网络技术对中国的特殊影响,尤其是网络传播相对自由的特点,使得网络参与者

---

① Danier Lerner, The Passing of Traditional Society: Modernizing the Middle East, Free Press, 1958, p.51.

② 人民网舆情监测室:《2010年中国互联网舆情分析报告》,2011年1月16日发布。

往往出现非理性行为,加之各种网络推手的推波助澜、乘机渲染、无限放大,成为社会恐慌和动荡的重要诱因。

如今,网络空间已然成为意识形态工作的主阵地和最前沿,网络技术对意识形态的介入,大大增加了意识形态安全的风险。这对于意识形态工作来说,已是必须特别重视和有效应对的重大挑战。

(二)营造风清气正的网络空间需要法治保驾护航

互联网的迅猛发展及广泛运用,使得社会交往方式,以及传统的权力结构、权力关系等,都发生了深刻变化。比如,互联网给公众的意见表达和舆论监督提供了便捷平台,由此形成的网络舆论场给政府执政带来了巨大压力、使舆论引导效果受到限制;网络媒介具有的"去中心化"特征,让过去比较有效的信息控制因为网络的匿名性、技术的突破性而面临把关失效的可能;网络技术尤其是社交媒体的传播机制,会给具有利益诉求的草根网民进行社会动员提供重要资源和"技术赋权",从而实现线上交往和线下行动的联动。① 有效应对网络技术给社会各方面发展带来的风险和挑战,强化网络社会治理刻不容缓。

法治之于网络社会治理的作用是毋庸置疑的。就像瑞士学者约万·库尔巴里贾在研究互联网治理问题时所指出的那样,正如几千年前我们的祖先开始使用规则组织人类社会那样,互联网时代法律的核心社会功能同样意义重大。法律调整个人与其建立的实体的权利和义务。互联网及时社会沟通媒介,亦是经济发展驱动力。法治和法律的确定性对于互联网的发展至关重要。②

在网络社会治理中,按照法治要求化解各种矛盾和问题,涉及的任何主体都要尊崇法律的权威,都必须在法律规定的范围内活动。习近平总书记指出:"如何加强网络法制建设和舆论引导,确保网络信息传播秩序和国家安全、社会稳定,已经成为摆在我们面前的现实突出问题"③,并强调,"要推动依法管网、依法办网、依法上网,确保互联网在法治轨道上健康运行"④。以法治路径促进网络意识形态安全治理,必须推进网络社会治理,更何况网络意识形态安全治理本身就是网络社会治理的有机组成部分。

同时,也应看到,网络空间是现实生活场域的一种转换,它无法脱离与现实社

---

① 张志安:《网络空间法治化——互联网与国家治理年度报告(2015)》,北京:商务印书馆2015年版,第3~6页。
② [瑞士]约万·库尔巴里贾:《互联网治理》,鲁传颖,等译,北京:清华大学出版社2019年版,第143页。
③ 《习近平谈治国理政》,北京:外文出版社2014年版,第84页。
④ 《习近平谈治国理政》(第三卷),北京:外文出版社2020年版,第309页。

会的关联。正如学者所言:"网络活动所依附的空间是一种不同于现实的电子空间,它是一个自由的虚拟空间,不具有外在的可触摸、可感觉的时空位置和形态,即其存在形式是虚拟的。但网络上的一些政治活动及其功效却是真实的。"① 所以说,"信息并不是在真空中流动,而是在早已有所归属的政治空间中流动。信息的跨界流动以及其他交易,都是在国家近四个世纪以来建立的政治结构中进行的"②。网络意识形态安全问题虽然发生在虚拟的网络空间,但它仍然是现实意识形态安全问题的表现和延伸。网络空间不是法外之地。要更好规范网络空间秩序,塑造良好网络空间生态,法治不能缺席。

(三)依法打击和防范外来网络安全威胁是意识形态工作的重要内容

伴随网络技术革命的持续推进及广泛运用,国际社会中网络安全事件层出不穷,网络安全威胁不断升级且渐趋多样化,国家网络意识形态安全形势也因此面临着严峻挑战。比如,2013年发生的"棱镜门"事件,给包括我国在内的其他国家的意识形态安全带来极大威胁。日常生活中,普通网民可以在网上浏览到很多宣扬所谓西方新自由主义、无政府主义、历史虚无主义等的言论。这些言论通过网络渗透到普通群众的日常生活中,严重影响民众的思想认知,进而混淆是非,甚至颠覆既有的价值观念。

近年来发生的诸多"颜色革命",虽然表现形式各异,但有一点是共同的,那就是互联网技术在革命发生和发展过程中都发挥了推波助澜的作用。有研究认为,虽然从客观上讲,我国与"颜色革命"发生国在政治制度、经济状况、文化传统、社会结构等方面存在着较大差异,类似"颜色革命"的事件在我国发生的可能性不大,然而,我国与这些国家有着共同的社会主义历史渊源,又同处于社会转型期,社会内部存在着许多相似的社会问题和矛盾,所以同样存在着诱发"颜色革命"的潜在因素。③ 而规避"颜色革命"的发生,防止因网络运用而对政治秩序的冲击和破坏,确保意识形态安全,从直观意义上看,就需要对网络进行一定的规制,以防范各种网络安全风险。

对我国来说,实践中已采取许多积极措施,用以防范来自国外的各种网络意识形态安全威胁和挑战。比如,积极参与国际合作以加强网络空间治理,共同打击网络犯罪,防范网络威胁。"网络安全问题引发的国家间冲突凸显了网络空间规则的

---

① 李斌:《网络政治学导论》,北京:中国社会科学出版社2006年版,第58页。
② [美]罗伯特·基欧汉、约瑟夫·奈:《权力与相互依赖》,门洪华,译,北京:北京大学出版社2012年版,第240页。
③ 赵永华:《大众媒体与政治变迁——聚焦独联体国家"颜色革命"》,北京:中国书籍出版社2013年版,第244页。

缺失,网络空间亟须制定一份国际社会共同遵守的行为规范和准则。否则,网络空间就如同没有交通规则的道路一样,随时可能发生'交通事故',造成国家间的关系紧张,并可能引发更严重的冲突。"①各种形式的网络犯罪已经成为全球性的问题,而要解决这些问题,离不开国际社会的合作,这就需要在全球范围树立"互联互通、共享共治"的基本理念,形成大安全致胜观、合作安全观等一系列治理新策略。习近平总书记指出:"中国愿意同世界各国携手努力,本着相互尊重、相互信任的原则,深化国际合作,尊重网络主权,维护网络安全,共同构建和平、安全、开放、合作的网络空间,建立多边、民主、透明的国际互联网治理体系。"②通过积极参与国际合作,共同解决国际社会面临的诸种网络安全问题,这是维护国家网络意识形态安全的应有之义。

再如,通过各种防范措施来应对网络空间意识形态安全风险。基于对网络技术的利用,意识形态安全面临着越来越多的来自域外的挑战和威胁,诸如恐怖主义、分裂主义、极端主义等势力都可以借助网络进行跨国破坏活动,西方国家的意识形态渗透、文化入侵、对国家发展中出现的问题进行歪曲报道、丑化执政党形象等,也都是突出问题。"现在,西方发达国家不断插手处于社会转型期的中国,在发展上牵制、形象上丑化、思想上渗透、行动上暗中策划和支持反制,其中互联网和移动互联网是这些国家实现其图谋的重要武器。"③因此,必须采取相应措施,有效应对各种针对中国的意识形态渗透、分裂、颠覆等破坏活动。诸如运用防火墙技术、限制国际网络连接、采取信息过滤、进行技术控制等,其目的都是防范外部各种负面信息的传播和侵入,以及严厉打击借助网络对中国进行的各种分裂、颠覆、破坏活动。通过实施各种防范措施来消除网络安全威胁,成为促进网络意识形态安全的重要方式。

依法打击跨国网络犯罪是网络意识形态安全治理中十分重要的内容。习近平总书记指出,"利用网络鼓吹推翻国家政权,煽动宗教极端主义,宣扬民族分裂思想,教唆暴力恐怖活动,等等,这样的行为要坚决制止和打击,决不能任其大行其道。利用网络进行欺诈活动,散布色情材料,进行人身攻击,兜售非法物品,等等,这样的言行也要坚决管控,决不能任其大行其道。没有哪个国家会允许这样的行为泛滥开来。我们要本着对社会负责、对人民负责的态度,依法加强网络空间治理"④。《国家网络空间安全战略》也特别强调,"利用网络干涉他国内政、攻击他国

---

① 李慎明、张宇燕:《全球政治与安全报告(2015)》,北京:社会科学文献出版社 2015 年版,第 120 页。
② 新华网:《习近平致首届世界互联网大会贺词》,2014 年 11 月 19 日。
③ 王君泽、王国华、徐晓林:《革命 2.0:互联网时代的国家政治安全风险——以互联网作用下的埃及政局突变事件为例》,《电子政务》2012 年第 9 期,第 50~55 页。
④ 《习近平谈治国理政》(第二卷),北京:外文出版社 2017 年版,第 336~337 页。

政治制度、煽动社会动乱、颠覆他国政权,以及大规模网络监控、网络窃密等活动严重危害国家政治安全和用户信息安全"。因而要"防范、制止和依法惩治任何利用网络进行叛国、分裂国家、煽动叛乱、颠覆或者煽动颠覆人民民主专政政权的行为;防范、制止和依法惩治利用网络进行窃取、泄露国家秘密等危害国家安全的行为;防范、制止和依法惩治境外势力利用网络进行渗透、破坏、颠覆、分裂活动"。由此可见,要有效应对网络空间的各种跨国网络犯罪,防范化解由此而引发的意识形态安全风险和挑战,必须要强化法治思维,用好法治手段,通过严格落实网络法治以确保网络安全,进而促进网络意识形态安全。

第二章 以法治路径促进网络意识形态安全治理的内在逻辑

我国作为世界上最大的发展中国家,当前正处于改革发展的关键时期,并且同时面临来自国内外的各种风险和挑战,在此背景下,维护意识形态安全的意义更为突出。网络意识形态作为一种全新的意识形态呈现形式,已受到社会各界的高度关注。强调以法治路径促进网络意识形态安全治理是一全新思路,事实上也已成为意识形态研究领域的热点议题。网络空间意识形态工作和法治建设之间具有密切的关联,二者是相互融合、相互促进的。实践中,我们不能将网络意识形态安全治理与法治建设割裂开来,而应将其视为一个内在统一的过程。如此,才能更好地把握网络意识形态安全治理的法治路径,进而充分发挥法治在网络意识形态安全治理中的关键作用。

一、"法"和"意识形态"的马克思主义阐释

经济基础决定上层建筑。观念的、政治的上层建筑都是适应经济基础的需要而产生的。其中,观念上层建筑包括政治法律思想、道德、宗教、文学艺术、哲学等意识形态内容;政治上层建筑在阶级社会指政治法律制度和设施,主要包括军队、警察、法庭、监狱、政府机构和政党等。观念上层建筑和政治上层建筑是相互联系、相互制约的。观念上层建筑为政治上层建筑提供思想理论根据,政治上层建筑为观念上层建筑的传播和实施提供重要保证。

(一)法和意识形态的特殊内涵

法是人类社会发展到一定阶段的产物,随着私有制、阶级和国家的出现而出现。当然,法又随着社会的生产方式和政权性质的变迁而变迁,不同国家及其不同发展时期,法的特点也会有所不同。法是以现实的物质经济生活为基础的,是一种国家制定的行为规范,体现国家意志,具有权威性和强制力,这是法的本质所在。因此,法不是凭空产生的,归根结底是由特定的物质生活条件决定的,是由这一社

会的经济基础决定并反过来为经济基础服务的。

马克思、恩格斯在研究中曾这样指出:"在现实的历史中,那些认为权力是法的基础的理论家和那些认为意志是法的基础的理论家是直接对立的……那些决不以个人'意志'为转移的个人的物质生活,即他们的相互制约的生产方式和交往形式,是国家的现实基础,而且在一切还必需有分工和私有制的阶段上,都是完全不以个人的意志为转移的。这些现实的关系决不是国家政权创造出来的,相反地,它们本身就是创造国家政权的力量。在这种关系中占统治地位的个人除了必须以国家的形式组织自己的力量外,他们还必须给予他们自己的由这些特定关系所决定的意志以国家意志即法律的一般表现形式。"[1]固然,法与经济以外的其他各种社会因素,如政治、哲学、宗教等也相互起作用,但这只是一个侧面,追究到它的根本,"法的关系正像国家的形式一样,既不能从它们本身来理解,也不能从所谓人类精神的一般发展来理解,相反,它们根源于物质的生活关系"[2]。因此,法是基于特定的物质生活基础而产生的。

在《共产党宣言》中,马克思、恩格斯指出,资本主义社会中,"法律、道德、宗教,在他们看来全都是掩盖资产阶级利益的资产阶级偏见"[3]。法同国家一样,是阶级社会的产物,在阶级社会中,它总是有阶级性的。到阶级消灭时,具有阶级性的法也就不存在了。但马克思主义在肯定法的阶级性的同时,也承认法在历史发展上同其他社会文化一样,都可以批判地予以继承。国家是有阶级性的,它所制定的法也是有阶级性的:一方面,取得政权、统治国家的阶级必须把它的胜利果实,用法律形式固定下来,使之成为神圣不可侵犯的制度;另一方面,法律由国家制定,还须由国家的强制力保证其实施。

总体来看,法的本质特征主要体现在如下方面,即"法是体现统治阶级意志的社会规范。法是统治阶级的整体意志,而不是个别统治者的意志,或统治者个人意志的简单相加。不是统治阶级意志的全部,而仅仅是上升为国家意志的那部分意志。法是由国家强制力保障实施的社会规范。法律规范区别于道德规范、宗教规范、纪律规范等其他社会规范的首要之处在于,它是由国家制定或认可的并由国家强制力保障实施的社会规范体系。法是受社会物质生活决定的社会规范。物质资料的生产方式是决定社会面貌、性质和发展的根本因素,也是决定法律本质、内容和发展方向的根本因素"[4]。

"意识形态"一词,源自西方近代哲学家对社会意识与现实关系特别是与现实

---

[1] 马克思、恩格斯:《德意志意识形态》(节选本),北京:人民出版社2003年版,第108页。
[2] 《马克思恩格斯选集》(第二卷),北京:人民出版社1995年版,第82页。
[3] 《马克思恩格斯选集》(第一卷),北京:人民出版社1995年版,第262页。
[4] 李步云、高全喜:《马克思主义法学原理》,北京:社会科学文献出版社2014年版,第1页。

政治经济关系的分析研究。到今天,尽管意识形态已是热点研究议题,但学界对于意识形态的定义仍然是见仁见智。就像英国学者大卫·麦克里兰在研究中所指出的:"意识形态在整个社会科学中是最难以把握的概念。因为它探究的是我们最基本的观念的基础和正确性。因此,它是一个基本内涵存在争议的一个概念,也就是说,它是一个定义存在激烈争论的概念。"①

德国哲学家卡尔·曼海姆对意识形态问题进行了比较系统的研究,他在《意识形态与乌托邦》中将意识形态分为两类,即特殊意识形态和整体意识形态。所谓特殊意识形态,是指"那些观点和陈述被看作对某一状况真实性的有意无意的伪装,而真正认识到其真实性并不符合论敌的利益。这些歪曲包括从有意识的谎言到半意识和无意识的伪装,从处心积虑愚弄他人到自我欺骗"。而整体意识形态"指的是某个时代或某个具体的历史—社会集团(例如阶级)的意识形态,前提是我们关心的是这一时代或这一集团的整体思维结构的特征和组成"②。

马克思、恩格斯是从唯物史观角度分析"意识形态"问题的。在他们那里,"意识形态"概念是为创立唯物史观服务的,是在批判包括黑格尔的客观唯心主义和鲍威尔、施特劳斯、施蒂纳等青年黑格尔派的主观唯心主义以及费尔巴哈的旧唯物主义等这些在德国当时流行的"意识形态"的过程中使用的。最初在《德意志意识形态》中,马克思对意识形态持否定、批判的态度,把意识形态看作幻想、歪曲、虚假和神秘化的东西。其基本立意是:意识形态是人们制造出来且又受其支配的种种"虚假观念",是与历史唯物主义相对立的历史唯心主义;意识形态是统治阶级为维护本阶级的利益而编造的"幻想",本质上是统治阶级的思想,是与无产阶级意识、共产主义意识相对立的思想体系。随着实践的发展,马克思逐渐将意识形态概念中性化,认为人们借以意识到这个冲突并力求把它克服的那些法律的、政治的、宗教的、艺术的或者哲学的,简言之,意识形态的形式是社会基本结构不可缺少的重要部分,是社会结构中与经济基础相适应并建立其上的"观念上层建筑"。

在他们看来,"意识形态是由所谓的思想家通过意识——但是通过虚假的意识——完成的过程。推动他的真正动力始终是他所不知道的,否则这就不是意识形态的过程了,因此,他想象出虚假的或表明的动力。因为这是思维过程,所以它的内容和形式都是他从纯粹的思维中——不是从他自己的思维中,就是从他的先辈的思维中引出的。他只和思想材料打交道,他毫不迟疑地认为这种材料是由思维产生的,而不去进一步研究哲学材料的较远的、不从属于思维的根源。"③而"意识在任何时候都只能是被意识到了的存在,而人们的存在就是他们的现实生活的

---

① [英]大卫·麦克里兰:《意识形态》,孙兆政,等译,长春:吉林人民出版社2005年版,第1页。
② [德]卡尔·曼海姆:《意识形态与乌托邦》,黎鸣,译,北京:商务印书馆2000年版,第56~57页。
③ 《马克思恩格斯选集》(第四卷),北京:人民出版社1995年版,第726页。

过程。如果在全部意识形态中，人们和他们的关系就像在照相机中一样是倒立成像的，那么这种现象也是从人民生活的历史过程中产生的，正如物体在视网膜上的倒影是直接从人们生活的生理过程中产生一样。"① 同时强调："必须时刻把下面两者区别开来：一种是生产的经济条件方面所发生的物质的、可以用自然科学的精确性指明的变革，一种是人们借以意识到这个冲突并力求把它克服的那些法律的、政治的、宗教的、艺术的或哲学的，简言之，意识形态的形式。我们判断一个人不能以他对自己的看法为依据，同样，我们判断这样一个变革时代也不能以它的意识为依据；相反，这个意识必须从物质生活的矛盾中，从社会生产力和生产关系之间的现存冲突中去解释。"②

总体来看，马克思主义关于意识形态的论述可以归结为三个方面：其一，意识形态是人们物质生产生活的直接产物，并随之而不断发展变化。每一历史时代的经济生产以及必然由此产生的社会结构，是该时代政治的和精神的历史的基础，人们的意识，随着人们的生活条件、人们的社会关系、人们的社会存在的改变而改变。因此，意识形态不是空洞的、抽象的，一定是以具体的社会存在为基础的，是特定社会存在在上层建筑的反映。其二，意识形态是阶级利益的集中体现，具有鲜明的阶级性。按照马克思主义的理论观点，一个阶级是社会上占统治地位的物质力量，同时也是社会上占统治地位的精神力量。资产阶级意识形态为维护自身统治服务，而马克思主义旗帜鲜明地为工人阶级和人民大众"代言"。其三，意识形态具有相对独立性，是推动社会发展的重要动力。物质生存方式虽然是始因，但是这并不排斥思想领域也反过来对这些物质生存方式起作用，因而是第二性的作用。虽然说意识形态是特定社会存在在上层建筑的反映，但它对社会存在也具有能动的反作用，深刻影响着特定社会的变迁，塑造其整体的发展面貌。

（二）法的本质与意识形态本质的一致性

法律是人类社会生活的有机组成要件，在本质上是基于一定的生产力水平和经济生活条件而产生的一种社会行为规范。今天，生活在地球上不同地区的人群，不论其语言、生活方式以及文明程度的差别，无不或多或少、或繁或简地都存在由某种法律制度所规范的环境中。法律不仅成了举世认同和遵循的一种公器，成为治理国家的重要方式，而且成为人类公平正义和公共生活秩序的标准和象征，成为人们实现和维护自身权益的重要保障。所以，"法律之治"成为法治的重要标志。它意味着：社会行为和社会关系均要纳入法律的轨道，接受法律的调整；凝聚公意的宪法和法律高于任何个人、政党和社会团体的意志，有至上的效力和权威；政府

---

① 《马克思恩格斯选集》（第一卷），北京：人民出版社1995年版，第72页。
② 《马克思恩格斯选集》（第二卷），北京：人民出版社1995年版，第33页。

的一切权力均源于宪法和法律,且要依既定宪法和法律行使;公民受法律平等保护,任何人(包括政府)都不得享有法外特权,任何人违法都要受法律的制裁。①

马克思曾指出:"很清楚,在这里,并且到处都一样,社会上占统治地位的那部分人的利益,总是要把现状作为法律加以神圣化,并且要把习惯和传统对现状造成的各种限制,用法律固定下来。撇开其他一切情况不说,只要现状的基础即作为现状的基础关系的不断再生产,随着时间的推移,取得了有规则的和有秩序的形式,这种情况就会自然产生;并且,这种规则和秩序本身,对任何要摆脱单纯的偶然性或任意性而取得社会的固定性和独立性的生产方式来说,是一个必不可少的要素。这种规则和秩序,正好是一种生产方式的社会固定的形式,因而是它相对地摆脱了单纯偶然性和单纯任意性的形式。在生产过程以及与之相适应的社会关系的停滞状态中,一种生产方式所以能取得这个形式,只是由于它本身反复的再生产。如果一种生产方式持续一个时期,那么,它就会作为习惯和传统固定下来,最后被作为明文的法律加以神圣化。"②从中不难看出,规则和秩序本身是源自生产方式的要求,是生产方式的必不可少的要素。同时,规则和秩序是一种生产方式的社会固定的形式,其中法律又是最为正式的一种形式,是固定化的一种社会规范形式。

意识形态是由社会经济条件决定的,体现一个社会的阶级、阶层、集团、社会组织和利益群体的政治立场、价值观念和理论体系。同时,它也是国家重要的文化资源,在国家治理过程中发挥着极为重要的作用,作为一种"软实力",维持着特定的社会政治秩序。一方面,意识形态是对社会生活的反映,是由一定社会经济关系所决定的观念体系,意识形态的外在差异可以在人们的物质关系或利益分野中找到真正的原因;另一方面,意识形态并不是简单地对现实物质关系的机械反映,它具有自己的强大功能,既有批判功能也有维护功能。

意识形态是社会存在的反映,这是其本质所在。具体来说,意识形态根源于社会存在,有什么样的社会存在,就有什么样的意识形态,意识形态随着社会存在的发展而发展。在阶级社会里,意识形态具有阶级性,超阶级的意识形态是不存在的。在一个特定社会里,统治阶级的意识形态是占统治地位的意识形态。就像马克思、恩格斯所指出的那样,占统治地位的思想不过是占统治地位的物质关系在观点上的表现。革命阶级要推翻旧的经济关系和政治制度需要意识形态作为变革的先导,统治阶级要巩固自己的经济制度和政治统治也需要意识形态的论证和辩护。③

法和意识形态作为上层建筑的两个不同范畴,二者之间有着密切的关联。正

---

① 姜明安:《法治国家》,北京:社会科学文献出版社2016年版,第60页。
② 《马克思恩格斯全集》(第二十五卷),北京:人民出版社1972年版,第893~894页。
③ 黄传新,等:《社会主义意识形态的吸引力和凝聚力研究》,北京:学习出版社2012年版,第1页。

如有研究所指出的那样,"法律真正是一个最复杂的意识形态形式……(但是)法律的意识形态形式并不像其他意识形式那样具有多样性。……法律倾向于反映统治阶级以及他们政治上和文化上的代表者的意识形态"①。统治阶级通过对自己的意识形态的宣传使其统治合法化、隐蔽化,使法律似乎变成一个中立而超然的力量,从而使人们信赖法律,行动上与出自统治阶级之手的法律保持一致。法律和意识形态,它们虽然表现形式不同,但都属于上层建筑的范畴,其在本质上是一致的。

(三)法律意识形态与意识形态安全治理

法律意识是一种独特的社会意识形态,"是社会主体对于法的现象的主观把握方式,是人们对法的理性、情感、意志和信念等等各种心理要素的有机综合体"②。在法律意识的整体范畴中,法律意识形态是非常重要的构成。按照学界代表性观点,所谓法律意识形态,"是社会主体对特定的法律现象的主观把握,在本质上是法律意识体系化的认知,该主观认知将引导特定社会阶层或群体观念形态,从而对特定社会结构发生作用"③。

法律意识形态是意识形态在法律层面的呈现。"法律意识形态具有重要的引领作用,也称之为法律意识形态的引导,其是指特定群体或集团,对由其自身生产或由他人生产的法律意识形态产出所加以的引导,其表现为动态的目标性行为,如表现在法律意识形态生产中为法律意识形态策略,而表现在法律意识形态的引领中则为法律意识形态策略的践行。法律意识形态的引领方式通常是通过宣传、教育、灌输等方式,在这里宣传、教育、灌输并不只是文字间隙之切换,其根源于法律意识形态领域中的意识形态主体的认知。"④

作为意识形态的一种具体表现形式与种类,法律意识形态必然要体现意识形态的诸多特性。对此,有研究指出,"在法律意识形态与意识形态的基本关系问题上,法律意识形态是意识形态的重要组成部分,法律意识形态包含在意识形态中。法律意识形态与其他意识形态一起共同构成了意识形态的完整内容"⑤,"在意识形态的整体构成中,不能没有法律意识形态",特别是"在当代政治民主化与经济全球化的背景下,意识形态成为不可缺少的重要观念,意识形态引领社会的发展决定社会的发展方向。在这样的背景下,引导民主法制建设发展方向的法律意识形态,就成为意识形态整体中的重要组成部分。忽视法律意识形态,必然造成国家法制

---

① 朱景文:《对西方法律传统的挑战:美国批判法律研究运动》,桂林:广西师范大学出版社2004年版,第203页。
② 刘旺洪:《法律意识论》,北京:法律出版社2001年版,第49页。
③ 黄辉:《法律意识形态论》,北京:中国政法大学出版社2010年版,第68页。
④ 黄辉:《法律意识形态论》,北京:中国政法大学出版社2010年版,第100页。
⑤ 孙春伟:《法律意识形态论》,北京:法律出版社2014年版,第132页。

建设的倒退,造成意识形态整体的混乱"①。

因此,法律意识形态建设及其强化,有助于夯实国家整体的意识形态安全基础。法律和意识形态同为上层建筑范畴,法律意识形态可以说是二者有机结合的产物。"法律意识形态可以使人们更加合理地认识法律体系与社会环境以及两者之间的互动关系,并通过信念和愿望来激活法律运行的机制,就具体问题的解决提出妥当的政策和行动纲领。为了和平而有效地解决不同利益集团之间的冲突,法律意识形态应当相对独立于特定的利益集团本身,采取让相关各方都能理解和认可的普遍性话语来重新定义利益问题,并为不同的利益诉求和原理提供表达、竞争、论证、说服、达成共识的机会。"②概言之,法律意识形态有助于强化意识形态的引领和规范作用,对于推进意识形态安全治理,维护意识形态安全发挥着极为重要的作用。

二、网络空间意识形态安全工作与法治建设是内在统一的过程

法和意识形态在本质上的一致性,决定了网络空间意识形态工作与法治建设的内在契合性。换言之,网络意识形态安全治理与法治,从其内在的属性上来看,实际上是统一的过程,二者相互联系、相互促进。

(一)网络意识形态安全治理的法治诉求

当今世界,多元化思想文化交流、交融、交锋日益频繁,意识形态领域也因此面临更大范围、更深层次的激荡与冲突,维护意识形态的安全面临着复杂的挑战。在整体的意识形态安全工作中,网络意识形态安全治理的重要性已经日益凸显了出来。习近平总书记指出:"网络安全和信息化对一个国家很多领域都是牵一发而动全身的,要认清我们面临的形势和任务,充分认识做好工作的重要性和紧迫性,因势而谋,应势而动,顺势而为。"③互联网已经成为意识形态话语权争夺的主战场,做好网络意识形态工作,是一个关乎全局的重大问题。对于互联网发展所带来的巨大冲击,新时代的意识形态工作只有加强和重视网络意识形态建设,把互联网建设成弘扬主旋律、传播正能量的重要阵地,才能够确保我国意识形态安全和国家政权安全。④

---

① 孙春伟:《法律意识形态论》,北京:法律出版社 2014 年版,第 133 页。
② 季卫东:《论法律意识形态》,《中国社会科学》2015 年第 11 期,第 128~145 页。
③ 习近平:《总体布局 统筹各方 创新发展 努力把我国建设成为网络强国》,《人民日报》2014 年 2 月 28 日。
④ 孙炳炎:《新时代网络意识形态工作的意义、主要内容和基本策略——学习习近平关于网络意识形态工作的重要论述》,《社会主义研究》2019 年第 2 期,第 1~7 页。

网络意识形态安全治理是以网络空间为依托的,只有完善网络空间治理,营造安全文明的网络环境,建立网络空间治理基础保障体系,才能确保网络意识形态安全治理的成效。实践中,必须要统筹网络安全和信息化发展,完善国家网络安全保障体系,强化重要信息系统和数据资源保护,提高网络治理能力,保障国家信息安全。"没有网络安全就没有国家安全,就没有经济社会稳定运行,广大人民群众利益也难以得到保障。"[1]而网络安全则是网络意识形态安全的重要保障。我们党要推进中国特色社会主义发展,领导人民实现中华民族伟大复兴的中国梦,必须不断提升网络安全治理能力,牢牢掌握网络意识形态工作领导权。

因此,不断强化互联网治理领域法治建设,在依法治网中完善网络综合治理体系,营造清朗的网络空间,是当前面临的重要战略任务。加强网络意识形态建设,实际上就是要按照网络发展为人民服务的根本要求,建立和谐、良好的网络舆论生态,发挥网络反映群众心声和现实诉求的作用,引导人民思想领域发展朝向正确的方向,在此过程中应更好地发挥法治的引领和规范作用。正如习近平总书记所指出的,"如何加强网络法制建设和舆论引导,确保网络信息传播秩序和国家安全、社会稳定,已经成为摆在我们面前的现实突出问题"[2],强调必须"依法加强网络空间治理,加强网络内容建设,做强网上正面宣传,培育积极健康、向上向善的网络文化"[3]。

网络空间是亿万民众共同的精神家园,网络空间乌烟瘴气、生态恶化,不符合网络空间健康发展的要求,更不符合意识形态安全的要求。作为当今时代人们社会生活的重要空间,网络空间并非游离于现实社会之外,应纳入法治社会的范畴,受到法律的规制。当前,网络空间法律边界不清晰,网络使用主体法治意识淡薄的情况较为普遍,谣言、诽谤、欺诈等问题突出,网络安全挑战依然严峻。如果不对互联网给予法治的约束,它就会成为一匹"脱缰的野马",容易造成网络行为的失控,从而给社会发展带来不利影响。因此,必须不断完善网络法治,将网络空间治理纳入法治轨道,用法治来规范网络空间秩序,进而营造清朗网络空间。

党的十八大以来,我们党高度重视依法治网,为网络意识形态安全创造了有利条件。先后成立了中央网络安全和信息化领导小组,通过了《中央网络安全和信息化领导小组工作规则》《中央网络安全和信息化领导小组办公室工作细则》《国家信息化发展战略纲要》等规章制度,特别是《中华人民共和国网络安全法》的颁布实施,将依法治网提高到了新的高度。党的十八届四中全会通过的《中共中央关于全面推进依法治国若干重大问题的决定》提出,要"加强互联网领域立法,完善网络信息服务、网络安全保护、网络社会管理等方面的法律法规,依法规范网络行为",具

---

[1] 《习近平谈治国理政》(第三卷),北京:外文出版社2020年版,第306页。
[2] 《习近平谈治国理政》,北京:外文出版社2014年版,第84页。
[3] 习近平:《在践行新发展理念上先行一步 让互联网更好造福国家和人民》,《人民日报》2016年4月20日。

体明确了推进网络空间治理法治化的方向。

网络意识形态工作日益增长的法治诉求,要求我们必须不断加强网络空间法治建设。网络空间是虚拟的,但运用网络空间的主体是现实的。网络空间是现实空间的一部分,是现实空间的重要拓展和延伸,是连接虚拟与现实的纽带。网络空间法治的实施,同样需要现实社会法治的支撑。总之,依法治网是全面依法治国在网络治理领域的集中体现,是积极推进网络空间治理,牢牢掌握网络意识形态工作领导权的现实诉求。

(二)网络空间法治建设与意识形态安全治理的有机融合

不同于西方早发达国家现代化进程中的社会转型,我国的社会转型是一种"全面转型",包括政治、经济、文化等多方面,而且这种特殊的现代化模式,是要在短时间内完成西方国家用两三百年甚至更长的时间才完成的任务,所以各种社会矛盾同时涌现。加之社会利益分化、人们价值观多元化、体制不健全、法治不完善,社会治理中还存在许多不足,于是引发了各种社会问题,社会治理的难度随之增加。

如果说我国社会转型面临的各种发展危机,以及传统的维系意识形态安全的条件逐步丧失有效作用,使得人们对主流意识形态价值理念的认同出现了下滑趋势,那么20世纪90年代以来网络技术的迅猛发展及社会的网络化、信息化变革则大大加速了这种趋势,进一步加剧了主流意识形态安全风险。正因如此,网络意识形态安全问题受到了社会各界的广泛关注。

就学界的研究来说,譬如,尼纳·哈奇格恩(Nina Hachigian)在分析我国互联网策略时曾指出,"互联网络提供了大量新观念的能力,使其对权力的一个关键来源发起了强大的挑战,……就是形成公众舆论的权力,即用某种方式引导公民承认政治合法性的权力"①。其原因就在于网络的发展打破了传统的媒体控制局面,使得信息传播更加多元化,社会舆论环境已发生根本变化,现实社会的各种矛盾和问题在网络空间通过各种渠道得以表现,以及不断扩散和放大,容易使人们形成消极的政治态度,以至于影响其对党和政府、主流意识形态和价值观念信心。乔弗利·托布曼(Geoffry Taubman)在研究中也如是强调,互联网在中国的兴起与迅速发展,特别是其一系列特征,如网络扩展了人们获取信息的范围,并赋予了其传播信息的能力,以及去中心化特征,使政府对信息传播的控制更为复杂,加之网络参与空前活跃,因而逐渐消解了政府对社会的控制,直接给中国共产党政权造成了严重冲击。②

---

① Nina Hachigian, China's Cyber—Strategy, Foreign Affairs, Vol.80, No.2, 2001, pp.118 – 133.
② Geoffry Taubman, A Not - So World Wide Web: The Internet, China, and the Challenges to Nondemocratic Rule. 见 Phlip Seib(eds.), Political Communication(IV), SAGE Publications, 2008, pp.307 – 321.

互联网络的兴起为不同思想观念、意识形态的传播和扩散创造了便利条件,成了思想观念多元化的催化剂。于是,各种价值观念和意识形态都充斥着网络空间,特别是极端的保守主义、自由主义等非主流意识形态也得以大肆传播,并且在商业利益的诱惑下,许多网络媒体甚至有意淡化马克思主义意识形态。2015年人民论坛问卷调查中心的调查显示,有46.2%的受访者非常关注国内外思潮变化,比较关注的占38.5%,一般关注的占7.7%,合计92.4%的受访者关注思潮的变化。在针对"当下思潮交融交锋的阵地在哪里"的调查中,六成以上的受访者认为是微博、微信、论坛、博客等网络平台。[①] 今天,网民不再是单纯的意识形态被动接受者,而是成为各种政治理念和公共舆论的制造者和传播者。尤其是西方国家借助网络空间兜售自由主义意识形态,宣扬资本主义文化,使得我国主流意识形态所倡导的价值理念,在网络空间受到了严重挑战。能否"为政治安全筑牢网络意识形态防火墙"[②],已经是一个必须高度重视的现实问题。

正因如此,切实推进网络空间治理,促进网络意识形态安全,增强马克思主义意识形态的凝聚力和引领力,增强人们对主流意识形态的认同,是新时代意识形态工作面临的重要任务。

法治建设同意识形态建设是内在统一的过程。习近平总书记指出:"全面推进依法治国这件大事能不能办好,……具体讲就是要坚持党的领导,坚持中国特色社会主义制度,贯彻中国特色社会主义法治理论。"[③]法治建设必须坚持党的领导,坚持以中国特色社会主义法治理论作为指导。同时,法治建设可以为意识形态建设提供重要保障,通过把意识形态的内容和要求贯穿于各项政策实施的方方面面,融入法律、制度的制定和实施中,可以促进意识形态潜移默化地被接受和认同。坚持党对法治建设的领导,就是坚持法治建设的社会主义方向,就是要通过法治建设来维护和促进意识形态建设,这就需要把意识形态建设的要求和内容贯穿于法治建设的全过程,推动意识形态建设与法治建设的交相融合与协调推进。

在全面依法治国的实施过程中,网络空间是法律实施的重要领域,但需要看到的是,当前网络空间法治建设仍然存在短板,依法治网仍然存在薄弱环节。所以说,依法治网仍然是一项重要任务,依法推进网络意识形态安全治理仍具有很大的拓展空间。

(三)网络意识形态安全治理与法治的内在一致性

网络意识形态是基于网络技术的运用以及网络空间与现实社会意识形态互动

---

① 潘丽莉、周素丽:《2015值得关注的十大思潮调查报告》,《人民周刊》2016年第3期,第32~33页。
② 中国青年网:《为政治安全筑牢网络意识形态防火墙》,2016年4月23日。
③ 习近平:《〈中共中央关于全面推进依法治国若干重大问题的决定〉的说明》,《人民日报》2014年10月29日。

的产物,虽然它在实践中表现出了许多特殊性,但其核心仍然是马克思主义主流意识形态理念。一如前文所强调的,有效推进网络意识形态安全治理,防范化解主流意识形态安全在网络空间面临的诸多挑战和风险,法治的作用不可或缺。从学界的研究来看,许多学者都开始关注依法推进网络意识形态安全治理问题,从深层次折射出了法治在应对网络意识形态安全问题方面的突出价值。

在此问题上,我们需要有一个明确的认识,即网络意识形态安全治理与法治,二者在根本性质上是一致的,是内在统一的过程。

从网络意识形态治理角度来看,其本身就内含法治的逻辑诉求。网络意识形态安全治理的根本目的,就是要用马克思主义意识形态来引导网络空间的行为,进而增强其吸引力和凝聚力。而要有效引导网络空间多元化的思潮,确保网络空间的舆论导向的正确,则需要网络空间各行为主体遵循一定的规范,以维持网络空间"必要的秩序",法治正是这样一种规范,它为意识形态及其建设提供了所需要的规则①。固然,网络空间多样化的互动渠道,极大地激发了人们表达和参与的热情,但这种表达和参与必须遵循特定的规则,必须在法律划定的边界以内活动。不难想象,一个没有法治规则约束的网络空间是什么样子,这种情况下要增加主流意识形态的凝聚力和影响力也是极为困难的。所以,从根本上说,网络意识形态安全治理天生就内含了法治的逻辑诉求。

从法治的角度来看,其本身就是网络意识形态的重要载体。全面依法治国是新时代党领导国家建设的重要方略,它要求社会各主体都必须在法律规定的范围内活动、行使权利,而且法治本身就是意识形态的重要内容以及意识形态的载体,意识形态对法治发展具有直接的主导作用。② 网络意识形态作为意识形态的全新呈现样态,当然要对网络空间的法治建设发挥引领和规范作用。许多学者所强调的"法律意识形态",正是意识形态在法律领域的体现③,虽然具有相对独立性,但终究要受主流意识形态的规约,二者关系的核心问题就在于通过法律意识形态的运行,使得主流意识形态的功能得到有效的发挥。④ 因此,法治的发展不仅要与社会存在相契合,还需要与社会主流意识形态相耦合。⑤ 在全面依法治国实践中,推进依法治网,毫无疑问要发挥主流意识形态的引领作用。

网络意识形态安全治理与法治的内在统一性,正是我们强调以法治路径促进

---

① 魏崇辉:《中国特色社会主义法治原则视野下意识形态建设研究》,《宁夏社会科学》2016年第1期,第10~15页。
② 蒋传光、王逸飞:《论社会主义意识形态对当代中国法治发展的主导作用》,《学习与探索》2011年第5期,第95~99页。
③ 孙春伟:《法律意识形态论》,北京:法律出版社2014年版,第106页。
④ 黄辉:《法律意识形态论》,北京:中国政法大学出版社2010年版,第157页。
⑤ 郭鹏:《依法治国视域下的社会主义意识形态及其建设》,《理论与改革》2015年第1期,第17~19页。

网络意识形态安全治理的逻辑起点。也正是这种内在契合,赋予了网络意识形态安全治理中法治路径的可能性和重要价值。

以法治路径促进网络意识形态安全治理,实际上就是要通过法治和网络意识形态安全治理二者的有机互动来解决复杂的网络意识形态安全问题。习近平总书记强调:"我们面对的改革发展稳定任务之重前所未有,矛盾风险挑战之多前所未有,依法治国地位更加突出、作用更加重大。"①"法治兴则民族兴,法治强则国家强。"②网络技术的迅猛发展及其对意识形态领域的渗透和介入,使得网络意识形态安全治理工作面临空前的挑战,而要有效应对纷繁复杂的网络意识形态安全问题,营造清朗的网络空间,必须要借助于法治,将全面依法治国的要求贯穿其中。积极推进网络意识形态安全治理,归根结底,就是要牢牢掌握网络空间意识形态工作的领导权,用马克思主义意识形态占领网络阵地,这在客观上需要通过发挥法治的引领和规范作用从而在网络空间形成具有强大凝聚力和引领力的社会主义意识形态。

三、法治作用于网络意识形态安全治理的重要机理

强调以法治路径促进网络意识形态安全治理,目前已是意识形态研究领域的热点议题。但需要明确的是,以法治路径促进网络意识形态安全治理,绝非简单地通过法律手段对网络空间的参与和表达行为进行强行规制进而来解决相应的问题。网络空间的意识形态工作和法治建设之间具有密切的关联。法治作用于网络意识形态安全治理,有其深层机理。

(一)规避网络媒介本身自由信息传播对意识形态的负面影响

信息传播和政治之间有着不解之缘。诚如罗德·黑格和马丁·哈罗普所认为的,"社会以及与之有关的政治,是通过沟通而得到创建、维持和改变的。没有信息、态度和价值观的持续交流,社会和政治都将是不可能的"③。其观点表明,信息的交流和沟通对权力的运作,以及对现实政治生活等,都是必不可少的条件。正因如此,对信息的交流和沟通进行一定的控制成为一种必然。希腊先哲柏拉图提出的对城邦教育事业的发展进行严格控制的思想,中国战国时期韩非子强调"言行而不轨于法令者必禁",秦朝的"焚书坑儒",汉朝的"罢黜百家,独尊儒术"等,是古代

---

① 中共中央文献研究室:《习近平关于全面依法治国论述摘编》,北京:中央文献出版社2015年版,第4页。
② 《习近平谈治国理政》(第四卷),北京:外文出版社2022年版,第300页。
③ [英]罗德·黑格、马丁·哈罗普:《比较政府与政治导论》,张小劲,等译,北京:中国人民大学出版社2007年版,第152页。

社会政治对信息传播进行控制的实践表现。近代以来,这种控制愈加突出,比如在西方国家,繁杂的法律条文严格控制着大众传播的发展,其中国家安全法、保密法、诽谤法、隐私法和限制信息获得途径的法规最容易对传媒形成限制。① 如果说这种对信息传播的控制是维系政治体系生存与发展、安全与稳定的现实需要,那么在网络社会这种控制就显得尤为迫切。

在我国,大众媒介是党、政府和人民的喉舌。党和政府通过利用大众传播工具,引导社会舆论,一个重要的原因就是要确保国家改革发展的必要秩序。"稳定压倒一切",没有良好的秩序,中国特色社会主义发展将不可能顺利进行。当然,通过大众媒介进行的各类政治传播活动,本身作为一种政治表达和政治参与行为,其发展必须与社会发展的现实相一致,这在客观上决定了必须要对其发展进行一定的控制。"历史经验反复证明,舆论导向正确与否,对于我们党的成长、壮大,对于人民政权的建立、巩固,对于人民的团结和国家的繁荣富强,具有重要作用。舆论导向正确,是党和人民之福;舆论导向错误,是党和人民之祸。"②而网络媒介的发展及广泛运用,则给舆论引导增加了难度,也增加了网络意识形态安全治理的难度。

网络媒介拥有多元化的交流和沟通渠道,是集文字、图像、声音、视频于一体的传播平台,也是集人际传播、组织传播、大众传播于一身的信息交互平台。相比于传统的诸如书籍、报刊、广播、电视等传统媒介为载体的信息传播,互联网在信息传播方面更具优势。比如民众借助网络参与政治讨论、向政府表达利益诉求、实施政治监督,政府借助网络与民众互动、传播执政理念、进行政策宣传,各类新闻网站的政治新闻、政治评论,等等,都是重要表现形式。

作为一种全新的信息传播媒介,互联网平台上包含了诸如电子邮件、网络论坛、网络聊天室、微信、微博等多种信息交流和沟通手段,而且网络空间也拥有海量的政治信息资源。正因如此,网络传播克服了传统媒介信息传播由于政府对媒介所有权的垄断以及对传播内容的层层过滤和把关而造成的信息传播局限,使人们可以借助网络空间多样化的便捷通道较为自由地获取信息、传播信息、与他人交流,且不受时空限制。尤为重要的是,网络也使得不同国家、不同地区、不同群体的人们之间的自由交流成为可能。所以,网络信息传播极大地扩展了人们的言论自由和话语空间,并赋予了其前所未有的参与和表达机会,自由讨论、自由表达、自由参与已成为现实。网络社会中,人人都是麦克风、都是信息传播中心、都掌握着信息传播权力,进行网络动员、网络结社甚至组织网络抗争都较为容易,甚至成为网

---

① 刘华蓉:《大众传媒与政治》,北京:北京大学出版社2001年版,第9页。
② 中共中央文献研究室:《江泽民思想年编(1989—2008)》,北京:中央文献出版社2010年版,第254页。

络空间的普遍行为。网络技术变革所促动的网络信息传播自由的扩展,不仅克服了传统媒介政治传播的许多局限,丰富了信息传播的渠道和内容,还极大地促使了公民诸多民主权利(如知情权、参与权、表达权、监督权)的实现,增强了其政治影响力。

然而,人们基于网络媒介自由地传播信息,这种"井喷"式的话语表达,"泥沙俱下",很容易对主流意识形态的引领和主导作用产生负面影响。比如,网络虚拟社区群组的发展已对国家主流意识形态的生态符号系统、政治社会化能力、权威性以及话语权等方面产生侵蚀作用[①];特定社会矛盾和问题在各种网络推手的作用下会不断被放大,从而对政府施政及倡导的主流价值理念构成直接冲击;总体偏右的网民政治态度[②],特别是各种极端的甚至反动的思想观点、历史虚无主义思潮等,通过网络媒介的传播很容易动摇人们既有的意识形态认知基础,消解主流意识形态的权威性。

网络媒介的发展为人们提供了多元化信息交流平台,极大地扩展了人们的自由表达和参与的权利,但到目前为止,它仍然是一个难以把握的场域。借助于网络媒介获取和传播信息当然是公民言论自由的权利,需要受到保护,然而这种自由的信息流动一旦失去控制,越过了法律底线,在诸种因素促动下很容易放大其负面效应并产生巨大危害,冲击意识形态安全。

规避网络媒介本身的自由信息传播对意识形态带来的负面影响,离不开网民的自律及其网络素养的提升,但无论如何,法治都具有不可替代的作用。就像《中华人民共和国网络安全法》第十二条所规定的:"任何个人和组织使用网络应当遵守宪法法律,遵守公共秩序,尊重社会公德,不得危害网络安全,不得利用网络从事危害国家安全、荣誉和利益,煽动颠覆国家政权、推翻社会主义制度,煽动分裂国家、破坏国家统一,宣扬恐怖主义、极端主义,宣扬民族仇恨、民族歧视,传播暴力、淫秽色情信息,编造、传播虚假信息扰乱经济秩序和社会秩序,以及侵害他人名誉、隐私、知识产权和其他合法权益等活动。"其论述充分说明,法律在规范网络秩序、确保网络安全方面的重要价值。

(二)防止网络空间与现实社会不良互动对主流意识形态产生消极作用

网络空间是一个虚拟空间(Virtual space),具有虚拟性,这已是当前从事网络相关问题研究的学者们时常会提及的一个重要论断或命题。在网络空间,不同的政治主体都可以借助特定的技术手段自由表达思想、交流信息、实现权利、影响政

---

① 杨嵘均:《论网络虚拟空间的意识形态安全治理策略》,《马克思主义研究》2015年第1期,第98~107页。
② 马得勇、张曙霞:《中国网民的"左"与"右"》,《文化纵横》2014年第4期,第14页。

治过程,于是就形成了所谓的虚拟政治(Virtual politics)、网络政治(Cyber politics)、在线政治(Online politics)等新的政治形态。而且网络空间也是一个名副其实的"公共平台",或者说是一种"共有媒体",没有任何一个政治主体或机构能像对待传统媒体一样对其多元化的交流渠道进行完全的垄断和控制,任何一个主体都可以自由、便捷地使用网络,于是克服了前网络时代人们在传播信息过程中受等级、身份、权力等条件约束而造成的局限。再者,此虚拟空间也是一个跨国家、跨地区的空间存在形式,它使不同国家、地区、群体间的人们的自由交流成为可能。在此空间里,人们可以借助多样化的交流平台进行互动,因而在信息传播上表现出了许多优越性,比如立体化、多元化、个人化传播,极大地丰富了信息传播的内容和形式,并提高了公民网络参政议政的热情。研究表明,网络参与者比一般公众更具有民主精神[1],原因也正在于此。

然而,这并不意味着网络空间与现实社会没有关联,是一种绝对的"虚拟存在"。其实,作为一种客观的空间存在形式,网络空间是现实物理空间的延伸,网络空间生态也是现实社会生态的一种折射,因而它是一种"虚拟的真实存在"[2]。从这个意义上说,网络空间又具有现实性。其一,网络空间的行为主体都是现实的政治主体,不论是政府、社会组织,还是公民个人,都是在现实社会中真实存在的,网络只是他们开展活动、实现意志的一个特殊渠道和平台而已,尽管他们在网络空间都可以表现出"另一番自我"的形象和行为特征。其二,网络空间所反映的矛盾和问题都根源于现实社会,换言之,它们都是现实社会发展中各种矛盾和问题在网络空间的一种呈现,其有效解决有赖于现实社会相关制度和体制的运作。虽然从直观上看,网络空间是虚拟的,但不同主体借助它进行互动的过程及其后果却并不是"虚拟"的,而是真实的,网络空间的互动在本质上仍是一种真实的社会互动。[3] 无论是政府向社会发布信息,进行政治宣传,还是社会各主体与政府进行直接沟通、向政府进行各种政治表达,甚至进行政治抗争,都是为了影响受众的政治认知、政治态度和政治行为,进而实现其特定目的或者说现实的利益诉求。

就我国来说,网络空间已成为一个"民意集散地""问题反映地",社会转型发展中出现的矛盾和问题,比如弱势群体的权利保护、社会暴力、征地拆迁与群体维权、

---

[1] Kevin A. Hill, John E. Hughes, Cyberpolitics: Citizen Activism in the Age of the Internet, Rowman & Littlefield Publishers, Inc. 1998, p.14.

[2] "虚拟的真实存在"或"虚拟的实践",是人类在网络技术推动下出现的一种新的存在或实践形态,即经由网络技术中介在虚拟空间进行的主体与虚拟客体间的一种对象化活动或存在。具体可参见章铸、吴志坚:《论虚拟实践——对赛博空间主客体关系的哲学探析》,《南京大学学报(哲学·人文科学·社会科学版)》2001年第1期,第5~13页;周甄武:《虚拟实践:人类新的实践形式》,《中国人民大学学报》2006年第2期,第40~46页;杨嵘均:《论虚拟公共领域对公民政治意识与政治心理的影响及其对政治生活的形塑》,《政治学研究》2011年第4期,第101~113页。

[3] 夏学銮:《网络社会学建构》,《北京大学学报(哲学社会科学版)》2004年第1期,第85~91页。

城管执法、官员腐败等,在网络空间都有所反映。时常会见到的状况是,某一事件的发生,立即会在网络空间引起广泛关注,经过大量转发、评论,形成舆情事件,进而产生"共鸣",会使事件不断发酵、升级,以至形成强大舆论压力。这倒不是说多元化网络言论一定会对意识形态产生负面作用,而是一旦网络空间所呈现的矛盾和问题不断扩散、升级,一旦出现舆论失控,就可能通过虚拟空间转换到现实社会,对现实社会构成直接冲击。比如有研究指出,在我国社会转型和矛盾凸显期,互联网在一定程度上已经成为群体性事件和突发性事件的引导者和推动者。① 网络空间治理本身内涵了法治的逻辑诉求。就网络意识形态安全治理来说,法治的一个重要作用就在于通过规范网络秩序,防止网络空间与现实社会的不良互动而引发消极影响,进而增强人们对主流意识形态价值理念的认同,确保意识形态安全。

在前网络社会,控制大众媒介,营造统一舆论,并把政治参与保持在可控范围之内,是政府维护政治稳定、确保意识形态安全的有效方式。但互联网的迅猛发展打破了传统的信息控制局面,使政治体系与社会环境的关系发生了巨大变化。借助网络进行信息交流与沟通,克服了前网络时代人们进行表达和参与的许多局限,并为人们提供了前所未有的言论自由和话语空间,以及前所未有的参与和表达机会。互联网所具有的高度的开放性、互动性以及跨国界特征,使得网络空间成了各种思想观点、意识形态的集散地,传统的信息控制和垄断已不再可能,而且作为一种便捷高效的信息传播工具,已经成为各主体进行宣传、动员的有效手段,特别是在社会转型、社会矛盾多发的背景下,网络媒介的介入无形中增加了意识形态安全的变数。

比如,网络舆情生成与放大及其引发的"蝴蝶效应"会直接冲击意识形态安全。网络舆情是网络社会发展的产物,是通过互联网表达和传播的各种不同情绪、态度和意见交错的总和②,而网络舆情的生成与放大,以及由此引发的"蝴蝶效应",会对意识形态安全带来严重威胁,因而是需要特别予以重视的问题。强调通过政治体系与社会环境之间通过良性的网络互动来实现网络意识形态安全,一个重要原因就在于防止网络舆情的无限扩张而对主流意识形态的安全造成危害。

相比于西方发达国家,互联网在中国这样的发展中国家承载着更多的功能,比如参与和表达、监督、释放情绪等,因而具有更大的影响力。网络的发展极大地改变了既有的舆情生成条件和舆情环境,而且网络舆情的生成及其传播、扩散,不但成本低廉、方便快捷,而且容易产生广泛影响。常常可以见到的是,在网络空间,一些社会矛盾和问题会迅速放大,加之意见领袖、网络推手的作用,很容易使地区性的问题变成全国性的问题,把行业性的问题变成全局性的问题,把经济社会方面的问题变成

---

① 曾润喜、徐晓林:《国家政治安全视角下的中国互联网虚拟社会安全》,《华中科技大学学报(社会科学版)》2012年第2期,第121~123页。
② 刘毅:《网络舆情研究概论》,天津:天津人民出版社2007年版,第53页。

政治问题,这样就容易促进网络舆情的无限放大,会对政府施政构成巨大压力。

网络舆情无小事,能否对网络舆情进行快速反应,做好舆情监测、分析、研判、预警,积极引导,有效应对,直接关系社会稳定大局,关乎意识形态安全。

凯斯·桑斯坦在研究中指出:"网络对许多人而言,正是极端主义的温床,因为志同道合的人可以在网上轻易且频繁地沟通,但听不到不同的看法。持续暴露于极端的立场中,听取这些人的意见,会让人逐渐相信这个立场。各种原来无既定想法的人,因为他们所读不同,最后会各自走向极端,造成分裂的结果。或者铸成大错并带来混乱。"[①]如前文所述,我国现在正处于社会转型期,这也是一个社会矛盾凸显期,在既有政治参与渠道有限或不畅的情况下,网络的出现为人们参与政治提供了重要管道,但广泛的网络政治参与在不能得到现有制度的吸纳,人们反映的问题无法有效解决时,他们往往会用极端的、偏激的参与行为对其面临的问题和矛盾进行非理性表达,从而不可避免地会加剧政府与社会之间的矛盾。而一旦网络政治参与失去了控制,在得不到政府妥善应对的情况下,就容易消解人们对社会主义主流意识形态价值理念的认同。

因此,防范化解网络意识形态安全风险,必须充分利用网络加强政府与社会各主体间的交流和沟通,实现二者之间的良性网络互动。通过法治的实施,规范网络空间秩序,能有效规避或消除因网络的作用而造成的各种风险、威胁和挑战,这是解决网络意识形态安全问题的重要理路。

(三)消除借助于网络空间实施跨国犯罪而对我国意识形态的威胁

相比于传统的诸多大众传播媒介,互联网具有明显的跨越国界的特征,这就使得前网络时代国家间的诸多信息传播屏障荡然无存。在前网络时代,敌对力量和恐怖主义分子使用炸弹和子弹对目标发起攻击,在当今网络社会,他们可以把电脑变成有效武器,甚至会造成更大的危害。诸如网络战争的出现、网络犯罪的盛行、网络恐怖主义猖獗、网络黑客的挑战、网络病毒的泛滥、网络霸权的抬头等,[②]都是国家安全面临的新的威胁。此外,互联网这种可以把五大洲迅捷联系起来的无孔不入的传播形式,造就了更加有分量的全球舆论,一国内部的事务将越来越多地引发世界范围的讨论,它虽然还不具备说服政府的能力,但意见的全球化,已经抬高了政权忽视舆论的代价。[③]毫无疑问,不论是跨越国界的各种非传统国家安全影响因素,还是由于国内问题国际化而引发的国际舆论对国家发展带来的压力,等

---

① [美]凯斯·桑斯坦:《网络共和国:网络社会中的民主问题》,黄维明,译,上海:上海人民出版社2003年版,第50~51页。
② 胡键、文军:《网络与国家安全》,贵阳:贵州人民出版社2002年版,第23~43页。
③ 李永刚:《我们的防火墙:网络时代的表达与监管》,桂林:广西师范大学出版社2009年版,第57页。

等,都会对国家意识形态安全构成直接挑战。

跨国信息流动向来都是影响国家意识形态安全的关键变量。譬如,1987年时任苏联共产党总书记戈尔巴乔夫做了一个大动作,即在美国的压力下取消了对"美国之音""自由欧洲广播电台"的干扰,当时美国舆论立即对此大加赞扬,认为他这个行动比他决定从东欧撤走50万名苏军还重要。① 2015年11月26日,美国纪录片《自由摇滚》的制片人尼克·宾克利谈论道:"(通过记录片)我们要证实这样一个论点,摇滚乐像病毒一般影响了'铁幕'后的孩子们,成为禁果,让他们抗议政府和压迫。大家想要的只是像西方国家的孩子们一样,玩音乐,享受生活。"② 因为摇滚乐通过西方国家短波电台进入苏联等国家后,激发了地下摇滚乐队的发展,吸引了成千上万名热情的支持者。该影片把摇滚喻为"自由之声",它触发了挑战政府的青年运动,最终政府向他们对自由的渴望屈服。在宾克利看来,文化软实力的作用丝毫不亚于花费数万亿美元的武器的威力,一旦孩子们对他们的政府失去了信念,那就是这个极权主义制度开始破裂的时候,合法性也会荡然无存。在当今网络时代,借助多元化的网络传播载体进行的各种跨越国界的政治信息流动对国家意识形态安全的威胁则更为严重。

再如,为了对包括中国在内的一些国家开展"网络战",美国不仅在国务院设立了网络民主行动办公室,协调脸谱、推特,研制"翻墙软件""绕道技术",还计划在全球秘密布建"影子网络"系统,通过"手提箱互联网""栅栏计划""边境手机"等,全力推进所谓的民主化战略。③ 所以,有学者研究认为,中国目前仍然面临"颜色革命"的威胁④,这绝非夸张的说辞,而是网络空间跨国信息自由流动对中国意识形态安全构成的实际挑战和威胁,需要受到特别的重视。

如今,一个不容否认的事实是,许多国外反华势力,比如一些跨国组织、个人,甚至政府组织,出于某种政治目的,往往会借助网络对中国进行诋毁、恶意宣传、传播虚假信息,甚至通过网络从多方面破坏社会主义制度、企图进行政治颠覆活动。对于这些破坏活动,必须坚决制止,不法分子也应受到严厉打击,比如2015年执法部门破获了一起重大危害国家安全的案件,其中网络媒介正是其进行跨国犯罪活动的重要手段。⑤

近年来我国政府一方面日益认识到维护网络空间安全对于意识形态安全和国家整体安全的重要性,并不断强调加强网络空间治理,力求营造良好的网络空间生态;另一方面也通过实际的作为,比如通过立法、网络人才培养、网络技术改进、网

---

① 赵启正:《中国面临的国际舆论环境》,《世界知识》2004年第5期,第54～57页。
② 中国青年网:《美国用摇滚乐震塌苏联 威力不亚于武器》,2015年11月30日。
③ 马利:《互联网:治国理政新平台》,北京:人民日报出版社2012年版,第202页。
④ 马钟成:《美国"颜色革命"战略及其应对思路探讨》,《探索》2015年第1期,第165～173页。
⑤ 《我国执法部门破获一起危害国家安全案件》,《人民日报》2016年1月19日。

络基础设施建设以及诸多推进网络发展的政策的实施等,来应对网络空间的意识形态安全问题。比如,党的十八届三中全会提出了"加大依法管理网络的力度,加快完善互联网管理领导体制,确保国家网络和信息安全"的任务;2014年2月成立中央网络安全和信息化领导小组,由习近平担任组长,将网络信息安全上升到国家战略高度,并提出"没有网络安全就没有国家安全";《中华人民共和国国家安全法》第二十五条明确提出,要"加强网络管理,防范、制止和依法惩治网络攻击、网络入侵、网络窃密、散布违法有害信息等网络违法犯罪行为,维护国家网络空间主权、安全和发展利益"。同时,积极参与国际合作,通过这种方式来打击跨国网络犯罪,比如网络恐怖主义,并且在这种合作中逐步改善中国的国际网络环境,有助于中国争夺在网络空间的话语权。

2016年12月27日,国家互联网信息办公室发布了《国家网络空间安全战略》,在强调网络空间安全的原则时,特别指出了"尊重维护网络空间主权"原则,即"网络空间主权不容侵犯,尊重各国自主选择发展道路、网络管理模式、互联网公共政策和平等参与国际网络空间治理的权利。各国主权范围内的网络事务由各国人民自己做主,各国有权根据本国国情,借鉴国际经验,制定有关网络空间的法律法规,依法采取必要措施,管理本国信息系统及本国疆域上的网络活动;保护本国信息系统和信息资源免受侵入、干扰、攻击和破坏,保障公民在网络空间的合法权益;防范、阻止和惩治危害国家安全和利益的有害信息在本国网络传播,维护网络空间秩序。任何国家都不搞网络霸权、不搞双重标准,不利用网络干涉他国内政,不从事、纵容或支持危害他国国家安全的网络活动"。关于网络空间安全的战略任务,指出了"坚定捍卫网络空间主权",即"根据宪法和法律法规管理我国主权范围内的网络活动,保护我国信息设施和信息资源安全,采取包括经济、行政、科技、法律、外交、军事等一切措施,坚定不移地维护我国网络空间主权。坚决反对通过网络颠覆我国国家政权、破坏我国国家主权的一切行为"。如今,网络空间已经不单是物理空间的虚拟表现和升华,其自身所蕴含的强大影响力已经对现实社会产生了深刻影响,要确保网络空间安全,就需要具有防御和威慑能力的强制性法律保障体系。就此来说,《国家网络空间安全战略》的制定和实施,对于切实维护国家网络空间主权,推进依法治网,确保网络空间意识形态安全等,具有深远意义。

四、法治路径内含的促进网络意识形态安全治理的基本方式

网络空间是法治涉及的重要领域,法治是网络空间治理的重要路径。习近平

总书记强调,"要坚持依法治网、依法办网、依法上网,让互联网在法治轨道上健康运行"①。通过法治路径促进网络意识形态安全治理,其实质就是要基于法治理路防范化解诸多网络意识形态安全风险,满足网络意识形态工作日益增长的法治诉求。为此,我们要通过依法治网、依法办网、依法上网,让互联网在法治轨道上健康运行,进而筑牢意识形态安全的网络高地。

其一,通过依法治网消除网络意识形态安全隐患。强化互联网治理领域法治建设,进而构建优良网络综合治理体系,是当前网络治理面临的迫切任务。依法促进网络意识形态安全治理,重在"治理",它与网络管制是不同的。经验表明,简单化的网络管制并不能有效化解复杂的网络意识形态安全风险,更何况网络技术本身的特点也决定了任何主体要对网络传播媒介及其传播内容进行完全控制和垄断都是徒劳的。如果政府过分敏感,一味地压服或者封堵网络,很可能跌入广大网民逆反的"塔西佗陷阱"而不可自拔。② 推进网络空间治理,须打破传统管制思维,以现代法治思维来应对网络空间的各种问题。正如《国家网络空间安全战略》强调的,要"坚持依法、公开、透明管网治网,切实做到有法可依、有法必依、执法必严、违法必究"。

实践中,应不断加强网络空间相关法律法规建设,完善网络治理领域的法律制度体系。依法规范网络空间各行为主体的网络行为,尤其是网络"大V"和"意见领袖"的网络行为,以形成良好的网络空间生态。依法引导网络舆论,把好时、效、度,强化网络舆情监测,感知社会动态,健全网络风险防范机制,同时主动发声,掌握网络空间主流话语主导权。依法严厉打击和遏制网络犯罪,切实保护网民合法权益。加强国际合作,着力构建网络命运共同体,有效抵御西方国家的网络入侵,维护网络安全。重视发挥网络法治专业人才作用,加强网络信息内容管理,对错误言论和思潮坚持依法治理,保证网络空间正确舆论导向。通过法治规范网络市场,促进网络市场健康发展。通过法治引导和规范网络产业发展,培养积极向上的网络文化,唱响主旋律,促进主流意识形态价值理念有效传播。概言之,唯有严格落实依法治网,进而塑造一个全方位无死角的法治化网络空间,③防止非法网络行为的出现,才能切实消除网络意识形态安全隐患。

其二,通过依法办网为网络意识形态工作打造便捷高效平台。互联网作为一种大众传播媒介形式,在本质上与报刊、广播、电视等是一致的,但它又具有明显优势。这种优势,尤其体现在其信息传播的高效、自由、开放等特征上,并推进了信息传播领域重大革命的发生。它在给人类社会发展带来新的机遇的同时,也大大增

---

① 《习近平谈治国理政》(第二卷),北京:外文出版社2017年版,第534页。
② 张志丹:《意识形态功能提升新论》,北京:人民出版社2017年版,第48~49页。
③ 王承哲:《意识形态与网络综合治理体系建设》,北京:人民出版社2018年版,第325页。

加了社会不稳定的风险,其中对国家意识形态安全的冲击就是重要体现。事实上,互联网绝非价值中立的场域和平台,无论从其起源、功能,还是从其演变、地位来看,都具有鲜明的意识形态烙印。① 网络平台上存在的极端言论、政治谣言、负面新闻、淫秽色情、网络犯罪等网络乱象,扰乱网络正常秩序、煽动社会情绪、侵害网民利益,会从不同方面消解人们对主流意识形态价值理念的认同。因此,坚持依法办网,规范网信事业发展及网络空间运行,为意识形态工作打造便捷高效平台,成为当前维护和实现网络意识形态安全的重要方式。

近年来,不论是发布《关于利用信息网络实施诽谤等刑事案件适用法律若干问题的解释》,还是颁布实施《中华人民共和国网络安全法》、发布《网络空间安全战略》、制定《"十三五"国家信息化规划》《"十四五"国家信息化规划》等,都凸显了依法办网的实践归旨。实践中,应依法规范网络平台的运行,保障网信事业健康发展,确保网络空间有序可控。着力打造具有较高思想政治素质、过硬业务能力、富有开拓创新精神、忠于党忠于人民的网络工作人才队伍。加强对涉网党政机关领导干部及工作人员的专业化培训,学会用专业化的手段处置网络事件。壮大网络评论员、网络文明志愿者等专业力量和群众力量,优化相关管理制度和调度流程,使互联网成为传播正能量的重要平台。在建设网络强国背景下,坚持依法办网,不仅是互联网健康发展的内在要求,也是切实提升网络意识形态工作成效的现实需要。通过依法办网,建设具有强大传播力和影响力的法治化互联网平台,有助于为国家改革发展营造有利的网络舆论环境。

其三,通过依法用网使网络技术成为网络意识形态安全的最大增量。谁掌握了网络技术,谁就拥有了话语权,也就拥有了意识形态工作的主动权,这是当今网络社会一个不容否认的事实。对此,习近平总书记指出,"我们必须科学认识网络传播规律,提高用网治网水平,使互联网这个最大变量变成事业发展的最大增量"②。互联网技术的迅猛发展及广泛运用深刻影响着整体的社会治理格局,成为推进社会发展进步的强大引擎。作为一种技术手段,网络技术之于网络意识形态安全是起推进作用还是反作用,终究取决于使用技术的人或网络行为,也就是说,如何用网是关键。依法保障网络意识形态安全,增强网络空间马克思主义意识形态的凝聚力和影响力,必须坚持依法用网。

实践中,要善于利用互联网开展工作,要注重依法引导,满足新时期人民群众在网络参与、表达、互动等方面的新需求。借助多元化网络互动平台,大力传播党的理论和路线方针政策,精准表达马克思主义理论核心观点,特别是要利用"双微

---

① 竟辉:《新时代维护国家意识形态安全的路径思考》,《理论探索》2019 年第 5 期,第 69~74 页。
② 习近平:《举旗帜聚民心育新人兴文化展形象　更好完成新形势下宣传思想工作使命任务》,《人民日报》2018 年 8 月 23 日。

平台"等新媒体传播方式,以鲜活的形式将主流意识形态价值理念展现给广大网民,更好发挥主流意识形态在统一思想、增进共识、凝聚力量上的重要作用。根据网络技术变革进行意识形态话语体系创新,使意识形态内容贴近实际、贴近生活、贴近群众,更符合网络社会特点,更具吸引力和感染力。按照网络传播规律,注重主体间的有机互动,重视网络民意,及时回应并依法解决网络空间人民群众反映的现实问题,走好网络群众路线,以增强人们对马克思主义意识形态理念的心理认同、价值认同、政治认同。适应网络技术发展新情况,不断完善各种网络互动和交流平台,拓宽意识形态工作的网络通道,依法规范各种网络平台的运行。总之,我们要坚持依法用网,积极利用网络媒介的特点和优势开展工作,解决意识形态领域的突出矛盾和问题,促进网络意识形态安全。

第三章 以法治路径促进网络意识形态安全治理的思维向度

在新时代着力防范化解各种风险挑战过程中,广大领导干部的思维观念至关重要。正如习近平总书记指出的:"领导干部要加强理论修养,深入学习马克思主义基本理论,学懂弄通做实新时代中国特色社会主义思想,掌握贯穿其中的辩证唯物主义的世界观和方法论,提高战略思维、历史思维、辩证思维、创新思维、法治思维、底线思维能力,善于从纷繁复杂的矛盾中把握规律,不断积累经验、增长才干。"①这就要求,广大领导干部必须要打破陈规,突破常规思维的局限,力求以新的理念、方法和路径解决问题。以法治路径促进网络意识形态安全治理,是在全面依法治国背景下推进意识形态工作的全新理路,而要切实提升网络意识形态安全治理成效,就需要领导干部具有相应的思维观念,特别是法治思维。基于思维向度,深入分析网络意识形态安全治理的法治路径,有助于我们更好地认识和把握相关问题。

一、网络意识形态安全治理的法治路径呼唤法治思维

思维观念是行为的先导,是"总开关"。思维观念不同,会导致处理相关问题的路径和方法的差异。在网络意识形态安全治理中,领导干部的思维观念会对网络意识形态安全治理的诸方面产生深刻影响。以法治路径促进网络意识形态安全治理,客观上需要治理主体具备与之相应的法治思维。

(一)法治思维的理论内涵与实质

法治思维是法治在人们思维观念层面的体现。按照代表性的观点,它是指按照法律逻辑和法律价值观思考问题的思维方式,其特点表现在它以合法性为底线,以公平正义为核心,重证据和依据,强调职权法定和权利义务的统一性,尊重和保

---

① 《习近平谈治国理政》(第三卷),北京:外文出版社2020年版,第223页。

护人权,坚持正当程序等。①

党的十八届四中全会以依法治国为主题,提出了建设中国特色社会主义法治体系、社会主义法治国家的总目标。在审议通过的《中共中央关于全面推进依法治国若干重大问题的决定》中明确指出,要"加强互联网领域立法,完善网络信息服务、网络安全保护、网络社会管理等方面的法律法规,依法规范网络行为"。因此,推进网络空间治理法治化,是当前和今后一个时期网络强国建设及网络安全治理中的重大任务,而强化法治思维则是应有之义。

事实上,法治思维就是一种运用法治价值来认识世界的思维方法,是法治价值经过内化以后在人们头脑中形成思维定式,并由此产生的指导人们行为的思想、观念等。法治思维不同于传统的人治思维。强调法治思维,就是要力求在现实中改变一些领导干部思想中存在的重权力轻权利、重治民轻治官、重管理轻服务等思维误区,以及超越法律的特权思想,使其自觉地在法律授权范围内活动,维护国家法治的尊严、权威,保障人民享有更广泛的权利和自由。

法治思维的实质是将法治理念、法律知识、法律规定付诸实施的认识过程。它反对人治思维、特权思维,注重运用法律规范、法律原则、法律逻辑分析和处理国家改革发展中面临的问题。推进法治国家、法治政府、法治社会建设,法治思维是灵魂。

习近平总书记指出,要"把对法治的尊崇、对法律的敬畏转化成思维方式和行为方式"②,并强调"各级领导干部要提高运用法治思维和法治方式深化改革、推动发展、化解矛盾、维护稳定能力,努力推动形成办事依法、遇事找法、解决问题用法、化解矛盾靠法的良好法治环境,在法治轨道上推动各项工作"③。在改革发展过程中,广大领导干部要适应全面依法治国的大势,实现思维方式的与时俱进,以法治眼光、法治方式想问题办事情。同时,要带头学法、知法、用法、守法,严格履行法定职责,在法治的轨道上推动各项工作,真正建立对法治的信仰和敬畏。同理,对于社会各主体来说,要自觉成为法治的忠实崇尚者、自觉遵守者和坚定捍卫者,社会各界真正内心拥护、真诚信仰,让法治成为一种价值追求。所以,必须"深入开展法治宣传教育,增强全民法治观念","努力使尊法学法守法用法在全社会蔚然成风"。④

运用法治思维和法治方式化解社会矛盾,是全面推进依法治国的必然要求。

---

① 胡建淼:《法治思维的定性及基本内容——兼论从传统思维走向法治思维》,《国家行政学院学报》2015年第6期,第83~87页。
② 《习近平谈治国理政》,北京:外文出版社2014年版,第27页。
③ 《习近平谈治国理政》,北京:外文出版社2014年版,第142页。
④ 习近平:《高举中国特色社会主义伟大旗帜 为全面建设社会主义现代化国家而团结奋斗——在中国共产党第二十次全国代表大会上的报告》,北京:人民出版社2022年版,第42页。

习近平总书记指出,"人类社会发展的事实证明,依法治理是最可靠、最稳定的治理。要善于运用法治思维和法治方式进行治理,要强化法治意识"①。并强调,"历史是最好的老师。经验和教训使我们党深刻认识到,法治是治国理政不可或缺的重要手段。法治兴则国家兴,法治衰则国家乱。什么时候重视法治、法治昌明,什么时候就国泰民安;什么时候忽视法治、法治松弛,什么时候就国乱民怨"②。在推进法治国家建设中,强化法治思维是内在要求。如今,我国正处于全面深化改革的关键时期,面临一系列突出矛盾和挑战,为此,必须高度重视法治建设,将法治的要求、原则等贯穿于改革发展全过程,更好发挥其引领和规范作用。

(二)法治思维与网络意识形态安全治理的契合

互联网络的出现及其迅猛发展,所带来的不仅是传播技术上的重大变革,更为重要的是,它促进了社会权力结构和权力关系的重构。网络意识形态正是网络空间与现实社会有机互动的结果,是意识形态在网络社会中所表现出来的一种特殊呈现形态。通过前述分析,我们看到,网络意识形态安全问题有其特殊的机理,正因如此,网络意识形态安全治理的思维观念就显得十分关键。

尼尔·巴雷特是较早开始研究互联网问题的著名学者之一,在《数字化犯罪》这本著作中,他认为,互联网产生了一个"潘多拉"魔盒——计算机病毒、黑客攻击、电子洗钱、网络诈骗等涉及网络的传统型或新型的违法犯罪活动层出不穷,对任何一个国家的网络信息安全都构成极大威胁。的确,互联网的发展在给人类社会带来无限便利的同时,也暗藏着难以估量的危险。就像他在书中指出的那样,"信息高速公路(互联网)可能是我们从来也没有建设过的令人兴奋的环境,或成为由治安维护会、黑客和坏蛋所控制的丑陋的贫民区,甚至成为未来的战场。选择完全在我们自己"③。

著名学者P.W.辛格和艾伦·弗里德曼在其著作《网络安全:输不起的互联网战争》中也如是强调,"新的技术和应用将会出现并颠覆我们的观念,就像网络空间在过去20年的爆发式增长已经颠覆了很多东西,比如安全性",而且"现在和将来对网络空间的不可预知程度导致我们对未来的网络空间产生了恐惧。然而我们看到这是没有必要的,无论未来的发展如何,我们只需要建立正确的认识,并制定审慎的应对策略"④。

---

① 中共中央文献研究室:《习近平关于全面依法治国论述摘编》,北京:中央文献出版社2015年版,第63页。
② 习近平:《在中共十八届四中全会第二次全体会议上的讲话》,2014年10月23日。
③ [英]尼尔·巴雷特:《数字化犯罪》,郝海洋,译,沈阳:辽宁教育出版社1998年版,第200页。
④ [美]P.W.辛格,艾伦·弗里德曼:《网络安全:输不起的互联网战争》,中国信息通信研究院,译,北京:电子工业出版社2015年版,第251页。

上述学者的理论观点都表明,应对网络社会诸方面的挑战,思维观念至关重要,甚至是先决条件。对特定国家的政府管理部门来说,在迅猛发展的网络技术上所秉持的是一种什么样的理念或认知,直接决定着其在网络社会治理问题上的态度。而这则是以特定的思维观念为基础的。同理,在网络社会急剧变革过程中有效维护网络意识形态安全,必须注重治理主体思维观念的革新,使之与网络技术和网络社会发展相适应。

基于法治路径推进意识形态安全治理,确保意识形态安全,需要不断强化法治思维。就像有学者所指出的那样:"人类社会的政治文明程度,在很大程度上依赖于公民政治意识的文明程度。在我国法治建设发展的进程中,作为政治意识重要组成部分的法律意识需要在全民中间普遍增强。诸多传统法律观念并不利于现代法治建设,比如,传统法律观念重人治轻法治,强调义务忽视权利,只知守法而不知用法。因此,实行依法治国就必须使全民树立现代法律意识,形成现代法治观念,从而自觉运用法律武器维护其合法权益。"①互联网是一种新生事物。生态良好的网络空间生态的形成必然是以健全的法治为基础的,而网络治理涉及的多元主体的法治思维则不可或缺。

近年来,依法治网受到党和政府的高度重视,国家也制定了许多法律法规,但在具体的网络安全治理中还存在许多突出问题,比如有法不依、处理网络安全问题存在随意性等。许多地方政府官员在应对特定网络舆情或网络事件时,首先想到的可能不是法律规定,或者人们的网络行为是否在法律规制范围之内,而是通过强权压制,或者找一个随便的"理由"对网络(行为)进行不合理的管制。有研究也指出,实践中,"不论是立法机关的立法,还是行政机关的执法,甚至包括司法机关的司法审判等,对于网络上的表达自由的态度通常是'限制多于保护',对于网络上出现的各种不良信息和可能带有违法性质的言论,更多采用的是'围堵'手段,而没有很好地利用'疏导'措施,网络环境下的言论表达、信息传播的'法制化管理'水平很低,还没有形成真正有效的对网络环境下表达自由的法律保护机制"②。经验表明,这种网络安全治理方式,不但不利于人们进行正常的政治表达和交流,还容易造成人们对政府的不信任,甚至激化政府与社会之间的矛盾。而要改变这种网络安全治理状况,需要用现代法治思维来有效应对网络空间面临的诸多矛盾和问题。

当然,对网络空间各主体的网络行为来说,若不能得到一定的约束,就容易出现网络谣言、不法言论、恶性网络群体性事件,甚至网络犯罪等问题,这就需要法治的作用。其实质,就是把人们的网络行为限定在法律规定的范围之内,使其不至于越过法律底线而对意识形态安全构成威胁。习近平总书记强调,"要坚持依法治

---

① 于承良:《政治法治化与社会主义政治文明建设》,《理论月刊》2004年第11期,第52~53页。
② 黄惟勤:《互联网上的表达自由:保护与规制》,北京:法律出版社2011年版,第169页。

网、依法办网、依法上网",其重要论述体现了依法治网的思想,要求按照相关的法律法规治理互联网、发展互联网;体现了依法办网的思想,必须按照相关的法律法规办好互联网,避免互联网本身违法情形的存在,为网民提供优质、健康的互联网环境;还体现了依法上网的思想,以互联网为平台的各种行为都应当符合法律法规的要求,互联网经济行为、交往行为、发表行为等等都应当按照法律法规的要求进行。①

网络技术的发展极大地促进了人们表达自由权利的实现,但这种自由不是绝对的,而是法律规定范围之内的自由,自由的言论表达不能危害国家意识形态的安全。事实上,"网络空间与现实社会一样,既要提倡自由,也要遵守秩序。自由是秩序的目的,秩序是自由的保障。我们既要充分尊重网民交流思想、表达意愿的权利,也要构建良好的网络秩序,这也是为了更好保障广大网民合法权益"②。如果网民的网络行为跨越了法律规定的底线而传播不法言论,产生了破坏性后果,危及意识形态安全,那么就应受到法律的严惩。

也就是说,在网络意识形态安全治理中,政府应尊重互联网络信息传播规律,按照法律规定来管理网络空间的信息交流和沟通行为。如有的学者所言,在网络治理中应以保障公民民主政治权利的实现为目标,并避免对公民基本权利的不适当、不正当限制。③ 唯此,才能有效规范网络空间各主体的网络行为,促进诸种网络意识形态安全问题的解决。

综上可知,法治思维与网络意识形态安全治理具有内在的逻辑契合。在网络意识形态安全治理的问题上,必须坚持依法推进网络治理,通过科学立法、严格执法、公正司法、全民守法来净化网络生态环境,形成健康、绿色、安全、文明的网络空间。正如习近平总书记所指出的,"要抓紧制定立法规划,完善互联网信息内容管理、关键信息基础设施保护等法律法规,依法治理网络空间,维护公民合法权益"④。法治思维是全面推进依法治国的内在要求,也是在此背景下推进网络意识形态安全治理的必要条件。

(三)以法治路径促进网络意识形态安全治理需要强化法治思维

我们知道,解决诸多网络意识形态安全问题,不仅需要有正确的态度,还要通过具体的行为来体现。网络空间虽然是一种虚拟的交往和互动空间,但这种虚拟空间并非与现实社会无关,相反,虚拟空间里所反映的矛盾和问题正是现实社会中

---

① 郝保权:《习近平网络战略思想论析》,《理论探索》2017 年第 6 期,第 57~63 页。
② 《习近平谈治国理政》(第二卷),北京:外文出版社 2017 年版,第 533~534 页。
③ 刘素华:《略论中国网络治理理念的完善》,《中共中央党校学报》2013 年第 2 期,第 100~104 页。
④ 《习近平谈治国理政》,北京:外文出版社 2014 年版,第 198~199 页。

的矛盾和问题的反映。要想更好地解决网络空间所反映的矛盾和问题,就需要政府将其纳入政府议事日程,通过制定相应的政策来加以解决。利用法治手段规范网络空间秩序,依法治网,已经成为维护网络意识形态安全的现实选择。

思维决定着政府在网络意识形态安全治理中的行为特征。比如,2010年,在云南陆良"八·二六事件"[①]发生三天后,云南省委宣传部一改传统做法,发布了一则通知,指出:大多数群众的共同诉求有合理的地方,各级党委、政府一定要多从自身找原因,真心正视、回应和解决群众诉求,以此为中心工作,不能一味指责群众,甚至给上访群众乱贴"刁民""恶势力""不明真相""别有用心""一小撮"等标签。[②]虽然从性质上说这是一起公共安全事件,但其处理方式对维护网络意识形态安全无不具有重要启示意义。如果政府过分强调政府权力对网络空间的强行介入和严格管控,则容易造成由于政府权力的扩张而侵害公民合法权利。其结果是,越是公民基本权利不能得到表达和有效维护或者被侵害,加之现有的权利保障机制不完善,越会促使他们借助网络等非制度化渠道来表达和参与,并出现极端网络参与和表达行为,政府越要对其进行管控,从而形成恶性循环。在这种情况下,难免会破坏政府与社会之间的信任关系,要切实增强人们对主流意识形态理念的认同,进而实现网络意识形态安全,是极为困难的。

通常来说,政府在网络意识形态安全治理的行为可以归为两类,即消极作为和积极作为。所谓消极作为,即消极应对网络意识形态安全问题,比如被动回应网络空间的民众诉求,常常迫于网络压力才对网络空间反映的矛盾和问题给予回应,或者采取强权压制、封锁信息、关闭网站、限制网络连接等方式来解决相关问题。虽然这些消极作为能取得短期效应,但不利于从根本上维护网络意识形态安全。而积极的政府作为则不同,比如政府主动上网,主动与社会互动,主动借助网络发现社会问题,将网络纳入制度轨道,促进相关制度的完善,从而更为有效地解决社会问题,避免各种问题扩大化,以达到维护意识形态安全的目的。不同的政府作为决定了政府维护网络意识形态安全的效果,但不论是消极作为还是积极作为,从根本上来说都与政府的网络思维观念有密切关联。

不论是消极的网络行为,还是积极的网络行为,其背后都反映了政府治理思维的差异。而这种差异,又决定了政府在网络意识形态安全维护效果上的差异。因此,只有形成正确的思维观念,才能促使政府作为的改变,从而适应网络社会发展,更好地应对纷繁复杂的网络意识形态安全问题,进而牢牢掌握网络意识形态工作

---

① 2010年8月26日中午,云南省曲靖市陆良县活水乡石槽河煤矿在施工过程中与当地村民发生冲突,8名村民、3名煤矿企业员工和7名现场维持秩序的民警在冲突中受伤住院,11辆警车被砸。资料来源:人民网:《云南陆良"八·二六"群体性事件获妥善解决》,2009年9月4日。

② 汪言安:《处理群体性事件拒绝权宜之计》,《经济观察报》2009年9月14日。

的领导权。

通过法治思维促进网络意识形态安全治理,需要注重法律规则和手段的运用,基于法治逻辑来解决相关问题,规范网络空间各行为主体的活动,引导网络舆论。习近平总书记指出:"形成良好网上舆论氛围,不是说只能有一个声音、一个调子,而是说不能搬弄是非、颠倒黑白、造谣生事、违法犯罪,不能超越了宪法法律界限。"①也就是说,在宪法法律规定的边界以内,只要不造谣生事、违法犯罪,人们进行网络表达、反映问题完全是合理的,而且人们正当的网络行为也应受到法律的保护。这就要"坚持法定职责必须为、法无授权不可为,勇于负责、敢于担当,坚决纠正不作为、乱作为,坚决克服懒政、怠政,坚决惩处失职、渎职",而且"不得法外设定权力,没有法律法规依据不得作出减损公民、法人和其他组织合法权益或者增加其义务的决定"②。可以说,不形成法治化的网络意识形态安全治理思维,要消除网络意识形态安全治理中的种种"乱象"是不可能的。

因此,在网络意识形态安全治理中强化法治思维是不二选择。这就需要切实转变传统观念,真正做到"依法治网",特别是用法律来规范网络空间各行为主体的权利边界,规范权力运行,把权力"关进法律的笼子",营造风清气正的网络空间。网络社会是瞬息万变的,这需要政府紧紧围绕网络意识形态领域遇到的新情况、新问题,注重用法治方式化解矛盾,有效应对诸多网络意识形态安全风险,不断提升网络意识形态安全治理的法治化水平。

二、以法治思维应对网络意识形态安全问题必须尊重意识形态规律

美国著名学者弗朗兹·舒曼(Franz Schurmann)在其研究中曾形象地指出:"中国共产党通过革命性斗争取得了政权,创造了中华人民共和国。他们在重建一个伟大的国家,约束着她的人民,改善着人民的生活,打下了增长的基础。共产主义中国就像一幢由不同的砖石建成的大楼,它被糅合在一起,矗立着,而将其糅合在一起的,就是意识形态和组织。"③从其观点中不难看出意识形态在我国国家建构过程中的重要作用,也说明了意识形态是我国诸多国家制度的根基。意识形态作为上层建筑的范畴,其本身的发展和维护等都有其特殊的逻辑。网络意识形态是意识形态的全新表现形式,以法治路径促进网络意识形态安全治理,必须尊重意

---

① 新华网:《网络治理不能一封了之》,2016年4月26日。
② 参见《中共中央关于全面推进依法治国若干重大问题的决定》。
③ Franz Schurmann, Ideology and Organization in Communist China, Berkeley, CA: University of California Press, 1968, p.1.

识形态规律。

(一)网络意识形态安全治理必须打破传统思维

网络意识形态是网络社会的产物,具有许多特殊性。就其生成机理来看,它是多维动力共同作用的结果,根本动力是生产力和生产关系、经济基础和上层建筑两对社会基本矛盾,主要动力是网络人机、网络人际、网络人人三大互动机制,直接动力是线上催生机制、线上线下互动融合机制、线下催生形成机制、扩大渗透演变机制四大动力机制。[①] 尽管如此,其内核仍然是意识形态。就我国而言,网络意识形态安全治理的主要工作,就是要强化马克思主义意识形态的指导地位,确保社会主义意识形态在网络文化建设中的中心地位,并发挥其核心作用。[②]

牢牢掌握意识形态工作领导权,需要"落实意识形态工作责任制,加强阵地建设和管理,注意区分政治原则问题、思想认识问题、学术观点问题,旗帜鲜明反对和抵制各种错误观点"[③]。在意识形态安全治理中,既不能将所有的问题都归结为是意识形态问题,一味地上纲上线进行批判,也不能对潜在的意识形态风险视而不见,掉以轻心。所以,如何认识和看待网络意识形态安全问题,就显得非常重要。

对此,有研究指出,虽然意识形态斗争存在,但不能泛化。[④] 随着时代的发展,年轻人对意识形态的东西不像上一两代人那样容易接受。而且,每个民族都有自己的文化传统和价值观念,并不可能千篇一律。我们要客观看待意识形态当前的工作状况,只不过从优化执政与推进大国治理进程的角度看问题,有必要适度作出调整。虽然意识形态工作十分重要,但开展意识形态工作必须立足于实际,如果无视意识形态发展规律,那么不仅难以防范化解纷繁复杂的意识形态安全风险,还会不断引发新的安全问题。

当然,也有学者强调,我们应警惕和批驳意识形态"虚无论""无用论"。指出,现实中有人认为意识形态工作虚无缥缈、不可捉摸,不能体现为具体业绩或政绩,"干与不干一个样、干好干坏一个样"。事实上,意识形态工作事关"两个巩固"的大局,是最大的政绩与业绩。我们要从巩固马克思主义在意识形态领域的指导地位、巩固全党全国人民团结奋斗的共同思想基础这样的高度,来看待维护意识形态安全的重要性,有力批驳"虚无论",克服意识形态工作的"虚无主义"倾向;同时,不断提高做好意识形态工作的能力,让意识形态工作"既有肉又有骨,既有看头又有干头"。当前我们正在进行具有许多新的历史特点的伟大斗争,意识形态领域斗争是

[①] 苗国厚:《网络意识形态生成机理探究》,《学校党建与思想教育》2018年第4期,第29~31页。
[②] 黄冬霞、吴满意:《网络意识形态内涵的新界定》,《社会科学研究》2016年第5期,第107~112页。
[③] 《习近平谈治国理政》(第三卷),北京:外文出版社2020年版,第33页。
[④] 公方彬:《意识形态斗争存在,但不能泛化》,《环球时报》2015年12月15日。

其中一个十分重要的方面。如果意识形态工作不力、意识形态领域出现问题,我国改革发展的大好局面就有可能丧失,人民群众的幸福也就无从谈起。我们一定要从中国特色社会主义事业的大局出发,充分认识意识形态工作的重要性和必要性,并付诸实际行动,扎实做好意识形态领域的各项工作。①

推进网络意识形态工作,必须打破传统的简单管控思维,准确把握意识形态的核心要旨,遵循意识形态本身的特点和规律,明确意识形态工作的对象和内容,明晰意识形态工作的范畴,并形成较强的政治敏锐性和政治鉴别力。

意识形态领域存在的诸多问题或者说挑战,需要我们科学分析、准确把握、区别对待、妥善处理。对政治性敏感问题,支持什么,反对什么,必须旗帜鲜明、态度坚定,守得住底线,把得牢红线;对思想认识上的误区,必须加强正面宣传,言之有据,言之有理,以彻底的阐释说服人,有针对性地进行澄清引导;对学术上的争鸣,倡导研究无禁区,宣传有纪律,探讨有分寸,把握好方向和尺度;面对谬误蛊惑之论,必须牢记政治责任,主动担当、勇于负责,敢抓敢管、不怕挨骂,敢于发声、敢于亮剑,当战士不当"绅士"。② 如此等等,从最根本上说,都涉及了意识形态工作的思维观念或思维方式问题。在网络意识形态斗争中,决不能用传统媒体的思维来对待网络媒体,而是要深入分析网络发展、网上斗争的特点和规律,精心组织和进一步壮大网上斗争的正面力量。③

网络技术的发展及广泛运用,促使整个社会发生了深刻变化,而对意识形态领域的介入,对意识形态安全的挑战也正在以前所未有的方式呈现出来。网络意识形态工作具有传统意识形态工作所不具备的诸多新特点。诚如习近平总书记所指出的:"今天,宣传思想工作的社会条件已大不一样了,我们有些做法过去有效,现在未必有效;有些过去不合时宜,现在却势在必行;有些过去不可逾越,现在则需要突破。'不日新者必日退。''明者因时而变,知者随事而制。'做好宣传思想工作,比以往任何时候都更加需要创新。"④有效应对诸多网络意识形态安全问题,必须转变传统的诸多思维观念,打破传统的诸多思维定式。强调网络意识形态安全治理的法治路径,就是要将网络意识形态治理过程纳入法治运行轨道,发挥法律的理性约束功能,以期实现依法治网,用规范化制度化的方式来使网络朝健康有序的方向发展。⑤

---

① 曹建文:《夯实意识形态安全的思想基础》,《人民日报》2016年11月29日。
② 蒲传新:《提升"四种能力" 维护网络意识形态安全》,《陕西日报》2019年10月11日。
③ 朱继东:《新时代党的意识形态思想研究》,北京:人民出版社2018年版,第239页。
④ 习近平:《在全国宣传思想工作会议上的重要讲话》,2013年8月19日。
⑤ 段辉艳、蒲清平:《新时代网络意识形态治理法治化的三重逻辑》,《学校党建与思想教育》2019年第1期,第26~28页。

(二)在依法规范网络空间主体行为中夯实网络意识形态安全基础

在网络空间,存在着多元化的思想观念,冲击甚至动摇着大众原有思想认知基础,扩大其网上虚拟认同与线下实现认同的矛盾张力。在特定条件下,这种冲突和张力更容易在互联网媒介的放大、聚集和催化作用下迅速发酵,引发个人对本国社会政治模式的认同动摇和支持转移。① 因此,推进网络意识形态工作,必须发挥好法治的作用,以更好规范网络空间秩序,不断夯实网络意识形态安全基础。

建立完善的网络综合治理体系,是牢牢掌握网络空间意识形态工作领导权的重要突破口。建立完善的网络综合治理体系,法治的作用不可或缺,而且这种作用会随着网络技术变革和网络社会的演进而日益凸显。习近平总书记指出:"要持续巩固壮大主流舆论强势,加大舆论引导力度,加快建立网络综合治理体系,推进依法治网。"②其重要论述所传达的正是法治在网络安全治理中的重要性,促进网络意识形态安全则是其内含的重要内容。

通过落实依法治网完善网络综合治理体系,彰显法治在网络意识形态安全治理中的优势,需要从多方面加强工作。比如,通过法治划定明确的网络行为边界和责权范围,使各网络行为主体在法律规定的范围内活动,把网民守法落到实处;通过法治严厉打击和遏制网络恐怖活动、网络犯罪,健全网络突发事件处置机制,切实维护网络安全,保护网民合法权益;通过法治治理网络空间不良信息,比如各种非法言论、网络谣言的传播等,加强网络信息内容管理,营造清朗网络空间,壮大主流舆论;通过法治规范网络市场,优化网络资源管理,加强监管,促进网络市场可持续健康发展;通过法治引导和规范网络产业发展,繁荣网络文化,发挥先进网络文化引领作用,唱响主旋律,壮大正能量,促进主流意识形态价值理念传播。可见,加强网络法治建设,从完善法律制度体系、执法体系、政策法规体系、自律以及奖惩条例多个层面展开,塑造一个全方位无死角的法治化网络空间,③有助于满足网络意识形态安全治理日益增长的法治诉求。

因此,要利用好法治在引领和规范网络秩序方面的优势,就需要我们在工作方法、意识形态内容、话语体系等方面不断创新,以符合网络社会的特点和广大网民的信息需求,要使马克思主义通过喜闻乐见的方式呈现出来,使社会主义主流意识形态观念深入人心。同时,也要改变备受诟病的"删""堵""封"等简单化做法,积极回应网络空间有关主流意识形态的各种错误思想观点,要有理有据地进行反驳,由

---

① 马润凡:《互联网对我国政党制度安全的挑战及应对——基于制度认同的视角》,《郑州大学学报(哲学社会科学版)》2015年第2期,第11~14页。
② 《习近平谈治国理政》(第三卷),北京:外文出版社2020年版,第220页。
③ 王承哲:《意识形态与网络综合治理体系建设》,北京:人民出版社2018年版,第325页。

此来增强主流意识形态的说服力。对于政府管理部门来说,重要的不是对网络表达和参与进行"管制"、处处提防,而是如何利用互联网络与社会各主体进行协商、对话,借此了解其真实利益诉求,进而完善决策,不断调整和改善二者关系,由此增强人们对社会主义主流意识形态价值理念的认同。

再者,也要注重运用法治方式对多元化的非主流意识形态进行积极引导。在社会转型期,人们的思想观念和生活方式发生了深刻变化,与之相应的是各种思想观念和主张的"井喷"现象,这容易造成人们思想观念的迷乱与价值诉求的无序,加之网络媒介本身相对自由的特点,更是将多元化的意识形态主张进一步放大。比如,新自由主义、新左派、普世价值,民族主义、民粹主义,以及影响较大的新儒家思潮等。这些非主流意识形态的存在,在网络空间广泛传播,会对人们的思想观念产生巨大影响。尤为重要的是,它会以各种方式冲淡马克思主义主流意识形态,削弱其在意识形态领域的指导地位。因此,大力弘扬主流意识形态,对网络空间存在的非主流意识形态加强治理就是面临的迫切任务,其中非常重要的内容,就是需要采取全方位、立体性、交叠性的措施,对网络非主流意识形态进行限制,以维护主流意识形态安全。[①] 通过法治方式对多元化非主流意识形态进行引导,进而巩固主流意识形态的主导地位,有助于提升马克思主流意识形态的引导力、竞争力。

(三)在依法保障网络空间各行为主体合法权利中增强网络意识形态安全认同

随着依法治网的推进,网络意识形态安全治理也获得了有利条件。党的十八大以来,先后成立了中央网络安全和信息化领导小组,通过了《中央网络安全和信息化领导小组工作规则》《中央网络安全和信息化领导小组办公室工作细则》《国家信息化发展战略纲要》等规章制度,特别是《中华人民共和国网络安全法》的颁布实施,为我国网络空间治理奠定了重要法制基础,有助于推进网络意识形态安全治理。

加强网络空间治理,依法保障网络空间各行为主体的合法权益是重要内容。对此,习近平总书记强调:"利用网络鼓吹推翻国家政权,煽动宗教极端主义,宣扬民族分裂思想,教唆暴力恐怖活动,等等,这样的行为要坚决制止和打击,决不能任其大行其道。利用网络进行欺诈活动,散布色情材料,进行人身攻击,兜售非法物品,等等,这样的言行也要坚决管控,决不能任其大行其道。没有哪个国家会允许这样的行为泛滥开来。我们要本着对社会负责、对人民负责的态度,依法加强网络空间治理,加强网络内容建设,做强网上正面宣传,培育积极健康、向上向善的网络文化,用社会主义核心价值观和人类优秀文明成果滋养人心、滋养社会,做到正能

---

① 张爱军、秦小琪:《网络意识形态去中心化及其治理》,《理论与改革》2018年第1期,第94~103页。

量充沛、主旋律高昂,为广大网民特别是青少年营造一个风清气正的网络空间。"①从其论述中我们可以看到,在网络空间治理中,一方面,必须严厉打击各种网络违法犯罪行为,另一方面,必须坚持以人民为中心,更好地保障公民在网络空间的合法权利,营造生态良好的网络空间。

发展互联网、繁荣互联网、用好互联网,让人民有更多获得感,利用网络技术更好地解决人民群众面临的问题,造福人民,是国家发展网信事业的重要目标。针对互联网传播内容多样性的特点,要注重研究新时代人民群众在网络参与、表达、互动等多方面的新需求,准确把握不同受众群体的心理特点,将引导网络舆论与妥善解决实际问题相结合,同时遵循网络技术的规律,而不应只是对其进行简单的管控。社会各主体通过网络渠道反映当前改革发展中所存在的种种深层问题,这些问题需要政府敞开胸怀予以正面回应,强化责任担当,而不是一味回避,或对网络民意的漠视;需要的是政府运作信息的依法及时公开,对相关问题解决的实际推进,而不是对网络信息进行简单屏蔽;需要的是对网络空间不同群体声音的包容及其监督的虚心接纳,从而及时纠错、改进工作,而不是对异见的简单排斥。利用网络技术的优越性,促进网络空间反映的种种社会矛盾和问题的有效解决,无疑会提升人们对党和政府的政治信任,坚定人们对社会主义事业发展的信心,进而增强其对社会主义主流价值理念的政治认同、心理认同、情感认同。

网络社会中,对于政府管理部门来说,确立公众是政府的顾客和以公众利益为本的行政理念,有助于克服那些在传统行政体制中滋长出来的根深蒂固的错位,以至颠倒的观念及行为:一是以政府为中心的妄自尊大的官本位;二是以自我意志为主宰的官老爷专横;三是只对上负责而不对下负责的官僚主义。②故而,借助网络渠道积极与网民互动,不仅有利于政府及时发现诸多社会矛盾和问题,从而有效应对,防患于未然,完善决策,增强政府有效性,维护社会稳定,还有利于拉近政府与社会之间的距离,增强人们对政府的理解、信任和支持。

《国家信息化发展战略纲要》特别指出,要"维护公民合法权益",指出应"依法保护信息自由有序流动,切实保障公民基本权利和自由。全面规范企业和个人信息采集、存储、使用等行为,防范信息滥用。加强个人数据保护,依法打击网络违法犯罪"。

无疑,在网络空间治理中,加强对公民合法权利的保障,对于政府更好地适应网络社会发展,以及提升网络意识形态安全治理成效,都是极为重要的。实践中,"要抓紧制定立法规划,完善互联网信息内容管理、关键信息基础设施保护等法律

---

① 《习近平谈治国理政》(第二卷),北京:外文出版社2017年版,第336~337页。
② 贺善侃:《网络时代:社会发展的新纪元》,上海:上海辞书出版社2004年版,第245页。

法规,依法治理网络空间,维护公民合法权益"①。其原因就在于,只有切实维护广大网民的合法权益,才能进一步增强其对主流意识形态理念的认同,进而提升意识形态工作成效。

三、以法治思维应对网络意识形态安全问题必须尊重网络社会发展规律

网络意识形态安全问题是网络社会的产物,而网络社会是以互联网的迅猛发展及其广泛运用为基础的。对意识形态工作来说,这既是机遇也是挑战,其关键就在于如何更好地运用网络。运用得合理,就能够发挥其正面效应,有力推动网络意识形态工作;反之,不仅不能发挥其先进技术手段的作用,反而会诱发新的网络意识形态问题。推进网络意识形态安全治理,必须尊重网络社会发展规律。

(一)网络社会发展增加了意识形态工作难度

伴随网络社会迅猛发展,以网络通信技术为中介,人类社会的关系形态、交往方式,以及传统的权力结构、权力关系等都发生了深刻变化。美国学者克莱·舍基研究指出,"只有当一项技术变得普通,而后普遍,直到最后无处不在而被人们视若不见时,真正的变革才得以发生"②,而互联网技术就是这样一种技术形态。言及中国,自20世纪90年代正式接入互联网以来,在短短20多年里互联网表现出了迅猛发展态势,目前中国已是网络大国。中国互联网络信息中心(CNNIC)的统计数据显示,截至2022年6月,我国网民规模已达到10.51亿人,互联网的普及率为74.4%。③今天,互联网不仅已经成为一种全新的大众传播媒介形式,还通过对社会各领域的全方位渗透和介入,促使各种社会变革的发生,"互联网+"已然成为社会发展的主旋律。网络运用范围日益广泛,多样化的移动客户端形态,以及交互、网状的信息传递格局,使政府对网络信息流的控制越来越难,与之相应,意识形态安全治理的宏观环境也不同于以往,有了新的特点。

对于我国来说,在既有的民意表达和传输机制尚不健全的情况下,互联网成了重要的"民意集散地"。这种看似"热闹"的互动平台,特别是人们借助多元化网络互动平台进行互动,以及相对自由地获取和传播信息,实际上隐藏着诸多意识形态安全风险。

在传统的意识形态工作方法中,牢牢掌握大众传播媒介所有权,各种"把关人"

---

① 《习近平谈治国理政》,北京:外文出版社2014年版,第198~199页。
② [美]克莱·舍基:《未来是湿的》,胡泳、沈满琳,译,北京:中国人民大学出版社2009年版,第66页。
③ 中国互联网络信息中心(CNNIC):《第50次中国互联网络发展状况统计报告》,2022年8月31日。

的存在,可实现对媒介信息传播的严格管控和信息的垄断,统一社会舆论的形成也就较为容易。但网络社会就不同了,网络技术自身的诸多特征,决定了它迥然不同于传统的诸多大众信息传播媒介,而且其在信息传播、互动、交流以及由此而产生的影响方面,也已远远超过了传统大众传播媒介的范畴。这种情况下,如果按照传统的工作方法,一味地对网络进行简单管控,以此来应对网络空间的复杂意识形态安全问题,必然起不到预期效果,即便有一定作用,那也是一种短期效应,很难从根本上解决问题。

就像罗纳德·迪伯特(Ronald J. Deibert)曾研究指出的那样,尽管中国通过一系列制度和行动来规范互联网络以确保安全,比如通过防火墙来限制网络访问、对网络内容和网络行为的限制、制定防范措施以及加密技术等,但这些无疑会抑制中国内部的变革并造成恐惧和自我审查的紧张气氛。而随着网络技术对各方面渗透的日益加剧,国家对网络的控制也会越来越艰难,特别是中国与外部的经济往来,使得网络不断向更加自由的方向发展。由此得出结论,中国的许多网络安全政策短期内在减缓或阻止各种反对行动上会起一定作用,但就长远来看它可能是失败的。[①] 对整个网络社会治理是如此,对解决纷繁复杂的网络意识形态安全问题更是如此。

在网络社会,人们的网络表达和参与与现实社会的表达和参与之间,存在着此消彼长的关系,当现实社会的表达和参与渠道不足、不畅通或作用有限时,社会各主体借助多元化的网络渠道进行表达和参与就成为必然。网络意识形态安全治理的复杂性很大程度上正是由虚拟网络空间和现实社会的互动引起的,因此,它不仅仅是网络空间的问题,还涉及现实社会发展中的诸多问题,而且后者对于网络意识形态安全可能更为根本。

综上可见,网络社会的发展增加了网络意识形态安全治理难度,为新时代我国网络意识形态安全治理工作提出了严峻挑战。网络意识形态安全问题,不仅涉及网络技术问题,还涉及虚拟、现实两个空间的问题,以及由于网络社会发展而孕育的网络文化问题,诸多问题的综合,对网络意识形态安全治理提出了越来越高的要求,考验着治理主体的网络意识形态安全治理能力。

(二)依法推进网络意识形态安全治理应立足于网络社会的特殊运作逻辑

网络技术已经融入我们日常生活的方方面面,网络意识形态建设的重要性也不断凸显。对此,习近平总书记指出,"要把网上舆论工作为重中之重来抓,善于运用网络传播规律,改进创新网上宣传,发展健康向上的网络文化,形成网上正面舆

---

① Ronald J. Deibert, Dark Guests and Great Firewalls: The Internet and Chinese Security Policy, Journal of Social Issues, Vol. 58, No. 1, 2002.

论强势"①,"各级领导干部特别是高级干部要主动适应信息化要求、强化互联网思维","不断提高对互联网规律的把握能力、对网络舆论的引导能力、对信息化发展的驾驭能力、对网络安全的保障能力","各级党政机关和领导干部要提高通过互联网组织群众、宣传群众、引导群众、服务群众的本领"②。其论述从深层次揭示了网络社会背景下增强领导干部执政本领的特殊要求,这也是有效推进网络意识形态安全治理所需要的重要条件。实践中,我们需要主动把握网络传播规律,利用网络特点和优势进行意识形态宣传和建设。

网络社会是一种新的社会形态,它以网络技术变革及网络技术广泛运用为基础。相对于工业社会而言,网络社会最革命性的变化表现在互联网技术对作为社会生活展开基础的时空结构进行了重塑,进而产生了一种全新的时空结构——即虚拟时空,并从根本上改变了人类社会的存在和运行方式。③

网络社会的特殊运作逻辑,决定了推进网络意识形态工作必须运用特殊的方法。比如有研究指出,网络的快速信息传递,既使公众的信息反馈速度大大加快,也使得政府对问题的回应速度大大加快,二者实现了直接沟通,这必将有利于矛盾的化解,从而增加社会稳定。④ 在网络意识形态安全治理中,这种沟通也至关重要。

因此,网络意识形态安全治理的特殊性,不仅来自网络技术本身的特性,也来自网络空间与现实社会的互动所引发的巨大效应。固然,"网络活动所依附的空间是一种不同于现实的电子空间,它是一个自由的虚拟空间,不具有外在的可触摸、可感觉的时空位置和形态,即其存在形式是虚拟的。但网络上的一些政治活动及其功效却是真实的"⑤。网络空间以各种方式联系着现实社会,现实社会的各种关系也以多样化的方式在网络空间中得以展现。这就要求在网络意识形态工作中,必须充分认识网络技术发展的特殊要求及其给现实政治带来的深刻影响,特别是实现虚拟空间与现实社会的有机互动,如此才能有针对性地采取措施,充分利用网络技术手段改进工作,切实提升应对网络空间诸种意识形态安全风险和挑战的能力。

丹尼尔·贝尔把人类社会的发展划分为前工业社会、工业社会以及后工业社会三个阶段,并分析了"后工业社会"的特征,认为工业社会主要以机器技术为基础,以资本与劳动为主要结构特征,而后工业社会则是以知识技术为基础,以信息

---

① 《创造中华文化新的辉煌——关于建设社会主义文化强国》,《人民日报》2014年7月9日。
② 中国新闻网:《建设网络强国,习近平提出新要求》,2018年4月24日。
③ 张兆曙:《互联网的社会向度与网络社会的核心逻辑——兼论社会学如何理解互联网》,《学术研究》2018年第3期,第51~58页。
④ 刘文富:《网络政治:网络社会与国家治理》,北京:商务印书馆2002年版,第209页。
⑤ 李斌:《网络参政》,北京:中国社会科学出版2009年版,第58页。

和知识为主要结构特征。① 卡斯特也如是指出,强调信息技术革命对经济、文化、社会的发展和影响,是因为这些戏剧性的技术变迁,是当前最直接感觉到的结构性变化。但是这并非认为技术决定了社会,而是技术、社会、经济、文化与政治之间的相互作用,重新塑造了我们的生活场景。② 故而,作为网络社会发展的"副产品",网络意识形态的特征、影响、机理等,都与传统意义上的意识形态有很大不同。

做好网络意识形态工作,必须遵循网络社会发展规律。要突破传统思维定式,培养互联网思维和创新意识。要适应网络社会持续发展的新情况,加快传统媒体和新兴媒体融合发展,充分运用新媒体技术创新工作方法。要积极尝试将传统媒体优势与新媒体技术特征相结合,关注和引导网民需求,有针对性地开展工作。要借助网络媒介创新话语体系,在传播内容和话语体系上贴近百姓,尝试形式多样、生动有趣的产品形态和表达方式,进而使马克思主义主流意识形态价值理念深入人心。

(三)依法推进网络意识形态安全治理应注重对网络技术的利用

不可否认,网络技术的发展及广泛运用增加了社会主义意识形态控制难度,但也扩展了社会主义意识形态的传播方式、提供了社会主义意识形态创新的诸多有利条件。因此,我们要客观认识网络技术对意识形态的影响,并积极利用网络技术来解决意识形态领域所面临的问题。诚如学者所言:"如果我们把意识形态构建纳入中国当下的新媒介社会化运用现实场景,便发现新媒介已经成为中国社会最为重要的文化'表意'实践,新媒介事件则是这种'表意'实践的直接产物,更是透视中国意识形态构建最有说服力的样本。"③进而言之,在网络意识形态安全治理中,必须利用好互联网这个引领社会思潮、进行舆论斗争的平台,使其成为巩固马克思主义意识形态指导地位的前沿阵地。

因此,以法治路径促进网络意识形态安全治理,应基于依法治网的要求管好、建好、用好互联网,通过依法引导,充分发挥多元化网络平台在信息传递、交流互动等方面的优势,更好地利用网络技术解决面临的风险和挑战。

实践中,要针对互联网传播内容的多样性的特点,提高掌控媒体的能力,注重研究人民对互联网的参与、表达、互动等多方面的需求,准确把握不同受众群体的心理特点,还要将引导网络舆论与妥善解决实际问题相结合。

马克思曾指出:"各种经济时代的区别,不在于生产什么,而在于怎样生产,用

---

① [美]丹尼尔·贝尔:《后工业社会的来临:对社会预测的一项探索》,高铦,等译,北京:新华出版社1997年版。
② [美]曼纽尔·卡斯特:《网络社会的崛起》,夏铸九,等译,北京:社会科学文献出版社2003年版,第15页。
③ 王一岚:《新媒介情景下的意识形态构建》,北京:社会科学文献出版社2016年版,第86页。

什么劳动资料生产。"①网络社会正是如此,它不同于工业社会和农业社会,其自身社会的特殊运作逻辑决定了网络技术因素的重要性。就像卡斯特所说的:"在工业发展方式里,生产力的主要来源在于引进新能源,以及将能源的使用传散于整个生产与流通过程中的能力。在新的信息发展方式中,生产力的来源在于产生知识、信息处理与象征沟通的技术。"②在网络社会背景下,做好意识形态工作,必须特别重视对网络技术手段的运用。通过依法引导,依法上网,依法办网,依法用网,不断创新意识形态工作方法,有效应对网络空间各种意识形态安全问题,进而提升网络意识形态安全治理成效。

四、需要从思维观念角度把握和处理好的三对关系

网络意识形态安全治理是一个复杂的过程,涉及多方面的问题。从思维观念角度视之,在基于法治路径推进网络意识形态安全治理中,需要把握和处理好以下三对关系。

(一)法治与人治

当我们谈论网络意识形态安全治理时,即通过诸种防范措施来维护网络意识形态安全时,其中隐含了一个前提预设,即网络信息传播与意识形态安全之间有某种必然联系,或者说网络信息传播是影响意识形态安全的重要变量。事实上,自互联网络诞生之日起,它就逐步向世人展示了这种影响。特别是近年来西亚、中亚、北非、东南亚等地区诸国的政局动荡,都凸显了网络信息流对政治安全的巨大影响,其中对国家意识形态安全的影响是重要方面。正是这种事实的存在,使人们得出了一个不言自明的结论,即规避网络风险的蔓延和扩大,确保网络意识形态安全,必须要对网络媒介的信息传播进行控制。

事实上,对网络信息传播的控制已是各国政府普遍行为,形式多样的网络审查已成为各国政府维护网络安全、争取国家利益的重要手段。③ 对任何一个国家来说,要实现毫无约束的所谓完全的网络自由是不可能的,也是不现实的。关于这一点,在网络研究的代表性学者中,不论是凯斯·桑斯坦,还是劳伦斯·莱斯格,都予

---

① 《马克思恩格斯全集》(第二十三卷),北京:人民出版社1995年版,第204页。
② [美]曼纽尔·卡斯特:《网络社会的崛起》,夏铸九,等译,北京:社会科学文献出版社2003年版,第20页。
③ 洪京一:《世界网络安全发展报告(2014—2015):全球态势与中国进展》,北京:社会科学文献出版社2015年版,第61~76页。

以了特别的关注和强调。①

我们很难想象,一个完全容许"网络自由"的社会将是什么样子,特别是对于一些治理体系不完善、社会矛盾多发的国家。自由、开放是网络媒介的固有特征,它在本质上的确是反对政府控制的,然而不可否认,一旦网络媒介失去控制,它就可能产生极具破坏性的力量,成为真正的"潘多拉魔盒"。正如习近平总书记所强调的:"要使全媒体传播在法治轨道上运行,对传统媒体和新兴媒体实行一个标准、议题管理。"②加强互联网领域立法,推进依法治网,其目的就是要以此来规避网络媒介使用而造成的负面影响。法治是网络意识形态安全治理的必然手段,有效应对诸种网络意识形态安全风险和挑战,法治思维是前提条件。

在网络意识形态安全治理中,法治和人治是两种截然不同的治理模式,其背后所蕴含的也是两种不同的思维方式。所谓法治,主要是依靠良好完备的法律来治理国家,以完善的法律制度来引领和规范社会主体的行为和社会生活,把国家的长治久安维系于国家的法律和制度上。而人治则不同,它是依靠严格的道德制度去规范和约束人们的行为,往往以人格化权威为支点,把治理国家的希望寄托于人格化权威的圣明与贤能上。在法治社会,不仅人民必须守法,政府(掌权者)更须守法;而在人治社会,民众必须守法,政府则可以不守法。"法治的直接目标是规范公民的行为,管理社会事务,维持正常的社生活秩序;但其最终目标在于保护公民的自由、平等及其他基本政治权利。从这个意义上说,法治与人治对立,它既规范公民的行为,但更制约政府的行为。"③对于一个社会来说,如果没有健全的法制规范体系,没有对法律的充分尊重和服从,没有基于法律而形成的社会秩序,那么要实现稳定发展是极为困难的。判断一个社会是法治还是人治,关键就看在这个社会中是法律至上,法高于权,还是权力至上,权大于法。

从整体的人类文明进程来看,法治相比于人治,有更多的优越性。概括来说,主要有以下几方面:一是法律的制定总这样或那样集中了多数人的智慧,比个人的意见和看法要高明;二是法律具有正义性,实行人治难免出现偏私;三是法律是公布周知的,可以防止暗箱操作产生腐败;四是法律具有稳定性和连续性,不因领导人看法的改变而改变,不因领导人的去留而随意改变;五是法律具有平等性,可以防止种种特权和专横;六是法治的实质是众人之治,总比少数人决定一切要开明。④法治与人治作为两种不同的治理方式,各有特点,而且二者之间也不是截然

---

① [美]凯斯·桑斯坦:《网络共和国:网络社会中的民主问题》,黄维明,译,上海:上海人民出版社2003年版;[美]劳伦斯·莱斯格:《代码:塑造网络空间的法律》,李旭,等译,北京:中信出版社2003年版。
② 《习近平谈治国理政》(第三卷),北京:外文出版社2020年版,第319页。
③ 俞可平:《治理与善治》,北京:社会科学文献出版社2000年版,第10页。
④ 李步云、高全喜:《马克思主义法学原理》,北京:社会科学文献出版社2014年版,第617页。

分开、相互排斥的,而是有一定的交集。因为在法治社会,并不是完全排斥个人权威的作用;在人治社会,也有自身的法律规范。但总体来说,法治更具优越性,从人治逐步走向法治,从不完善的法治到比较完善和健全的法治,是人类文明的进步趋向。坚持和发展中国特色社会主义,依法治国是重要维度,"在全面建设社会主义现代化国家新征程上,我们要更加重视法治、厉行法治,更好发挥法治固根本、稳预期、利长远的保障作用,坚持依法应对重大挑战、抵御重大风险、克服重大阻力、解决重大矛盾"①。

推进网络意识形态安全治理,必须将全面依法治国的各项要求贯穿其中,通过法治思维和法治方式来有效应对诸多网络意识形态安全问题,同时克服因人治因素而造成的影响。

的确,互联网所具备的高度的开放性、互动性及跨越国界特征,使其打破了前网络时代信息传播的许多限制,比如政府对传播媒介所有权的垄断、对传播内容的严格控制等,使得网络空间成了各种思想观点、意识形态的"集散地",以及人们传播和获取政治信息、进行互动交流的新平台,乃至国家之间政治渗透和斗争的新领地,政府对网络媒介及网络传播内容完全控制和垄断已不再可能。而网络空间难以控制的信息流及其与现实社会的互动,加之基于网络技术运用而发生的政治传播、组织、动员、参与等方面的深刻变化,给意识形态安全带来了空前的挑战,冲击着主流意识形态的权威性。

对我国来说,虽然针对网络空间治理已经制定了许多法规,也对网络空间信息传播活动做了各种禁止性规定,但由于多方面原因,网络空间的侵权行为、网络谣言等仍然普遍存在。对此,还需要不断完善相关法规,因为"能够规范网络关系,调试、改革、创新现存社会秩序,维护和发展网络秩序的主要途径便是法治"②。通过完善的法律规范规制网络空间行为,"保障网络信息依法有序自由流动",使各主体在网络空间的权利范围和法律责任有明确界定,这既是维护网络意识形态安全的内在要求,也是建设法治中国涉及的重要内容。

推进依法治国是一项系统的工程。习近平总书记指出:"我们必须坚持把依法治国作为党领导人民治理国家的基本方略、把法治作为治国理政的基本方式,不断把法治中国建设推向前进。要通过人民代表大会制度,弘扬社会主义法治精神,依照人民代表大会及其常委会制定的法律法规来展开和推进国家各项事业和各项工作,保证人民平等参与、平等发展权利,维护社会公平正义,尊重和保障人权,实现国家各项工作法治化。"③但也强调:"现在,一些党员、干部仍然存在人治思想和长

---

① 《习近平谈治国理政》(第四卷),北京:外文出版社2022年版,第292页。
② 白淑英:《网络自由及其限制》,《哈尔滨工业大学学报(社会科学版)》2014年第1期,第12~17页。
③ 习近平:《在庆祝全国人民代表大会成立60周年大会上的讲话》,2014年9月5日。

官意识，认为依法办事条条框框多、束缚手脚，凡事都要自己说了算，根本不知道有法律存在，大搞以言代法。这种现象不改变，依法治国就难以真正落实。"①现实生活中，一些领导干部法治意识比较淡薄，特权思想、官僚思想较重，存在有法不依、执法不严甚至徇私枉法等问题，影响了党和国家的形象和威信，扰乱社会秩序，破坏干群关系，给国家整体的发展稳定带来不利影响。所以，"领导干部都要牢固树立宪法法律至上、法律面前人人平等、权由法定、权依法使等基本法治观念，对各种危害法治、破坏法治、践踏法治的行为要挺身而出、坚决斗争"②，"每个党政组织、每个领导干部必须服从和遵守宪法法律，不能把党的领导作为个人以言代法、以权压法、徇私枉法的挡箭牌"③。

在全面依法治国中，如果说法律法规及相关制度是"硬件"，那么法治思维则是保证这些法律法规和制度有效运行的"软件"，全面推进依法治国，二者缺一不可，需要共同发挥作用。

通过法治路径促进网络意识形态安全治理，其前提条件就是需要领导干部在思维观念方面进行改变，充分认识法治在治国理政方面的重要作用，按照法治的理路认识和分析网络意识形态面临的风险和挑战，依据法治的理念和要求解决相关网络意识形态问题。如此，才能满足新时代网络意识形态安全工作中日益增长的法治思维要求。对于政府管理部门来说，要依照法律，而不是凭借自身的主观偏好，或随便的"理由"，对网络信息传播进行一味地管控。再说，"由于简单的封堵对因特网作用不大，所以与其花大力气屏蔽各种站点，还不如集中力量减少黑箱操作，增强政治透明度，主动提供多元化的信息，并采取针对性的措施，不断提升政府在公众中的可信度和权威性"④。因此，只有坚持以法律为准绳，严格落实依法治网，才有助于跳出网络空间治理中的自由与规制的困境，进而更好地保障公民权利、维护网络意识形态安全。

(二)治理与管制

就网络媒介自身而言，正如前文所分析的，它不仅拥有多元化的交流和沟通渠道，也是集文字、图像、声音、视频于一体的传播平台，还是集人际传播、组织传播、大众传播于一身的信息交互平台。凭借于它，人们可以进行"一对一""一对多""多对多""多对一"等各种方式的信息交流与沟通。"一张图、一段视频经由全媒体几个小时就能形成爆发式传播，对舆论场造成很大影响。这种影响力，用好了造福国

---

① 《习近平谈治国理政》(第二卷)，北京：外文出版社2017年版，第116页。
② 《习近平谈治国理政》(第二卷)，北京：外文出版社2017年版，第127页。
③ 《习近平谈治国理政》(第二卷)，北京：外文出版社2017年版，第128页。
④ 刘文富：《网络政治：网络社会与国家治理》，北京：商务印书馆2002年版，第199页。

家和人民,用不好就可能带来难以预见的危害。"①社会各主体经由多样化的网络媒介平台传播信息、获取信息、进行政治表达和互动、反映社会矛盾和问题,都已较为容易。问题是,人们基于网络媒介过度自由的信息传播行为很容易造成负面政治影响。比如,网络组党结社的发展已对国家政治安全构成了严重威胁②;特定社会矛盾和问题的曝光在各种网络推手的作用下会使其不断放大从而对政府施政构成直接冲击和越来越大的压力;网络谣言及其煽动性信息的传播会直接冲击社会政治秩序;高效的网络政治动员很容易促成网络"围观"并引发网络群体性事件,进而引发线下集体行动;特别是各种极端的甚至反动的思想观点,都会从不同角度消解着人们既有的政治认知基础。

就网络谣言来说,近年来因其引起的社会恐慌不乏其例。谣言的力量是巨大的,借用法国学者卡普费雷的话来说,"谣言传递信息,树立或毁坏名声,促发暴动或战争"③,而网络技术的发展及广泛运用则为谣言生成及传播创造了便利条件。尽管基于网络媒介的信息传播克服了前网络时代信息传播的许多局限,扩展了人们的自由权利,但它对国家意识形态安全带来的风险也是需要高度警惕的。

从某种意义上讲,人类社会的变迁正是伴随着人类交流信息方式的变化而变化的。在网络社会中,传递、交流信息的方式达到了前所未有的水平,以后还要继续深入发展,这种改变人类交流信息方式的"进步",给网络社会本身带来了新的景象,也给整体人类社会带来了不易确定的前景。④ 尤其是在意识形态领域,网络媒介的介入已经大大改变了传统意识形态的特点,进一步增加了国家改革发展中的意识形态安全风险。

当前,我们在网络意识形态安全治理实践中,主要还是强调对网络进行"管制",以防范不良信息的传播和扩散而造成的威胁,它是一种单向强力控制的网络规制方式。对网络进行管制,很大程度上说明政府已经认识到网络社会的风险从而表现出一种警觉。但就意识形态安全治理来说,这种管制应有其特定的对象和内容,若过分强调对网络的管制,不但难以从根本上消除网络空间的威胁,还会激化更多的矛盾。互联网是一种非传统的安全影响因素,网络意识形态安全也是一种全新的意识形态安全形式。"安全从'传统'转向'非传统',安全维护也将从'管制'转向'治理'。如果说管制更多的是体现一种刚性的制度设计,那么治理则更多

---

① 《习近平谈治国理政》(第三卷),北京:外文出版社2020年版,第319页。
② 关于中国网络组党结社的现状及其对国家政治安全的影响,可参见王存奎:《网络组党结社与国家政治安全》,《江南社会学院学报》2008年第1期,第31~35页。
③ [法]卡普费雷:《谣言》,郑若麟,等译,上海:上海人民出版社1991年版,第5页。
④ 郭玉锦、王欢:《网络社会学》,北京:中国人民大学出版社2017年版,第376页。

的是体现一种柔性的灵活的能力建构。"①治理正是一种柔性的管理方式,它强调的是各主体间的协商、对话,而不是通过单向的权力运作来实现社会治理目标。网络安全治理正是如此,它需要"治理"理念作为支撑。

"治理"概念之所以引起学者的广泛关注,主要是因为在许多学者看来,随着全球化时代的来临,人类的政治生活发生了重大变革,其中最引人注目的变化之一便是人类政治过程的重心正在从统治走向治理,从善政走向善治,从政府的统治走向没有政府的治理,从民族国家的政府统治走向全球治理。治理的基本含义是指官方的或民间的组织在一个既定的范围内运用公共权威维持社会秩序、满足公众的需要,其目的是在各种不同的制度关系中运用权力去引导、控制和规范公民的各种活动,以最大限度地增进公共利益。②

以法治路径促进网络意识形态安全治理,重点在治理,这与简单的网络管制是不同的,其背后是两种不同思维观念的差异。实践中,如果只是一味地对网络进行管制,并不能有效化解诸多网络意识形态安全问题。更何况,网络技术本身的特点也决定了,任何主体要对网络技术进行完全控制和垄断都是徒劳的。比如,尼尔·沃什伯恩(Neil Washbourne)研究认为,互联网的发展,使信息生产者和信息消费者之间被严格控制的边界,以及不同信息传播者之间的不平等地位,在印刷媒介特别是在广播和电视等媒介中所强调的边界受到了挑战,并且这些信息传播的障碍也往往被绕过。③ 特别是网络技术的不断更新及网络互动平台日益丰富,更是有力地扩展了公民自由权利的范围和空间。虽然政府通过各种方式也在努力对互联网进行规范和管理,但此时却失去了对网络信息传播媒介和网络传播内容完全垄断和控制的能力。

诸多网络意识形态安全问题,其实正是我国社会转型发展中所累积的矛盾和问题借助网络通道的一种特殊呈现,而这些矛盾和问题的解决离不开政府与社会之间畅通的互动、交流。当然,这种互动必须是基于网络媒介运用的一种双向互动,既包括社会各群体自下而上的利益诉求表达、对相应问题的反映、对政策议程的建议和意见,也包括政府自上而下的对多元化网络民意的回应和整合、对网络空间反映问题的及时解决、对网络舆情的积极引导等。唯有在这种双向的网络互动中,才能有效地化解社会转型发展中所累积的种种矛盾和问题。这种双向的网络互动是政府有效应对网络意识形态安全问题的前提,直接决定着网络意识形态安

---

① 余潇枫:《中国非传统安全能力建设:理论、范式与思路》,北京:中国社会科学出版社2013年版,第56页。
② 俞可平:《论国家治理现代化》,北京:社会科学文献出版社2015年版,第18~23页。
③ Neil Washbourne, Mediating Politics: Newspapers, Radio, Television and the Internet, Maidenhead: Open University Press, 2010, p.123.

全的治理成效。

在中国,大众媒介本来就具有特殊的"喉舌"功能,它直接或间接地反映党和政府的政治立场、政治主张和政治观点,通过控制大众传播工具,引导社会舆论,一个重要原因就是要确保基本的社会政治秩序,维护社会稳定。在传统媒介环境下,政府可以通过垄断媒介所有权,以及媒介机构对传播内容进行层层过滤和把关等方式,对传播内容进行严格管制,但在网络时代这种做法已不再有效,这是由网络媒介自身以及网络社会的特点决定的。正如有研究所提出的,实现网络意识形态回归主流意识形态的价值诉求,要求既关照技术自然属性特质带来的技术理性标准适用范围的扩大化,又要防止价值引导特质带来的多元价值取向的消极化。①

在思维观念上,我们必须认识到,网络不是"洪水猛兽",不能一味地对其进行"管制",这样只会使政府在新的网络环境下处于被动地位。著名学者库伊曼在研究现代治理问题中指出:"互动联系为社会政治治理开创了一条路或带来了潜在可能性:有目的和有计划的干预。相互影响和干预是公私之间、政府和社会之间的治理互动的两种形式。在相互影响中,政府的各个部分就像社会组织一样是相互的行动者。这些互动有巨大的治理能力。"②

强调以法治路径促进网络意识形态安全治理,必须跳出传统的管制思维局限。虽然硬权力是必要的存在,但它不应成为主导网络空间治理的主要因素。应该看到,"互联网的巨大自由空间使社会人的个体意识更加突出,对原有的社会道德和规范提出了挑战。并且,互联网上已经形成意识形态激烈交锋和冲突之势,一些人呈现现实生活和虚拟世界两面化的面孔,端碗吃肉,上网骂娘。网络上的海量信息和错综复杂的交往关系,使得传统意义上的行政管理力不从心。网络空间是现实社会的延伸和拓展,也是现实社会的映射,维护网络空间安全仅靠政府不够,必须让社会广泛参与,打一场'人民战争'"③。而这正需要治理的作用,说到底,需要思维观念的革新。具体到网络意识形态安全治理来说,我们真正需要的,是切实转变传统的管制思维,基于治理理念促进网络空间各行为主体的有机互动,形成良好的网络空间生态,进而促进网络空间各种意识形态安全问题的解决。

(三)一元主导与多元共生

在国家整体的改革发展中,意识形态处于极端重要的地位,发挥着固本强基的作用。在网络社会背景下,特别是网络技术革命与社会转型的交织,以及外部发展

---

① 张卫良、龚珊:《网络意识形态的二重性特质与主流意识形态安全维护》,《中南大学学报(社会科学版)》2020年第1期,第137~143页。
② 俞可平:《治理与善治》,北京:社会科学文献出版社2000年版,第233页。
③ 杜飞进:《中国的治理:国家治理现代化》,北京:商务印书馆2017年版,第183页。

环境的深刻变化,我国意识形态安全面临多种挑战和威胁:一方面,随着改革进入深水区、攻坚期,社会上出现各种杂音,而新的传播方式变革又存在无限放大各种杂音的可能;另一方面,来自西方资本主义国家的各种社会思潮、文化、信仰、价值观不断涌入,无形中增加了网络意识形态安全治理的难度。

其实,对于当今任何国家来说,其社会中都不可能只存在一种单一的意识形态,而是多种意识形态并存。对于执政者来说,一个重要任务就是不断强化人们对主流意识形态的认同。这是因为如果文化多元并存却没有一元指导,势必会导致社会文化发展走错方向,文化走向堕落、国家文化安全受到威胁,进而会影响其执政根基。[1] 坚持马克思主义在意识形态领域指导地位的根本制度,强化马克思主义在意识形态领域的指导地位,是中国特色社会主义发展的本质特征使然。

党的十八大以来,以习近平同志为核心的党中央立足于新的时代特征和现实需要,对党的意识形态工作进行了明确的战略定位。比如,习近平总书记指出:"我们要深刻认识经济基础对上层建筑的决定作用,深刻认识上层建筑对经济基础的反作用,既要有硬实力,也要有软实力,既要切实做好中心工作,为意识形态工作提供坚实物质基础,又要切实做好意识形态工作、为中心工作提供有力保障;既不能因为中心工作而忽视意识形态工作,也不能使意识形态工作游离于中心工作。"[2] 同时强调:"面对改革发展稳定复杂局面和社会思想意识多元多样、媒体格局深刻变化,在集中精力进行经济建设的同时,一刻也不能放松和削弱意识形态工作,必须把意识形态工作的领导权、管理权、话语权牢牢掌握在手中,任何时候都不能旁落,否则就要犯无可挽回的历史性错误。要按照高举旗帜、围绕大局、服务人民、改革创新的总要求,做好宣传思想工作,加强社会主义文化建设,壮大主流思想舆论,重点推动统一思想、凝聚力量。"[3] 这些重要论述,充分表明了我们党对意识形态工作的认识的不断深化,对意识形态工作规律的把握达到了新的高度。

历史上,由于对主流意识形态的主导地位维护不力而导致的国家动荡、社会失序的例子比比皆是。在苏联共产党总书记戈尔巴乔夫执政以前,苏联的信息传播制度是一种由共产党和政府严格控制的,所倡导的是"马克思提出的政权应该牢固掌握和控制被他称作'生产和分配意见'的大众传媒的观点"。戈尔巴乔夫执政以后,大力提倡民主化和公开化运动,1990年7月12日,通过了苏联历史上第一部媒体法《报刊及其他大众传媒法规》,宣布所有依法建立的组织都有权建立媒介机构,提倡新闻舆论自由和学术创作自由,让"法案把苏联转变为一个'开放的社会',

---

[1] 张志丹:《意识形态功能提升新论》,北京:人民出版社2017年版,第75~76页。
[2] 中共中央文献研究室:《习近平关于社会主义文化建设论述摘编》,北京:中央文献出版社2017年版,第21页。
[3] 中共中央文献研究室:《习近平关于社会主义文化建设论述摘编》,北京:中央文献出版社2017年版,第34页。

并确立一种获取国内和国际信息的全新方式……以一种明确的新闻自由和信息自由观念"①。因此,大众媒体逐渐摆脱了苏联共产党与政府的控制,获得了独立的地位。政治信息的自由传播以及各媒体对苏联共产党和政府的批评和攻击,造成苏联统一的意识形态迅速衰落,党和政府的合法性和权威急剧下降。多元而自由的信息传播导致舆论失控,进而造成意识形态严重衰落,而意识形态的衰落正是苏共垮台与苏联解体的重要原因。这正验证了西方学者的研究结论,即"传媒与国家之间的不协调敲响了民族国家消亡的丧钟"②。

坚持中国共产党的领导,是中国特色社会主义的显著特点和最大优势。"党的领导权包括党对国家和社会的政治领导权、组织领导权和思想领导权。领导中国革命和建设的伟大实践,首要的是思想领导,这是我们党非常重视意识形态斗争,党对意识形态领导权和管理权掌控始终毫不松懈的根据。"③强化意识形态工作,确保马克思主义主流意识形态在意识形态领域的指导地位,这是必然要求。

然而,这并不是说,为了有效维护意识形态安全,就只能让社会之中存在一种意识形态。强调一元主导,即意识形态领域要充分发挥马克思主义的指导地位,不断增强马克思主义主流意识形态的凝聚力和引领力。但现代社会的发展特点决定了一个社会中不可能只存在一种意识形态,任何国家都是多种意识形态并存,只是不同的意识形态所占据的位置不同而已。因此,在意识形态领域,一个客观实际便是多元化意识形态的共生,即思想文化的多元并存。

有研究指出:"意识形态是阶级社会不同社会集团经济利益和政治诉求的观念体系。如同过去一切社会的意识形态状况一样,社会主义意识形态也是一个复杂的多样性领域,这种多样性是对社会经济生活客观现实的反映,由我国的基本经济制度和基本政治制度所决定,马克思主义在社会主义意识形态领域中居于主导地位,这种一元主导与多样存在之间有着对立统一的关系,是社会主义意识形态建设的基本矛盾。否定马克思主义在意识形态中作为指导思想的一元化地位,最终会使我们失去社会主义;而否定了社会主义意识形态领域存在状况的多样性,又最终会使我们失去坚持马克思主义一元指导地位的理论和事实依据,因为马克思主义这种一元指导的地位和作用,是通过多样性体现出来的。"④

原因就在于:"意识形态工作的本质是有关人的思想的工作,不同人的思想活动之间,总是具有差异与共识的关系。对于一个社会而言,共识是一个社会的精神支柱,是维护社会团结和稳定的重要条件,如果一个社会、一个国家在重大问题上

---

① [英]约翰·埃尔德里奇:《获取信息:新闻、真相和权力》,张威、邓天颖,译,新华出版社2004年版,第65~66页。
② [日]猪口孝,等:《变动中的民主》,长春:吉林人民出版社2011年版,第97页。
③ 张志丹:《意识形态功能提升新论》,北京:人民出版社2017年版,第75页。
④ 杨河,等:《当代中国意识形态研究》,北京:北京大学出版社2015年版,第300~301页。

没有一定的共识,那么这个社会、这个国家将难以为继。然而,一个社会的思想又不可能千篇一律,一定差异性的存在是必然的。差异就是矛盾,矛盾是事物发展的动力。社会思想的发展过程,就是在差异中不断达成共识的辩证的、矛盾的发展过程。"①

可以说,能否正确处理差异与共识的关系,直接关乎意识形态安全治理能力。邓小平很早就曾指出,"人民群众提出的意见,当然有对的,也有不对的,要进行分析。党的领导就是要善于集中人民群众的正确意见,对不正确的意见给以适当解释。对于思想问题,无论如何不能用压服的办法,要真正实行'双百'方针。一听到群众有一点议论,尤其是尖锐一点的议论,就要追查所谓'政治背景'、所谓'政治谣言',就要立案,进行打击压制,这种恶劣作风必须坚决制止"②,其实也正说明了这一点。事实上,坚持指导思想的一元化与思想文化的多样化的相互统一,是加强社会主义意识形态建设,增强社主义意识形态吸引力和凝聚力要遵循的重要原则。③

网络空间业已成为多元思想文化交流的重要平台,虽然我们强调马克思主义在网络空间的一元主导地位,这是我国意识形态的根本,但不容忽视的是,多种非马克思主义意识形态也同时并存。而且在互联网的虚拟空间里,各种意识形态存在此消彼长的关系。④因此,网络意识形态安全治理,必须正确处理主流文化与多元文化之间的关系。在弘扬马克思主义主流意识形态主旋律的前提下,应促进思想多样性发展,用马克思主义引领多元化社会思潮,进而形成思想合力和价值共识,通过网络空间不断巩固全国人民共同奋斗的思想基础。

随着改革的持续推进,深层社会矛盾凸显,网络空间实际上成了人们表达和参与的主要管道,"井喷"式的话语表达无形中增加了舆论引导的难度。但对此必须要有一个正确的认识,而不能片面化。"网民大多数是普通群众,来自四面八方,各自经历不同,观点和想法肯定是五花八门的,不能要求他们对所有问题都看得那么准、说得那么对。要多一些包容和耐心,对建设性意见要及时吸纳,对困难要及时帮助,对不了解情况的要及时宣介,对模糊认识要及时廓清,对怨气怨言要及时化解,对错误看法要及时引导和纠正,让互联网成为我们同群众交流沟通的新平台,成为了解群众、贴近群众、为群众排忧解难的新途径,成为发扬人民民主、接受人民监督的新渠道。"⑤需要指出的是,我们强调尊重差异,并不是排斥共识,问题是我们应如何通过马克思主义主流意识形态理念去引领多元化的思想表达。因为只有

---

① 杨河,等:《当代中国意识形态研究》,北京:北京大学出版社 2015 年版,第 301 页。
② 《邓小平文选》(第二卷),北京:人民出版社 1994 年版,第 146 页。
③ 黄传新,等:《社会主义意识形态的吸引力和凝聚力研究》,北京:学习出版社 2012 年版,第 203 页。
④ 丁强、牟德刚、孔德民:《突发公共事件中网络意识形态风险的表象、生成与治理》,《思想教育研究》2021 年第 8 期,第 149~153 页。
⑤ 《习近平谈治国理政》(第二卷),北京:外文出版社 2017 年版,第 336 页。

把多样化的思想表达引导在一定的范围内,才能有效避免社会价值观念的混乱,以及由此而带来的社会矛盾和冲突。

在依法促进网络意识形态安全治理的过程中,我们必须要有这样的思维认知,即主流意识形态的巩固与多元社会思潮的发展并不冲突,问题在于如何更好发挥主流意识形态对多元社会思潮的引领作用。"面对日益纷繁多样的社会思潮,需要坦然面对,这是社会经济发展和文明进步的必然趋势;但坚持一元化指导思想,也需要理性接受,这是社会发展的根本规律使然。我们要尊重差异、包容多样,反对以一元取代多样或以多样否定一元,而是要在多样中坚持一元、在一元中包容多样、实现一元与多样的相互统一。"[①]主流意识形态为多元社会思潮提供了价值判断的衡量标准,多元社会思潮的发展为精神文明建设注入了生机和活力,也能促进主流意识形态不断完善。

---

① 黄传新,等:《社会主义意识形态的吸引力和凝聚力研究》,北京:学习出版社2012年版,第209页。

第四章 以法治路径促进网络意识形态安全治理的能力诉求

互联网已然成为意识形态工作的主阵地和最前沿,网络意识形态安全问题值得高度重视。对此,习近平总书记指出,"在互联网这个战场上,我们能否顶得住、打得赢,直接关系我国意识形态安全和政权安全","要解决好'本领恐慌'问题,真正成为运用现代传媒新手段新方法的行家里手。要深入开展网上舆论斗争,严密防范和抑制网上攻击渗透行为,组织力量对错误思想观点进行批驳。要依法加强网络社会管理,加强网络新技术新应用的管理,确保互联网可管可控,使我们的网络空间清朗起来。做这项工作不容易,再难也要做"[①],"必须提高网络综合治理能力,形成党委领导、政府管理、企业履责、社会监督、网民自律等多主体参与,经济、法律、技术等多种手段相结合的综合治网格局"[②],这就对领导干部的网络意识形态工作能力提出了新的要求。

通过法治路径促进网络意识形态安全治理,法治是手段,实现网络意识形态安全是目的。借助法治手段应对各种网络意识形态安全问题,最终必然要落脚于维护和实现网络意识形态安全的能力上。就像有研究所指出的那样,"信息和网络空间的安全问题已成为影响公共权益和社会进步、国家经济繁荣乃至国家安全的重大威胁,直接挑战国家在信息和网络空间的调控和驾驭能力"[③]。基于法治路径防范化解网络意识形态安全风险和挑战,必须注重运用法治解决诸多网络意识形态安全问题能力的提升。

一、以法治路径推进网络意识形态安全治理的能力保障

网络社会的迅猛发展,对党的意识形态工作能力提出了新的要求。"各级领导

---

① 中共中央文献研究室:《习近平关于社会主义文化建设论述摘编》,北京:中央文献出版社2017年版,第29~30页。
② 中共中央党史和文献研究院:《习近平关于网络强国论述摘编》,北京:中央文献出版社2021年版,第56~57页。
③ 王玉凯、高新民:《互联网发展战略》,北京:学习出版社/海口:海南出版社2012年版,第305页。

干部特别是高级干部要主动适应信息化要求、强化互联网思维","不断提高对互联网规律的把握能力、对网络舆论的引导能力、对信息化发展的驾驭能力、对网络安全的保障能力"①。在网络时代,切实提高对网络安全风险的应对能力,是提高领导干部执政本领的特殊要求。当然,这也是切实推进网络意识形态安全治理,进而牢牢掌握网络意识形态工作领导权的重要条件。以法治路径促进网络意识形态安全治理,离不开治理主体的能力保障。

(一)注重依法推进网络意识形态安全治理能力的提升

意识形态是我国现代化过程中非常重要的一个问题,而网络技术的迅猛发展则无形中增加了社会意识形态安全风险。改革开放40多年来,随着社会各领域改革的不断推进,中国经济社会发展取得了显著成就,如今已经是世界第二大经济体。但应该看到,在这个过程中,人们的价值观念、权利意识、利益诉求以及社会结构和利益格局等也随之发生了深刻变化,目前许多社会问题的发生,应该说都与这种变化有关,或者说是这种变化的结果。特别是在如今的网络社会,网络普及程度不断提高,各社会主体借助网络参政议政的广度和深度的变化及其政治影响力的增强,在社会诸种制度安排尚不完善、社会矛盾多发的背景下,社会转型便面临着许多新的变数。事实也表明,网络技术与现实社会矛盾的结合往往会产生巨大的影响,防范化解诸多网络意识形态安全风险和挑战因而就显得尤为迫切。

网络意识形态安全是网络安全的核心和重中之重,能否真正切实维护好网络意识形态安全,决定了我们能否守得住互联网这个意识形态工作的主阵地和最前沿,因此,对于广大领导干部来说,必须提升网络素养,过好网络技术关,要能管、会管、用好互联网。

网络意识形态问题是基于网络技术的发展及广泛运用而产生的,许多问题都是因网而生、因网而增。相比于传统的诸多信息传播媒介,网络媒介有许多显著的特点。正是这些新的特点,增加了意识形态工作的复杂性,以及网络意识形态安全治理的难度,当然,也考验着治理主体维护网络意识形态安全的能力。

总的来说,网络信息传播的显著特点可以概括为以下几方面:

其一,传播媒介的多样性和综合性。传播媒介是信息传播的载体,对信息传播有着深刻影响。网络传播主要是以互联网为核心媒介而进行的信息传播活动,这与传统媒介信息传播有着很大的不同。从传播媒介自身来看,网络信息传播具备多样性与综合性。首先,网络信息传播具有多样性特征。多样性意味着网络传播的媒介方式是多元的,而不是单一的。在网络空间,较为常见的信息传播方式,主

---

① 中国新闻网:《建设网络强国,习近平提出新要求》,2018年4月24日。

要有电子邮件、论坛、各种网络社区、博客、微博、微信,以及各大网站的新闻、时事报道、网络评论等。多样化的技术手段为人们之间进行信息的交流与沟通创造了极为便利的条件。其次,网络信息传播还具有综合性特征。一方面,这种综合性体现在它是集文字、图像、声音、视频于一体的传播媒介,其立体化的传播不仅有利于丰富信息传播的内容,增强信息传播的生动性,还有利于提高信息传播的效果,而报刊、广播、电视等传统政治传播媒介往往只具备某些方面的特征。另一方面,这种综合性体现在它集人际传播、组织传播、大众传播于一身。在互联网这个平台上,人们可以进行"一对一""一对多""多对多""多对一"等各种方式的政治信息交流与沟通,其综合性的特征是传统媒介信息传播所不具备的。

其二,传播内容的丰富性和非垄断性。与传统媒介信息传播相比,网络信息传播在传播内容上有突出的特点。首先,网络信息传播所依赖的网络空间具有海量的信息资源,可以满足人们多方面、多层次的信息需求。人们可以通过各种网站、论坛、博客、微信等方式,根据自身需求获取丰富的信息资源。其次,非垄断性也是网络信息传播区别于传统媒介信息传播的重要特点。在传统媒介信息传播背景下,政府完全掌握媒介所有权,政府和传播机构对信息的传播进行层层过滤。因此,信息传播的内容就受到政府和传播机构的垄断。网络信息传播则不同,虽然各国政府都采取各种方式对互联网进行规范和管理,但此时已经失去了对信息传播内容完全垄断的能力。在网络空间,不仅政府可以借助各种技术手段传播信息,广大民众也能相对自由地获取信息和传播信息,并不受时空限制。在网络信息传播背景下,信息来源的多元化使得任何传播主体都不可能对网络传播内容进行完全垄断,从而突出了非垄断性特征。

其三,传播主体与受众关系的去中心化和较强的互动性。从信息传播主体与受众间的互动关系上来看,网络信息传播具有明显的去中心化特征。去中心化意味着,在信息传播过程中不存在固定的传播中心,不论是政府,还是广大民众,在网络空间都是平等的信息传播主体。因为"互联网络使不同群体在传播信息和表达观点的权力上已趋于均等化。这种均等化意味着,这些不同群体在公共讨论中能够发出合法的声音,并且相关问题都能受到重视,最终都会形成各种政治议题"[①]。网络传播的发展使传统媒介信息传播过程中以政府为中心的传播格局逐步转向了多中心。此外,网络信息传播的去中心化特点,也为不同政治主体之间的有效互动提供了重要保障。网络信息传播带来了传播主体和受众关系的深刻变革,极大地改善了二者之间的政治沟通状况。对于广大传播受众而言,在传统媒介信息传播背景下主要是被动地参与政治,但在网络社会却都成了政治生活的积极参与者。

---

① Neil Washbourne, Mediating Politics: Newspapers, Radio, Television and the Internet, Maidenhead: Open University Press, 2010, p.137.

通过互联网这个平台,人们可以较为自由地表达自己的利益要求、进行政治讨论,并且能和政府进行有效互动,以影响政府施政过程。这种互动性能极大地增强信息传播的效果,特别在改变政府与民众关系格局上发挥着巨大作用。

其四,传播效果更具广泛性和深刻性。任何形式的信息传播,都是为了实现特定目的。而信息传播活动能否顺利实现预期目的,能在多大程度上实现传播目的,就涉及信息传播的效果问题。有效的信息传播能改变传播受众的认知、态度和行为,进而实现其目的,而无效的信息传播则难以实现这些目的,也就达不到预期的传播效果。与传统媒介信息传播相比,网络信息传播在传播效果上更胜一筹,尤其在传播效果的广泛性和深刻性方面更具优越性。中国互联网络信息中心(CNNIC)的统计数据显示,截至2022年6月,我国网民规模已达10.51亿人,网络普及率达到74.4%。如此庞大的网络用户群体,以及多元化的信息传播渠道,无疑会增加网络信息传播效果的广泛性。近年来的诸多事件,经网络广泛传播后,由于广大网民的参与、讨论、形成舆论压力,最终对社会舆论、政府政策、政治文化、司法过程等多个领域都产生了广泛影响。此外,网络信息传播效果还更具有深刻性。网络信息传播的重要特征就体现在,它可以提供全面、多样化的资料,对相关事件进行深度报道。加之信息传播主体与受众的广泛性,信息传播速度之快,以及较强的互动性,特别是对相关事件广泛深入的传播,最终能促使政府相关政策、法规、制度和体制的变更与完善。网络信息传播在传播效果上的这种深刻性,也是传统媒介信息传播所无法比拟的。

互联网已是意识形态安全的全新变量。如果说传统的诸多大众传播媒介技术(书籍、报刊、广播、电视等)在促进国家现代化发展中表现出了巨大影响,那么网络技术的出现及迅猛发展则在这种影响的广度和深度上又有了大大的扩展,意识形态工作的复杂性也进一步增加,对于巩固马克思主义主流意识形态安全等,都是极大的挑战。

在防范化解诸多网络意识形态安全风险和挑战上,必须充分发挥法治的规范和引领作用。我们知道,互联网的迅猛发展,深刻改变着人们的生产生活,有力推动着社会发展,但网络空间绝非"法外之地"。强调以法治路径促进网络意识形态安全治理,必须基于网络技术变革和网络社会发展实际,根据网络信息传播特点,注重依法推进网络意识形态安全治理能力的提升。

(二)依法推进网络意识形态安全治理能力的构成

研究网络意识形态安全治理的法治路径问题,必须要明确依法推进网络意识形态安全治理的能力构成。政府能力是现代政府的重要评价指标,受多方面因素影响,正如鲁恂·W.派伊在研究中指出的,政府能力同政府作为以及影响这些作为的条件有密切关系。① 对我国来说,在既有的政治参与和政治表达机制还不健全的情况下,互联网的出现就成了社会各主体权利表达的主渠道,这也折射出网络的发展对转型中国的特殊影响。"对于前互联网时代的普通公民而言,信息来源途径单一,政治参与管道稀少,自由言说空间有限,个体的政治行为基本处于被压制的状态。但是,随着互联网的兴起、扩张,使得以网络为传播媒介和公共平台的公民政治表达、虚拟社群的集结甚至有组织的政治抗议都在迅速增加。"②这种背景下,只有具备了较强的网络意识形态安全治理能力,才能适应国内外发展环境的各种变化,进而有效应对网络空间复杂的意识形态安全问题。

的确,网络的发展及其广泛运用极大地激发了社会各主体主动获取和传递信息、参政议政的热情和积极性,但所带来的问题也是显而易见的,日益凸显的网络意识形态安全问题就是重要体现。

其一,网络信息本身的自由信息传播给意识形态安全带来的挑战。关于网络政治的兴起与发展对政治发展的影响,众多学者在其研究中都有所涉及。如把网络媒体当作一个重要的传播媒体,进而分析其对政治的影响的代表性的研究,如盖里·罗斯利(Gary D. Rawnsley)2005 年的《政治传播与民主》(*Political Communication and Democracy*)、凯汀·福特曼(Katrin Voltmer)2006 年的《新兴民主国家的大众媒体与政治传播》(*Mass Media and Political Communication in New Democracies*)等等。英国学者查德威克在《互联网政治学:国家、公民与新传播技术》中采用比较研究的方法,从传播的角度分析了网络媒体对政党与选举、压力集团、社会运动、地方民主、公共机构和全球治理等方面的影响。通过美国、英国和其他许多国家的大量案例分析和研究,揭示了互联网对人们如何"从事"政治以及如何理解政治生活所产生的重要影响。

当然,也有学者反思了互联网对政治的负面影响,认为互联网的兴起与发展对民主政治的发展所起的作用不是推动,而是相反的作用,代表性的研究如罗伯特·W. 麦克切斯尼的《富媒体穷民主》和 W. 兰斯·班尼特《新闻:政治的幻象》等。罗伯特·W. 麦克切斯尼认为互联网的发展带来的不是自由竞争,而是垄断和求大于供的结局,在承认互联网对政治发展的积极作用的同时更突出了其带来的消极影响。美国学者安德鲁·基恩在《网民的狂欢:关于互联网弊端的反思》中认为,在 Web 2.0 的世界中,我们的世界观、我们的文化正在遭遇大批"业余者"的攻击,网络"剪贴文化"窃取了学者、艺术家、编辑、制片人辛勤创作的成果,并指出,误用科技将对人类价值观、经济与创造力造成严重伤害。尤其是当一知半解的业余者与受过训练的专家变得模糊难辨,让人开始质疑信息的可信度之际,真相将成为可

---

① [美]鲁恂·W.派伊:《政治发展面面观》,任晓、王元,译,天津:天津人民出版社 2009 年版,第 63 页。
② 李永刚:《我们的防火墙:网络时代的表达与监管》,桂林:广西师范大学出版社 2009 年版,第 149 页。

买卖与包装的商品,作者通过分析提醒人们,勿沉醉于民主理想,却扼杀了专业主流媒体的存在意义。

对于我国来说,网络媒介自身的信息传播特征,加剧了意识形态安全风险。比如,郑永年在《技术赋权:中国的互联网、国家与社会》①分析了网络在我国的兴起与发展分别对国家与社会产生的影响,从而影响国家-社会关系,并探讨了国家和社会如何通过网络公共空间相互影响。网络赋权是一个客观的现实。网络的使用重塑了国家与社会的关系,进一步增强了社会对国家的影响。从意识形态安全来说,网络媒介本身相对自由的信息传播,是一个不可忽视的变量。

互联网实现了信息的广泛传播,一些思想观念在感性形象展示后,得到了广大基础社会成员的理解,表现出了强大的社会支配权力和社会重构作用,形成了强大的"认同的力量",导致社会心理与思想理论、国家意识形态之间出现了分离,所以,网络技术的运用使得传统的意识形态发生了深刻变化。②

其二,虚拟空间对现实社会的巨大冲击会对主流意识形态安全带来消极影响。网络空间是一种"公共平台""共有媒体",任何政治主体或机构都难以对其进行完全的垄断和控制,这种特性使其成了一个"民意集散地""问题反映地",网络空间于是出现了一种"众声喧哗"的局面。社会转型中出现的矛盾和问题,比如弱势群体的权利保护、社会暴力、城管执法、官员腐败等,在网络空间都有充分反映。时常会见到的状况是,某一事件的发生,立即会在网络空间引起广泛的关注,经过大量的讨论,产生共鸣,加之意见领袖的作用,会使事件不断发酵、升级,以至形成强大舆论压力,对政府施政构成冲击。

改革开放以来,我国经济社会发展取得了巨大成就,人们的物质文化生活水平有了很大提高,国际影响力明显增强。然而,我们不得不面对的一个重要问题是,我国的经济社会发展具有严重的不平衡性。这种发展的不平衡性突出体现在地区发展差距拉大、贫富差距拉大、社会结构分化、社会文化多元化。从地区发展上来看,城乡发展的差距、不同地区之间的发展差距不断拉大,社会中几个时代的成分同时并存,互相之间缺乏有机联系,③呈现出一种断裂的状态;从贫富差距上来看,"这不仅仅是因为低收入阶层的相当部分人出现了实际收入下降的情况,更重要的是人们关于贫富差距的社会心态发生了很大的变化,甚至影响了人们对社会公正的信念,这是比较危险的。"④人们的社会心态成为影响社会发展及社会稳定的重要因素;从社会结构分化的角度来看,随着现代化的推进,社会不断分化尤其是阶

---

① 郑永年:《技术赋权:中国的互联网、国家与社会》,邱道隆,译,北京:东方出版社2014年版。
② 苗国厚:《网络意识形态生成机理探究》,《学校党建与思想教育》2018年第4期,第29~31页。
③ 孙立平:《断裂:20世纪90年代以来的中国社会》,北京:社会科学文献出版社2003年版,第14页。
④ 李培林:《另一只看不见的手:社会结构转型》,北京:社会科学文献出版社2005年版,第98页。

层分化和各类利益群体的产生,必然会产生各种矛盾和冲突,进而影响社会秩序;从社会文化多元化的角度来看,各种不同的思想观念、文化间往往存在紧张的关系。互联网的迅猛发展打破了传统的信息封锁和控制,加之网络政治参与作为一种新的参与方式也迅猛发展,使得现实社会的大量矛盾和问题都在网络空间中反映了出来,在诸多因素的促动下,很可能使长期积累的民怨一涌而出,造成舆论失控,最终演化成极具破坏性的力量。这不仅会从不同角度影响政府在民众心中的形象,消解其政治合法性,还会影响主流意识形态安全。

其三,现实社会对网络空间反映问题的不当应对容易消解社会对主流意识形态的认同,影响意识形态安全。互联网的迅猛发展为社会各主体进行政治表达、政治参与、实施政治监督,进而影响政治过程提供了便利条件。在既有的政治表达和参与渠道不畅通的前提下,网络的发展则为人们实施诸多权利提供了便捷通道。尤其重要的是,互联网还为政治动员提供了大量的可供动员的人群资源,大量涌现的网络虚拟社区提高了网络政治动员的组织化程度,网络时空虚拟效应使网络政治动员具有可操作性,网络的超文本和超链接组合也增强了政治动员的说服力。[①]这样,多样化的网络政治参与、网状的信息传递格局,特别是高效的网络政治动员与现实社会矛盾结合,往往会诱发重大舆情事件,以至于最后造成巨大的社会政治影响。

比如,2012年7月28日在江苏启东发生的震惊中外的大型群体性事件,即"启东7·28事件",就充分说明了这一点。事件起因于当地民众对日本王子纸业在启东建厂排污的抗议,民众向当地政府部门反映问题未果,便多次借助网络渠道向政府表达了真实的利益诉求,但并未得到回应,最终演变为大规模群体抗议事件。事实表明,在面对网络空间所反映的各种民生问题时,政府部门如果不能有效应对和妥善处理,就容易激化矛盾,破坏政府与社会之间的信任关系,进而影响公众对社会主流意识形态的认同,加剧了意识形态安全风险。

通过上述分析,可以看出,以法治路径促进网络意识形态安全治理,必须具备三种基本能力:

其一,把握网络信息传播规律的能力。网络意识安全反映的是网络技术变革和政治体系间的一种互动关系,因而其本身具有鲜明的技术特性。如今,对网络技术的广泛运用,使得"网络化生存"或者说"数字化生存"成为人们一种全新的社会存在方式。人们可以通过极低的成本,构建出整个人类社会个体与个体之间的全向链接,即任何一个个体可以与任何一个遥远的个体形成直接的即时链接而不需要任何中介方式也不需要付出额外的成本,这种状况促使了一种人类社会前所未

---

① 娄成武、刘力锐:《论网络政治动员:一种非对称态势》,《政治学研究》2010年第2期,第74~86页。

有的强链接形态的形成。① 作为一种巨型生活工具，互联网本身是一个高技术符号的交换系统，它所提供的基本功能即所谓的"在线沟通"，人们利用这一沟通工具，可以有选择地进行各种互动，实现点面交织的网状沟通，正是这种虚实兼在的生活样态，奠定了网络治理的技术基础。② 诸多网络意识形态安全问题是由网络技术的政治运用而引发的，因而依照网络技术的特殊运作逻辑规范和引导网络技术运用，是防范化解纷繁复杂的网络意识形态安全风险的重要内容。

互联网就其作为一种信息传播媒介来说，与报刊、广播、电视等传统大众媒介是一致的，但由于自身的诸多优越性，其又迥异于传统的大众媒介形式，而且其广泛运用及其所产生的影响远远超出了传统大众媒介的范畴。比如《国家网络空间安全战略》在分析网络技术给社会发展带来的机遇时指出，它是信息传播新渠道、是生产生活的新空间、是经济发展的新引擎、是文化繁荣的新载体、是社会治理的新平台、是合作交流的新纽带、是国家主权的新疆域；在分析网络技术带来的挑战时，特别指出利用网络干涉他国内政、攻击他国政治制度、煽动社会动乱、颠覆他国政权，以及大规模网络监控、网络窃密等活动严重危害国家政治安全。也正是网络技术对意识形态领域的介入及广泛运用，催生了网络意识形态这种新的意识形态安全形态，其鲜明的技术特性，内在地决定了网络意识形态安全治理，必须要注重把握网络信息技术规律。实践中，要顺势而为、因势利导，把握信息网络时代意识形态工作的特点和规律，用好用活网络平台，"要高度重视网上舆论斗争，加强网上正面宣传，消除生成网上舆论风暴的各种隐患"③，以更好地提升网络意识形态安全工作成效。

党的十八大以来，以习近平同志为核心的党中央高度重视国家网络安全工作，《中华人民共和国网络安全法》的颁布实施，使网络安全保障能力得到加强。实践中，不论是明确提出"没有网络安全就没有国家安全"，还是强调"树立正确的网络安全观"，都体现了我们党在网络安全治理方面的探索和创新。但也要清醒地看到，当前，世界范围的网络安全威胁和风险日益突出，重大网络安全事件时有发生，我国网络安全保障体系仍然需要进一步完善，不断加剧的网络安全风险和防护能力不足的矛盾日益凸显，成为当前网络安全治理中要解决的突出问题。因而，掌握和利用网络信息传播规律，切实筑牢国家网络安全屏障，营造风清气正的网络空间生态，是网络意识形态工作中迫切的能力诉求。

其二，对网络空间各种信息的反应能力。单向的传播是传统媒介背景下信息

---

① 何哲：《网络社会时代的挑战、适应与治理转型》，北京：国家行政学院出版社2016年版，第5页。
② 何明升，等：《网络治理：中国经验和路径选择》，北京：中国经济出版社2017年版，第10~11页。
③ 中共中央党史和文献研究院：《习近平关于网络强国论述摘编》，北京：中央文献出版社2021年版，第55页。

传播的一个明显不足或者缺陷。对于传统的信息传播媒介来说,其传播特征都是单向的线性传播,即自上而下的传播信息,在这种传播模式下,民众只能被动地接收这些媒介所传播的信息。报刊是以文字、图像的形式来传播信息的,广播主要是以声音传播为主,听众只能被动收听,而电视也是一样,虽然它集文字、图像、声音于一体,但仍然是一种单向的传播。在现代社会中,信息传播主要是双向的传播,政府可以自上而下地传递政务信息、阐释政策方针等,以赢得社会民众的支持,广大民众也可以通过各种方式向政府自下而上地传播信息,进行各种利益表达,反映各种利益要求和愿望。特别是网络信息技术的发展,更进一步强化了这种双向的信息传播。

网络空间作为一种新的信息传递空间,已经对传统的信息传播方式产生了多方面的冲击,比如信息量的冲击。信息量即媒介所承载的信息容量,网络信息传播之所以能对传统媒介政治传播在信息量上造成巨大的冲击,就是因为网络传播所依赖的媒介——互联网上拥有海量的信息资源,这些信息可以满足不同群体的信息需求。在传统媒介时代,信息量的不足往往不能很好地满足受众的信息需求,不论是报刊、广播还是电视,这一缺点都共同存在。在基于报刊而进行的信息传播过程中,受报刊版面的限制,在报刊上出现的信息也只是报社或编辑认为是重要的信息,所以,其信息容量是非常有限的。广播和电视都是一种单向的线性传播,信息只能在规定的时段内完成。而网络信息传播则克服了传播媒介传播在信息量上不足的局限。互联网的开放性及其众多信息交互平台,能为人们提供多方面的信息渠道。某一事件的发生,人们不但可以在互联网上对其进行全景式的跟踪观察,而且多方面的意见、评论等,都会在网络上汇聚,所以,丰富的信息量能增强信息传播的效果。

再如,时效性的冲击。时效性对于信息传播是非常关键的,因为人们都想要在第一时间内对相关的信息进行把握。对于广大民众来说,可以及时了解国家大事,对于政府,在最短的时间内把握相关信息有利于及时做出相关决策。网络信息传播在时效性方面有独特的优越性,人们通过网络发布相关的政治信息,并不需要特别的程序,增强了信息传播的时效性。如某一重大事件发生后,最先就是由网友在网络上发起讨论、转发等,之后才有大量的传统媒体的跟进和报道。因为传统媒介信息传播在对相关信息的传播过程中,往往要经过一系列的程序,如写稿、排版、印刷等,当相关的信息与受众见面时,往往同事件的发生时间之间有了较大的时间差距,这就影响了信息传播的实效性,人们并不是在第一时间内知晓相关信息的。网络信息传播则不同,它不仅对相关信息的报道较为及时,而且信息更新较快,能反映最新的时政动态,而实效性的特征则是传统媒介信息传播不具备的。如今,在传统媒体与网络新媒体的融合发展中,信息传递的时效性已经大大提高,但网络信息传递的时效性优势仍然是其突出特点。

正是因为网络信息传递的特点,我们在应对诸多网络意识形态安全问题方面,对网络空间的各种信息的反应能力至关重要。网络信息传播对传统媒介政治传播在传播模式上产生了重大的冲击,这是因为互联网的发展,为人们通过互联网这个平台进行政治信息的交流与沟通创造了条件,且这种交流与沟通是双向的传播,从而突出了受众的主体性地位。网络信息传播颠覆了第一媒介使得的传播逻辑,在网络信息传播的环境之下,传播的特征表现出"去中心化"和"双向性",其蕴含着远胜于报纸、广播、电视的巨大影响力。可以看出,网络信息传播对传统媒介信息传播在传播模式上的冲击是巨大的,具体来看,这是双向的信息传播模式对单向信息传播模式的冲击。这种冲击一方面是由于网络传播的双向传播特征能增强信息传播的效果,另一方面是由于这种去中心化的传播模式能充分发挥传播主体与受众的主动性,且能实现充分的互动,进而更有利于改善政府与社会的关系,提升社会治理成效。

其三,依法解决网络空间反映问题的能力。对我国来说,自20世纪90年代中期以来,网络信息传播的兴起与迅速发展对政府与社会关系产生了巨大的影响,使这种关系逐渐由单向的自上而下的影响向双向互动的方向发展。在信息沟通方面,政府与社会的不平衡关系得到了到改善,逐步打破了以政府为中心的结构性关系而向去中心化的方向发展,社会主体对政府的影响力日趋增强,二者间互相影响的特点日益明显。正是在网络信息传播对政府与民众关系的影响之下,社会各主体特别是广大民众逐步改变了传统媒介信息传播背景下对政府的心理、态度和行为方式以及与政府关系的结构性特征,逐步形成新的政治文化特征。这种新的政治文化源于政府与社会关系特征的改变,它更强调社会主体对政府过程的民主参与和介入,更强调与政府的平等地位和主体意识,更注重发挥其主动性,更注重对权利的尊重、维护与争取,这些都是现代政治文化的重要特征和表现。

实践中,不论是对网络民意的吸纳,对模糊认识的及时澄清,还是对社会怨气怨言的及时化解,对错误认识的及时纠正,以及对待网络空间不同的声音特别是对政府的批评和监督等,都需要有一种开放、包容的网络认知。对于网上热点问题,要线上线下共同发力,多做解疑释惑工作,决不能失语失声,更不能消极应对。只有加强线上互动、线下沟通,把网上舆论引导和网下思想工作结合起来,既会"键对键"又能"面对面",才能在有效解决人民群众面临诸多问题的基础上形成合力,把广大网民凝聚到党的周围,巩固全党全国人民团结奋斗的共同思想基础。这样才能有助于逐步化解各种社会矛盾和问题,增强党和政府在网络社会的适应能力,进而提升网络意识形态安全治理能力。

二、核心能力：借助于法治牢牢掌握网络意识形态工作领导权

以法治路径促进网络意识形态安全治理，需要治理主体不断提升自身运用法治思维和法治方式防范化解网络意识形态安全风险和挑战的能力。在诸多能力构成要件中，借助法治牢牢掌握网络意识形态工作领导权是核心能力。

（一）牢牢掌握网络意识形态工作领导权的法治诉求

如前所述，推进网络意识形态安全治理，离不开法治的作用。不断加强互联网领域立法，完善网络信息服务、网络安全保护、网络社会管理等方面的法律法规，依法规范人们的网络行为，是有效解决纷繁复杂的网络意识形态安全问题的重要内容。网络意识形态安全治理必须满足其日益增长的法治诉求，而且，基于法治的实施有效应对网络意识形态安全问题，也是建设"法治中国"的题中应有之义。

《国家网络空间安全战略》在分析网络安全战略的原则时，特别强调了依法治理网络空间，即"全面推进网络空间法治化，坚持依法治网、依法办网、依法上网，让互联网在法治轨道上健康运行。依法构建良好网络秩序，保护网络空间信息依法有序自由流动，保护个人隐私，保护知识产权。任何组织和个人在网络空间享有自由、行使权利的同时，须遵守法律，尊重他人权利，对自己在网络上的言行负责"。

《"十三五"国家信息化规划》也指出，要"依法加强网络空间治理。加强网上正面宣传，用社会主义核心价值观、中华优秀传统文化和人类优秀文明成果滋养人心、滋养社会，做到正能量充沛、主旋律高昂，为广大网民特别是青少年营造一个风清气正的网络空间。推进依法办网，加强对所有从事新闻信息服务、具有媒体属性和舆论动员功能的网络传播平台的管理。健全网络与信息突发安全事件应急机制，完善网络安全和信息化执法联动机制。顺应广大人民群众呼声，重点加大对网络电信诈骗等违法行为打击力度，开展打击网络谣言、网络敲诈、网络诈骗、网络色情等专项行动。加强网络空间精细化管理，清理违法和不良信息，防范并严厉打击利用网络空间进行恐怖、淫秽、贩毒、洗钱、诈骗、赌博等违法犯罪活动，依法惩治网络违法犯罪行为，让人民群众安全放心使用网络"。

《"十四五"国家信息化规划》进一步明确，要"完善网络实名法律制度，推进社会公众数字身份管理体系建设，加大数字身份管理体系标准化整合衔接。探索公众网络行为与社会信用体系衔接机制，强化线上线下协同治理。完善网络综合执法协调机制，加强对未成年人网络保护工作的监督检查，严厉打击网络违法犯罪。鼓励社会主体依法参与网络内容共治共管，畅通社会监督、受理、处置、反馈、激励闭环流程，激活社会共治积极性。大力弘扬社会主义核心价值观，拓展多元化网络

宣传平台和渠道,加强正能量信息宣传,营造风清气正的网络空间"。

意识形态决定文化前进方向和发展道路,对一个政党、一个国家、一个民族的生存发展至关重要。"我们在集中精力进行经济建设的同时,一刻也不能放松和削弱意识形态工作。"①因此,必须不断加强党对意识形态工作的全面领导,把意识形态工作的领导权牢牢掌握在手中。当前,世界格局正处于激烈变动之中,国内改革发展也出现许多新情况,我们必须高度重视做好党的意识形态工作,牢牢把握"两个巩固"根本任务,把增强"四个意识"、坚定"四个自信"、做到"两个维护"作为建设社会主义意识形态的关键,坚持用习近平新时代中国特色社会主义思想武装全党、教育人民,深入培育和践行社会主义核心价值观,不断增强社会主义意识形态的凝聚力和引领力。

为进一步推动意识形态工作,党中央先后出台了《党委(党组)意识形态工作责任制实施办法》《党委(党组)网络意识形态工作责任制实施细则》,以党内法规形式对意识形态工作责任制做出制度规定,明确了各级党委(党组)抓意识形态工作的主体责任。各省也相应出台了《党委(党组)意识形态工作责任制实施细则》《党委(党组)网络意识形态工作责任制实施细则》,进一步明确相关主体在意识形态工作中的责任。在开展意识形态工作过程中,要不断增强狠抓意识形态工作的积极性、主动性,树立责任意识和担当精神,严格实行意识形态工作责任制,把意识形态工作的实效纳入考核体系,按照谁主管谁负责的原则,落实责任分工,对出现错误倾向的重大问题并造成不良影响的,严肃追究相关责任人的政治责任。

网络技术的迅猛发展及其在社会各领域运用,悄然改变了既有的意识形态格局。在前网络社会,主流意识形态传播一直都掌握着优势的资源,各种非主流意识形态,也就是各种社会思潮,很难凭借主流媒体发出声音,受众范围十分有限。但网络技术革命的推进以及由此而导致的信息传播格局的变化,大大改变了这种意识形态传播状况。相比于传统的大众信息传播媒介,互联网无论是在信息传播媒介本身、信息传播内容,还是在传播方式以及传播的影响力方面,都具有自身特殊的逻辑。网络媒介对意识形态领域的渗透和介入,给意识形态安全治理增加了新的难题。

特别是西方反华势力利用其掌握的网络资源和技术优势,鼓吹所谓"网络自由",加紧通过互联网对我国进行意识形态渗透,妄图以此"扳倒中国"。境内外敌对势力在网上相互呼应,造谣诬蔑、借题发挥、小题大做、挑拨离间,制造大量混淆视听的负面舆论,恶意抹黑中国的国家形象、政府形象和社会基本面,起劲地"唱衰"中国。尽管他们打着种种冠冕堂皇的旗号,其目的就是要同我们党争夺阵地、

---

① 中共中央文献研究室:《习近平关于社会主义文化建设论述摘编》,北京:中央文献出版社2017年版,第21页。

争夺人心、争夺群众,最终推翻中国共产党的领导和中国特色社会主义制度。如果听任这些言论大行其道,势必搞乱党心民心,危及社会和谐稳定和国家政权安全。①

而要想更好地规范网络空间各行为主体的行为,应对网络安全风险,促进意识形态安全,就必须将法治的精神和要求嵌入网络治理全过程。"网络空间同现实社会一样,既要提倡自由,也要保持秩序。自由是秩序的目的,秩序是自由的保障。我们既要尊重网民交流思想、表达意愿的权利,也要依法构建良好网络秩序,这有利于保障广大网民合法权利。"②所以,有效应对各种网络意识形态安全问题,其本身就内涵了法治诉求。没有法治,就没有网络安全,网络意识形态安全也无从谈起。

(二)网络意识形态工作领导权是网络意识形态安全治理的核心

互联网的快速发展和普及,导致整个社会的舆论环境、媒体格局等都发生了深刻变化。基于社会转型,人们的价值观念多元多样多变,各种社会思潮此起彼伏,网络空间各种极"左"或极右的观点和言论的传播,影响了网络意识形态安全。特别是西方敌对势力一直妄图利用互联网对中国进行渗透和破坏,增加了网络意识形态的安全风险。如前所述,互联网已是意识形态领域斗争的主阵地、最前沿。实践中,我们要以更有力的举措、更有效的手段,把意识形态工作的领导权牢牢掌握在手中,使全体人民在理想信念、价值理念、道德观念上紧紧团结在一起。所以说,牢牢掌握网络意识形态工作领导权,是网络意识形态安全治理工作的核心任务。

习近平总书记指出:"我们要深刻认识经济基础对上层建筑的决定作用,深刻认识上层建筑对经济基础的反作用,既要有硬实力,也要有软实力,既要切实做好中心工作、为意识形态工作提供坚实物质基础,又要切实做好意识形态工作、为中心工作提供有力保障;既不能因为中心工作而忽视意识形态工作,也不能使意识形态工作游离于中心工作。"③针对网络技术发展对意识形态安全的影响,强调"过不了互联网这一关,就过不了长期执政这一关"。"管好用好互联网,是新形势下掌控新闻媒体舆论阵地的关键"④。切实维护网络空间意识形态安全,是新时代中国特色社会主义发展中需要特别重视的问题。

---

① 李宝善:《充分认识意识形态工作的极端重要性》,《人民日报》2013年9月12日。
② 中共中央文献研究室:《习近平关于社会主义文化建设论述摘编》,北京:中央文献出版社2017年版,第37页。
③ 中共中央文献研究室:《习近平关于社会主义文化建设论述摘编》,北京:中央文献出版社2017年版,第21页。
④ 中共中央文献研究室:《习近平关于社会主义文化建设论述摘编》,北京:中央文献出版社2017年版,第42页。

虽然当前我国意识形态领域的总体态势积极健康向上,但各种错误思潮和观点仍不时出现,防范化解意识形态安全风险仍然是一项艰巨任务。只有牢牢掌握意识形态工作的领导权,才能更好地巩固和发展主流意识形态。习近平总书记指出,"我们必须坚持以立为本、立破并举,不断增强社会主义意识形态的凝聚力和引领力",并强调"建设具有强大凝聚力和引领力的社会主义意识形态,是全党特别是宣传思想战线必须担负起的一个战略任务"[①]。实践中,我们需要不断推进马克思主义意识形态建设,形成具有强大凝聚力和引领力的社会主义意识形态,以牢固全党全国各族人民团结奋斗的思想文化基础。

因此,基于意识形态发生的深刻变化,以及所表现出来的特殊性,必须不断增强牢牢掌握意识形态工作领导权的能力。有研究强调:"可以预见,在未来的国际政治、经济、军事、外交竞争和冲突乃至国家内政事务处置等活动中,以信息和网络空间为载体的恶意乃至敌对网络活动将成为常态。"[②]应对网络技术"两面性"带来的挑战,实现网络空间有效治理,必须严格落实依法治网的相关法律法规,以法律为准绳,引领和规范网络空间行为。在网络空间治理的问题上,必须"坚持积极利用、科学发展、依法管理、确保安全的方针,加大依法管理网络力度,完善互联网管理领导体制"[③],"要本着对社会负责、对人民负责的态度,依法加强网络空间治理,加强网络内容建设"[④]。法治在网络空间治理中具有不可替代的作用。以法治路径促进网络空间治理,进而化解诸种网络意识形态安全风险,则是必然要求。

概括来说,目前要牢牢掌握网络意识形态工作领导权,主要涉及如下几方面重要内容:

其一,借助网络媒介积极传播马克思主义,更好发挥马克思主义在网络意识形态领域的指导地位。马克思主义是我们党立党立国的根本指导思想,是社会主义意识形态的旗帜、灵魂,要大力推进马克思主义中国化时代化大众化,建设具有强大凝聚力和引领力的社会主义意识形态。网络空间是意识形态工作的主要阵地,马克思主义不去占领,就会被其他非主流意识形态占领。因此,必须注重创新网络宣传模式,运用网络传播规律,加大对马克思主义理论的宣传力度,壮大主流思想舆论,传播社会主义核心价值观,增强马克思主义意识形态的感染力,使其在入网、入脑、入心的基础上焕发出强大的生机活力。要基于当代中国发展的具体实际,不断赋予马克思主义新的生机活力,使马克思主义展现出更强大、更有说服力的真理力量,要借助各种方式增强马克思主义意识形态的凝聚力和引领力。

---

① 习近平:《举旗帜聚民心育新人兴文化展形象 更好完成新形势下宣传思想工作使命任务》,《人民日报》2018年8月23日。
② 王玉凯、高新民:《互联网发展战略》,北京:学习出版社/海口:海南出版社2012年版,第306页。
③ 《习近平谈治国理政》,北京:外文出版社2014年版,第84页。
④ 《习近平谈治国理政》(第二卷),北京:外文出版社2017年版,第337页。

其二,借助网络媒介传播习近平新时代中国特色社会主义思想,不断强化理论武装。在新时代文化建设的系统布局中,"牢牢掌握意识形态工作领导权"是重要的工作任务,实践中"要加强理论武装,推动新时代中国特色社会主义思想深入人心"[①]。习近平新时代中国特色社会主义思想是马克思主义中国化时代化的最新成果,是中国特色社会主义理论体系的重要构成部分,是指引新时代中国特色社会主义事业发展的行动指南。要充分利用网络平台,更好地宣传习近平新时代中国特色社会主义思想,广大干部群众要准确领会、认真贯彻、积极落实。要通过广泛深入开展理论宣传,使习近平新时代中国特色社会主义思想入脑入心。

其三,充分利用网络媒介积极培育和践行社会主义核心价值观,弘扬主旋律。习近平总书记指出,"确立反映全国各族人民共同认同的价值观'最大公约数',使全体人民同心同德,团结奋进,关乎国家前途命运,关乎人民幸福安康"[②],为此他强调必须"把培育和弘扬社会主义核心价值观作为凝魂聚气、强基固本的基础工程","要弘扬社会主义核心价值观,弘扬以爱国主义为核心的民族精神和以改革创新为核心的时代精神,不断增强全党全国各族人民的精神力量"[③]。积极培育和践行社会主义核心价值观,切实把社会主义核心价值观贯穿于社会生活的方方面面,要通过教育引导、舆论宣传、文化熏陶、实践养成、制度保障等,使社会主义核心价值观内化为人们的精神追求、外化为人们的自觉行动。

其四,严格落实网络意识形态工作责任制,确保网络空间这个意识形态阵地守得住、管得好。开展网络意识形态工作,需要通过各种措施的实施,有效规范和约束人们的网络行为,并引导人们进行理性网络表达,从而形成有序可控的网络空间。在此过程中,党的领导是根本保障。即便是在"人人都是麦克风"的自媒体环境中,媒体格局已发生深刻变化,也必须坚持党的领导。应不断完善各级党委的网络意识形态工作领导机制,落实网络意识形态工作责任制,使各级党委切实负起抓好网络意识形态工作的政治责任和领导责任。根据党管宣传、党管意识形态、党管媒体的制度安排,加强党委对网络意识形态工作的统筹指导,提高领导网络意识形态工作的能力和水平。要注重加强对网络意识形态领域重大问题的分析研判,走好网络群众路线,并敢于对网络空间的错误思想亮剑,有效防范化解诸种网络意识形态安全风险。严格落实党委网络意识形态工作责任制,明确党委各级领导班子成员及相关部门的主体责任和具体责任,构建知责、明责、确责、督责、问责的责任链条,切实做好各项网络意识形态工作。

---

① 《习近平谈治国理政》(第三卷),北京:外文出版 2020 年版,第 33 页。
② 习近平:《青年要自觉践行社会主义核心价值观——在北京大学师生座谈会上的讲话》,《人民日报》2014 年 5 月 5 日。
③ 习近平:《在庆祝中国共产党成立 95 周年大会上的讲话》,《人民日报》2016 年 7 月 2 日。

(三)通过法治手段掌握网络意识形态工作领导权的制约因素

在有效应对网络意识形态安全问题上,法治是极为重要的手段。特别是在当今全面依法治国的背景下,更需要将依法治国的各项要求贯穿到网络意识形态工作之中,用法治的原则和要求,解决网络意识形态安全问题。"我们要本着对社会负责、对人民负责的态度,依法加强网络空间治理,加强网络内容建设,做强网上正面宣传,培育积极健康、向上向善的网络文化。"①对于意识形态工作来说,要运用网络传播规律,坚持依法依规加强网络空间治理、加强对各种有害信息和网络谣言的管控,推进网络依法有序规范运行,用法治的力量使网络空间清朗起来。

然而,必须看到,在以法治路径推进网络意识形态安全治理过程中,目前也存在诸多制约因素,主要表现在如下几方面:

其一,消极的网络治理观念。当今网络时代,在以互联网络为中介的人类实践活动中,双向互动成了最显著的特征,网络传播中也充溢着对话精神②,而这种双向互动和对话精神对于有效解决因网络运用而造成的种种问题无疑具有重要作用。"传统的国家权力往往通过对信息进行筛选过滤、对舆论导向进行引导和监控,有意识地利用大众传媒来影响公众的认知和判断;防止危害政治系统安全的信息散布。对媒体则采用堵、盖、封等手段,以保证对信息的垄断和尽可能多地减少公众对内容的知情,从而掌控话语权。但在互联网时代要想'捂住'新闻信息是越来越难了。传统意义上属于国家权力专控的信息发布和封锁的权力正逐渐丧失,政府权力部门想像以往那样对信息进行控制将会变得越来越困难,简单的封、盖、堵越来越失去效力。"③这种治理模式,更多的是强调经由对网络的防范和控制来达到消除意识形态安全风险的目的,所反映的仍然是一种传统的网络安全治理思维。片面地强调对网络的防范和控制,不利于政府适应急剧变化又充满风险的网络社会,由于它大大限制了政府与社会各主体之间的双向网络互动,因而难以从根本上提升网络意识形态安全治理能力。

其二,网络意识形态安全治理的相关法律规范供给不足。我们知道,依法推进网络意识形态安全治理,是有效解决当前改革发展中面临的复杂的网络意识形态安全问题的现实选择,特别是在当今全面依法治国的背景下,将法治贯穿于整个网络意识形态安全治理过程也是必然选择。如今,网络空间由于其开放性的特征,使各种网络意识形态得以较为充分的表达和传播,从而产生巨大的影响。在传统媒介时代,普通公众要借助诸多媒介表达观点、反映相关问题非常困难,但在如今网

---

① 《习近平谈治国理政》(第二卷),北京:外文出版社2017年版,第337页。
② 李智:《论网络传播中的对话精神》,《人文杂志》2007年第2期,第188~191页。
③ 周若辉:《虚拟与现实:数字化时代人的生存方式》,长沙:国防科技大学出版社2008年版,第106页。

络时代，人们就可以借助于网络平台尽情宣泄，这会从不同方面对意识形态的权威性带来冲击。再如，在传统媒介时代，西方的诸多思想观念要借助于诸多媒介在其他国家进行传播较为困难，但在如今网络时代，网络上的意识形态渗透和文化入侵已是非常突出的问题。现实中，一部分人利用"翻墙"技术突破国家屏蔽的网站浏览境外的网页，遭到境外一些不良政治信息的侵蚀。如此等等，都是网络意识形态安全治理中面临的现实问题，但如何用法律的方式解决这些问题，需要与之相应的法律规范供给。

从目前的网络法制来看，还存在诸多不足。比如，有研究以《中华人民共和国网络安全法》为例进行了分析，指出，该法对网络空间主权维护目标、网络运营者与服务提供者安全义务、信息基础设施安全保护和数据传输规则等做出大纲性的规定，但并未就数据审查机制、数据保护法、个人信息保护法、行业管理规范、网络诉讼程序等单行法律法规做出规定。各法律法规之间衔接不畅，门类不全，逻辑不严。[①]而法律法规供给不足，则会影响网络意识形态安全治理法治路径的整体成效。

其三，网络技术迅猛发展中现有相关法律规范的滞后性。网络意识形态问题都是因网而生、因网而增。虽然近年来我们也在不断加强网络空间法制建设，但网络技术是瞬息万变的，各种新的网络传播技术和平台的不断涌现，给网络安全治理提出了严峻挑战。譬如，从2G到3G到4G再到5G，网络技术发展突飞猛进，有关网络上的新生事物层出不穷。由于网络方面的法律法规存在滞后性，总是对网络信息管理采取防御手段，在问题出现以后才加以制止。再如，网络信息传播用秒来计算，在几秒内就可以传遍全世界。由于传播的快捷性，在网络意识形态治理上难以做到及时有效。如一条虚假信息传播以后，加以识别，才知是虚假信息，然后依据法律法规加以控制，但这时已经在互联网传播开了，已经造成了广泛的负面影响，因此现有的法律法规难以将其消灭在萌芽之中。

其四，网络意识形态安全治理模式问题。在当下中国，特别是在社会矛盾多发的背景下，政府对网络严加防范，限制人们的网络行为，防止不良网络信息的扩散和传播，以此来降低或防止因网络运用而促成的各种因素对主流意识形态的挑战。网络相比于传统媒介的一系列优点，加之对中国社会改革发展的特殊影响，使政府把对网络的管控提高到了重要议程，比如通过法律、技术等方式不断加强对网络的管控。这种对互联网络的监管和限制，是应对网络技术挑战和风险的必然要求。但我们必须承认的是，单纯的网络管控并不能从根本上增强政府网络意识形态安全治理的能力。比如，政府单向的自上而下的网络管制，往往会限制或封死社会各主体向政府进行利益表达的管道，封死社会各主体与政府就相应问题进行协商、对

---

① 段辉艳、蒲清平：《新时代网络意识形态治理法治化的三重逻辑》，《学校党建与思想教育》2019年第1期，第26~28页。

话的管道,社会各主体仍然被排斥在制度化的政治沟通之外,这是比较危险的。研究也表明,"意识形态领导权的实现,不是自上而下单方面强行灌输的结果,也不是能够通过疾风骤雨式的方法在短时间内完成的,而是需要个体社会成员积极参与,并不断从认知到情感到实践上获取他们自觉认同的过程"①。网络媒体不同于诸多传统大众媒介,其去中心化传播、信息的网状扩散,加之传播渠道多元化的特征,使得政府不可能对网络信息进行完全控制和垄断,强权压制的方式已不符合网络信息传播规律。因此,切实实现和更好维护网络意识形态安全,单纯地进行网络管控的作用是有限的,必须不断优化网络意识形态工作模式。

管控能力也是一种能力,也是政府维护和实现网络意识形态安全能力的表现。但如果继续深究,就会发现一系列问题,特别是容易陷入了一种"控制—安全"的逻辑困境。政府固然可以通过各种方式——比如严格的法律规定、技术控制、内容过滤,限制社会各主体的网络表达和网络参与行为,包括对政府的批评和监督——来加强网络防范,防止"不良信息"或者"非法信息"的传播,避免政治体系受到因网络作用而促成的各种破坏,然而,这是否意味着政府有很高的维护网络意识形态安全的能力呢?其实并非如此。如果说严格的网络管制能从根本上增强维护网络意识形态安全的能力,那么诸如"茉莉花革命""埃及政变""番红花革命"等政治变革就不可能发生,因为这些国家的政府都曾对网络特别是各种社交媒体进行严格管制,甚至关闭网络服务,但各种"草根"网络活动依旧进行,各种网络政治抗争照样发生,国内外反抗势力借助于网络里应外合,以至神圣的国家政权在顷刻间轰然倒塌,出人意料。

对于我国来说,目前在意识形态工作方面虽然已经取得了显著成效,马克思主义主流意识形态理念深入人心,但也要看到当今网络社会背景下意识形态工作面临的新问题、新挑战。如今,将法治的各项要求贯穿于网络意识形态全过程,是有效解决网络空间各种意识形态安全问题的现实诉求,但由于各方面的原因,网络意识形态安全治理的法治路径还存在许多薄弱环节。

三、以法治路径提升网络意识形态安全治理能力的着力点

网络意识形态安全问题是网络社会的产物,推进网络意识形态安全治理必须要基于网络社会的特殊理路,这样才能更好地提升网络意识形态安全治理能力。习近平总书记指出:"要提高网络综合治理能力,形成党委领导、政府管理、企业履

---

① 于华:《中国共产党意识形态领导权研究》,北京:人民出版社2017年版,第19页。

责、社会监督、网民自律等多主体参与,经济、法律、技术等多种手段相结合的综合治网格局。要加强网上正面宣传,旗帜鲜明坚持正确政治方向、舆论导向、价值取向,……深入开展理想信念教育,深化新时代中国特色社会主义和中国梦宣传教育,积极培育和践行社会主义核心价值观,推进网上宣传理念、内容、形式、方法、手段等创新,把握好时度效,构建网上网下同心圆,更好凝聚社会共识,巩固全党全国人民团结奋斗的共同思想基础。要压实互联网企业的主体责任,决不能让互联网成为传播有害信息、造谣生事的平台。要加强互联网行业自律,调动网民积极性,动员各方面力量参与治理。"[1]基于法治逻辑提升网络意识形态安全治理能力,需要从多方面着手,从而将网络意识形态工作领导权牢牢掌握在手上。

(一)提升治理主体的法治素养和法治能力

依法治国是社会主义现代化建设的一个重要任务和原则,也是建设中国特色社会主义政治的一个基本目标,实行依法治国是加强和改善党的领导的重要措施、是发展社会主义市场经济的客观需要、是社会主义文明进步的重要标志、是国家长治久安的重要保障。在依法推进网络意识形态安全治理过程中,提升治理主体的法治素养和法治能力至关重要。

法治是我们党治国理政的重要依托。"我们要坚持党总揽全局、协调各方的领导核心作用,坚持依法治国基本方略和依法执政基本方式,善于使党的主张通过法定程序成为国家意志,善于使党组织推荐的人选成为国家政权机关的领导人员,善于通过国家政权机关实施党对国家和社会的领导,支持国家权力机关、行政机关、审判机关、检察机关依照宪法和法律独立负责、协调一致地开展工作。各级党组织和党员领导干部要带头厉行法治,不断提高依法执政能力和水平,不断推进各项治国理政活动的制度化、法律化。各级领导干部要提高运用法治思维和法治方式深化改革、推动发展、化解矛盾、维护稳定能力,努力推动形成办事依法、遇事找法、解决问题用法、化解矛盾靠法的良好法治环境,在法治轨道上推动各项工作。我们要健全权力运行制约和监督体系,有权必有责、用权受监督、失职要问责、违法要追究,保证人民赋予的权力始终用来为人民谋利益。"[2]

当然也要看到,目前我们的法治建设中仍然存在诸多需要进一步解决的问题。比如,《中共中央关于全面推进依法治国若干重大问题的决定》指出:"必须清醒看到,同党和国家事业发展要求相比,同人民群众期待相比,同推进国家治理体系和治理能力现代化目标相比,法治建设还存在许多不适应、不符合的问题,主要表现为:有的法律法规未能全面反映客观规律和人民意愿,针对性、可操作性不强,立法

---

[1] 《习近平谈治国理政》(第三卷),北京:外文出版社2020年版,第306页。
[2] 《习近平谈治国理政》,北京:外文出版社2014年版,第142页。

工作中部门化倾向、争权诿责现象较为突出;有法不依、执法不严、违法不究现象比较严重,执法体制权责脱节、多头执法、选择性执法现象仍然存在,执法司法不规范、不严格、不透明、不文明现象较为突出,群众对执法司法不公和腐败问题反映强烈;部分社会成员尊法信法守法用法、依法维权意识不强,一些国家工作人员特别是领导干部依法办事观念不强、能力不足,知法犯法、以言代法、以权压法、徇私枉法现象依然存在。这些问题,违背社会主义法治原则,损害人民群众利益,妨碍党和国家事业发展,必须下大气力加以解决。"

可见,在影响法治建设的诸多因素中,领导干部的法治思维是十分重要的方面。法治思维对法治建设具有指导、决定性作用。一直以来,我们虽然在法治宣传教育、推进依法治理上做了大量工作,但是广大干部群众法治理念的确立还需要一定的过程。当前,社会上最突出的表现是有法不依、执法不严,遇到纠纷当事人不愿求助于法律而是寻求其他解决途径,这些都直接导致了法律信用的缺乏。再者,依法行政还有待进一步加强。依法行政作为法治的一项重要内容,也是人民群众衡量法治水平的一个重要标准。然而,必须看到,目前我国正处于一个走向法治的关键阶段,依法行政还是处于起步阶段,行政的法治化还面临着十分艰巨的任务,有些行政执法人员在行政执法过程中往往只注意对行政违法行为的处罚结果,而忽视了执法过程中的程序性规定,从而出现随意性、个人情绪化的操作。

在网络意识形态安全治理中,党的领导是根本保证。广大领导干部是否具有法治思维、是否坚持依法办事,直接影响着全面推进依法治国重大部署的实施,影响着网络意识形态安全治理中法治路径优势的发挥。在我国的法治建设中,领导干部的法治素养和法治能力还有待进一步提高。

以法治路径推进网络意识形态安全治理,其实质,就是要把人们的网络行为限定在法律规定的范围之内,若其网络行为跨越了法律底线而产生了破坏性后果,就必须受到法律制裁。法治不同于人治,以法治路径推进网络意识形态安全治理必须转变传统观念,真正做到"依法治网",特别是用法律来规范网络空间各行为主体的权利边界,规范权力运行,把权力"关进法律的笼子",才能有助于营造风清气正的网络空间。可以说,没有正确的法治思维,要有效发挥网络意识形态安全治理中法治的作用是不可能的。

网络社会是瞬息万变的,这需要治理主体紧紧围绕网络意识形态领域遇到的新情况、新问题,坚持依法治网,注重用法治方式化解矛盾,依靠法律手段打击危害意识形态安全的网络行为,提升网络意识形态安全治理的法治化水平。

由此可知,以法治路径促进网络意识形态安全治理,切实提升政府的法治素养和法治能力是重要突破口。习近平总书记指出:"党政主要负责人要履行推进法治建设第一责任人职责,统筹推进科学立法、严格执法、公正司法、全民守法。用人导向最重要、最根本、也最管用。法治素养是干部德才的重要内容。要把能不能遵守法律、依法办事作为考察干部重要内容。要抓紧对领导干部推进法治建设实绩的考核制度进行设计,对考核结果运用作出规定。"①具体到网络安全治理特别是网络意识形态工作,治理主体的法治素养和法治能力也是极为重要的。

对于如何提升领导干部的法治素养和法治能力,习近平总书记发表了一系列重要论述。比如,强调要"信仰法治、坚守法治,做知法、懂法、守法、护法的执法者,站稳脚跟,挺直脊梁,只服从事实,只服从法律,铁面无私,秉公执法"②。指出"各级领导干部都要牢记,任何人都没有法律之外的绝对权力,任何人行使权力都必须为人民服务、对人民负责并自觉接受人民监督"③,"要强化法规制度意识,在全党开展法规制度宣传教育,引导广大党员、干部牢固树立法治意识、制度意识、纪律意识,形成尊崇制度、遵守制度、捍卫制度的良好氛围,坚持法规制度面前人人平等、遵守法规制度没有特权、执行法规制度没有例外"④,"谋划工作要运用法治思维,处理问题要运用法治方式,说话做事要先考虑一下是不是合法。领导干部要把对法治的尊崇、对法律的敬畏转化成思维方式和行为方式,做到在法治之下、而不是法治之外、更不是法治之上想问题、作决策、办事情"⑤。认为"宪法具有最高的法律地位、法律权威、法律效力。我们党首先要带头尊崇和执行宪法,把领导人民制定和实施宪法法律同党坚持在宪法法律范围内活动统一起来。任何组织或者个人都不得有超越宪法法律的特权。一切违反宪法法律的行为,都必须予以追究"⑥。

总之,治理主体的法治素养和法治能力是影响全面依法治国的十分重要的变量,是基于法治逻辑更好保障网络意识形态安全必须特别重视的内容。对于领导干部这个"关键少数"来说,强化法治思维,以及明法律、讲法律、信法律、按法律办事的法治能力,对法治生态具有形塑作用。在意识形态工作领域,要切实发挥法治在解决网络意识形态安全问题过程中的关键作用,体现法治路径的优势,必须多措并举,切实提升领导干部的法治素养和法治能力。

(二)强化治理主体的网络应变和适应能力

以法治路径推进网络意识形态安全治理,互联网络是主要载体,这在客观上就决定了必须着力强化政府的网络应变和适应能力。虽然网络技术的发展及广泛运用增加了社会主义意识形态控制难度、冲击着马克思主义在意识形态领域的指导

---

① 《习近平谈治国理政》,北京:外文出版社2014年版,第128页。
② 《习近平谈治国理政》,北京:外文出版社2014年版,第149页。
③ 《习近平谈治国理政》,北京:外文出版社2014年版,第388页。
④ 习近平:《在十八届中央政治局第二十四次集体学习时的讲话》,2015年6月26日。
⑤ 《习近平谈治国理政》(第二卷),北京:外文出版社2017年版,第127页。
⑥ 习近平:《在十九届中央政治局第四次集体学习时的讲话》,2018年2月24日。

地位、弱化社会主义意识形态的权威性,但也扩展了社会主义意识形态的传播方式、提供了社会主义意识形态创新的诸多有利条件。因此,必须客观认识网络技术对意识形态的影响,并积极利用网络技术来促进网络意识形态安全治理。

有研究强调,网络意识形态风险具有扩散性,"在网络中一旦出现意识形态风险,就极易引发'蝴蝶效应',即某一较小的风险经外溢和扩散的过程发展为较大的风险,进而成为更大的风险,甚至引发网络意识形态危机;意识形态之所以能够在网络世界施以广泛的影响,是网络传播媒介、网络传递方式与网络文化本身起了至关重要的作用"[①]。进而言之,在网络意识形态安全治理中,必须利用好互联网这个引领社会思潮、进行舆论斗争的主阵地,使其成为传播先进文化和引领社会思潮,进而巩固马克思主义主流意识形态指导地位的前沿阵地。

没有网络意识形态安全,就没有整体的国家安全。推进网络意识形态安全治理,是新时代我国意识形态工作的重中之重。在网络意识形态安全治理中,政府对网络技术的应变和适应能力极为重要。领导干部如果对网络舆情不全面了解、不深入分析、不客观判断、不果断处理,仍然运用传统的思维方法应对全新的网络意识形态安全问题,那么要提升其网络意识形态安全治理能力是极为困难的,要牢牢掌握网络意识形态工作的领导权也是不可能的。

以法治路径促进网络意识形态安全治理,必须通过管好、建好、用好互联网。要遵循网络技术的规律,而不能对其进行简单的管控。因为社会各主体通过网络渠道向政府进行政治表达,会从不同角度反映当前改革发展中所存在的种种深层问题,这些问题需要政府予以正面回应。领导干部积极利用网络技术的优越性,促进网络空间反映的种种社会矛盾和问题的有效解决,无疑会增加人们对社会主义的信心,对社会主义主流价值理念的认同,进而夯实主流意识形态安全的基础。

各级领导干部特别是高级干部要主动适应信息化要求、强化互联网思维,不断提高对互联网规律的把握能力、对网络舆论的引导能力、对信息化发展的驾驭能力、对网络安全的保障能力。实践中,应增强学网用网本领,在思想上与互联网接轨,在行动上能够灵活驾驭互联网。增强以网络思维推动改革创新的本领,突破现有思想定式和工作模式,做到因势而变、随事而制,创造机遇、推动发展。增强应对网络舆情的本领,着力提高网络舆情的发现、研判、处置、引导能力,变被动为主动,变舆论压力为改进提高工作的能力。增强网上群众工作的本领,善于运用网络开展调研和问政,了解更多百姓心声,汇聚更多民智民力。增强依法治网的本领,弄明白在互联网上什么事能干、什么事不能干、什么事必须坚决制止和严厉打击,自觉运用法治思维和法治方式应对处理网络问题,维护网络空间良好生态。[②]

[①] 杨文华、何翘楚:《网络意识形态领导权研究》,沈阳:东北大学出版社2017年版,第94页。
[②] 新浪网:《不断加强领导干部网络能力建设》,2018年8月16日。

网络技术迅猛发展,技术更新加快,对社会各方面的影响也不断增强,整个社会的发展面貌都应网络技术的介入及广泛运用而发生了翻天覆地的变化。对于社会中的任何一个主体来说,如果不伴随网络技术变革而对自身进行适应性变革,那么,必然要被社会所淘汰。

如今,互联网功能已从单一的信息传播工具,扩展到培育文化产业、沟通思想、了解民情、建设精神家园的方方面面。网络空间已是信息传播新渠道、是生产生活的新空间、是经济发展的新引擎、是文化繁荣的新载体、是社会治理的新平台、是合作交流的新纽带、是国家主权的新疆域。同时,利用网络干涉他国内政、攻击他国政治制度、煽动社会动乱、颠覆他国政权,以及大规模网络监控、网络窃密等活动严重危害国家政治安全,特别是意识形态安全。广大领导干部必须与时俱进,强化网络阵地意识,增强学习和运用网络的紧迫感和使命感,主动学习网络知识,跟上时代发展的步伐,从而更好地适应网络技术变革,提升防范化解网络意识形态安全放心和挑战的能力和水平。

(三)提高治理主体运用网络手段依法解决相关问题的能力

对于网络安全治理来说,要切实提高网络综合治理能力,必须实现系统治理,形成党委领导、政府管理、企业履责、社会监督、网民自律等多主体参与,经济、法律、技术等多种手段相结合的综合治网格局。在互联网社会,老百姓上了网,民意也就上了网,各种在现实空间中的社会工作体系也必须在互联网领域建立起相应的社会治理体系。因此,要积极构建基于互联网的网络社会治理体系,尤其是要学会通过网络走群众路线,经常上网看看,了解群众所思所愿,积极回应网民关切、解疑释惑,形成完善的网络社会治理体系,这不仅关系到我国的政府能力,也直接关乎网络意识形态安全。

互联网在本质上也是一种权力的媒介,政府对其施以管控,则是为了降低或消除因网络运用而对主流意识形态构成的挑战和威胁。但互联网自身的诸多特点,又决定了政府不可能再用控制诸多传统大众媒介的方法来应对网络意识形态安全问题。实际上,控制网络技术是一回事,控制虚拟技术场域流动的信息又是另一回事。极有可能发生的情景是,虚拟技术场域信息流动的方向和内容恰恰与控制虚拟技术者的意愿相悖,而虚拟技术的控制者又对之没有足够的办法。[1] 其结果往往就是,政府越是严格控制网络,越不利于网络技术在沟通政府与社会上的积极作用的发挥,反而越会激发更多的矛盾和问题,对意识形态安全构成更为严重的威胁,从而无形中削弱了网络技术在促进网络意识形态安全中的应有作用。网络媒

---

[1] 张雷:《虚拟技术的政治价值论》,沈阳:东北大学出版社2004年版,第152页。

介与诸多传统大众媒介形式是不同的,这使得政府对传统媒介的事前审查、事中监督、事后封杀等管理手段在网络安全治理上变得极不适应,片面地用"堵""封""删"等手段来进行网络安全治理,只会激起民众对政府的不信任,也势必会引发社会的各种猜测,各种不实信息、传闻、谣言也会在网上肆意横行,成为引发社会不稳定的潜在危险。①

如前所述,网络空间的诸多意识形态安全问题,实际上都是现实社会相关问题借助网络渠道的一种特殊呈现。依法推进网络意识形态安全治理,必须要提高政府借助于网络技术手段解决相关问题的能力,科学认识网络传播规律,提高用网治网水平,使互联网成为网络意识形态安全的最大增量。

当前,我国正处于社会转型期,而互联网就成了名副其实的"民意集散地"。就像有研究所指出的,互联网就是一面巨大的回音壁,人民的呼声在这个变革时代产生了巨大的回响,振聋发聩,大量的社会矛盾和问题以铺天盖地的网络民意的形式被反映出来,形成了强烈的冲击波。② 就政府来说,只有对多元化的网络民意予以积极吸纳和整合,才能不断优化政府施政过程,提高决策科学性,促进科学施政。此外,人们借助各种网络渠道进行政治表达,参政议政,不仅有助于民主政治建设,实现民主权利,而且不同群体的利益诉求甚至不满情绪借此表达出来,也在一定程度上发挥了社会"出气孔"和"安全阀"的功能,有助于缓解社会压力,维护社会稳定。"政府只有学会在网络空间中与网民进行平等交流的技巧,才能实现对网络舆论的沟通和引导、对网络公众政治心理的塑造,以及对网络政治认同的引导,从而促进网络政治诉求与政治参与的良性发展,推动政治认同水平与政治认同程度的提高。"③

网络社会是一个高风险社会,网络技术的普及运用也使社会环境发生了深刻变化。在强大的网络民意和网络舆论面前,政府对网络"严防死守",或采用强权压制的手段过分管制网络信息传播,表面上看似实现了"稳定""安全",但本质上并未有效解决社会问题,还会激发新的矛盾和冲突。这不利于公民进行正常的政治表达,行使其知情权、表达权、参与权、监督权等民主权利,也容易造成社会对政府政治信任的流失,因而不利于维护和实现网络意识形态安全。

近年来,我国政府大力推进"电子政府"建设,其"目的就是要通过对传统政府的组织结构、服务方式、任务流程和行政理念进行创新、整合与再造,推进政府行政职能的现代化、民主化、公开化、效率化,从而极大地提升政府的服务绩效,以适应

---

① 刘素华:《略论中国网络治理理念的完善》,《中共中央党校学报》2013年第2期,第100~104页。
② 邓兆安、张涛:《中国式网络问政》,广州:南方日报出版社2010年版,第12页。
③ 蔡翠红:《网络时代的政治发展研究》,北京:时事出版社2015年版,第271页。

网络时代发展的需要"①。但现实中有不少政府部门及其官员并没有充分认识到网络技术在解决相应矛盾问题上的重要作用。比如,政府网站的互动专栏流于形式,对于民众所反映的问题不及时回应和解决,办事拖拉,或者网上所说与网下所做"两张皮",与群众交流充满"官腔""套话",解决问题时推诿扯皮,甚至欺上瞒下,不把群众利益当回事,甚至对网络民意持鄙视态度。若政府不注重借助网络积极与社会互动,就难以适应急剧变化的网络社会,也难以真实发现并有效解决社会转型中出现的种种问题。这样的话,要开展网络意识形态工作就会更为艰难,也容易滋生新的网络意识形态安全问题。

国务院发布的《关于加强政府网站信息内容建设的意见》强调:"各地区、各部门要通过政府网站开展在线访谈、意见征集、网上调查等,加强与公众的互动交流,广泛倾听公众意见建议,接受社会的批评监督,搭建政府与公众交流的'直通车'。进一步完善公众意见的收集、处理、反馈机制,了解民情,回答问题。""要把知网、懂网、用网作为领导干部能力建设的重要内容,引导各级政府领导干部通过政府网站解读重大政策,回应社会关切。"这反映了我国政府的一种积极的网络认知,是通过对网络技术的积极利用加强与社会互动一种努力,它对于政府更好地适应网络社会发展,以及维护网络意识形态安全,都是极为重要的,因而在实践中需要不断推进和加强。

(四)增强治理主体对网络技术发展的驾驭和网络舆论的引导能力

网络空间各种各样的不良信息,给意识形态工作提出了新的挑战。比如良莠不齐、真假难辨的信息,干扰社会公众正常的判断和思考;大量不良文字和图片信息、视频及错误理论、观念,毒害着青少年的心灵;敌对势力的诋毁攻击和网络渗透,威胁着我国文化安全;网络谣言、网络语言暴力、对公民个人的人肉和隐私披露以及社会实践的不实爆料,会形成错误的舆论导向;网上不实言论、别有用心的煽动,极易引发网络群体性事件,对经济社会发展所需要的稳定和谐大局造成损害;网络"群体极化现象"等舆情的非理性表现,极易对主流媒体造成背离、歪曲、扭曲、绑架,甚至破坏;大量存在的网络"扒粪"现象,在揭露丑恶和腐败的同时,也会消解党和政府社会治理权威性。②那么,如何有效应对网络空间这些信息,增强治理主体对网络技术发展的驾驭和网络舆论的引导能力,给网络意识形态工作能力提出了更高的要求。

舆论历来是影响社会发展的重要力量,重视舆论工作是我们党在治国理政中

---

① 王彬彬:《网络时代的政府革新》,北京:国家行政学院出版社2013年版,第125页。
② 于华:《中国共产党意识形态领导权研究》,北京:人民出版社2017年版,第81~83页。

形成的重要经验。习近平总书记指出,"坚持团结稳定鼓劲、正面宣传为主,是宣传思想工作必须遵循的重要方针。我们正在进行具有许多新的历史特点的伟大斗争,面临的挑战和困难前所未有,必须坚持巩固壮大主流思想舆论,弘扬主旋律,传播正能量,激发全社会团结奋进的强大力量。关键是要提高质量和水平,把握好时、度、效,增强吸引力和感染力,让群众爱听爱看、产生共鸣,充分发挥正面宣传鼓舞人、激励人的作用。在事关大是大非和政治原则问题上,必须增强主动性、掌握主动权、打好主动仗,帮助干部群众划清是非界限、澄清模糊认识"[1],并强调,"做好网上舆论工作是一项长期任务,要创新改进网上宣传,运用网络传播规律,弘扬主旋律,激发正能量,大力培育和践行社会主义核心价值观,把握好网上舆论引导的时、度、效,使网络空间清朗起来"[2]。进行舆论引导,应在引导的前瞻性、针对性、时效性和长效性下功夫,以提高驾驭新兴媒体能力,发挥舆论引导在引导社会热点、疏导公众情绪、化解利益矛盾等方面的促进作用。

依法推进网络意识形态安全治理,必须着力于增强政府对网络技术发展的驾驭能力。不懂网、不知网,就不可能融入网络、改变网络。要克服能力恐慌,做运用现代传媒新手段、新方法的行家里手。要积极学习网络等新媒体的操作技术、传播规律,掌握与新兴媒体交流、沟通的技巧,有针对性地举办情景模拟训练、网络培训班、舆情报告会、网络论坛等活动,让领导干部通过网络媒体解释民间疑惑,疏导民情,掌握信息的主导权。各级党委和政府要从加强规划、完善制度、规范管理、充实队伍等方面采取措施,加强信息产业发展与网络文化发展的统筹协调,切实把一手抓发展、一手抓管理的要求贯彻到网络技术、产业、内容、安全等各个方面。要制定政策、创造条件,加强政府网站建设,扶持拥有优秀网络文化内容的网站,积极开发具有自主知识产权的网络文化产品,加强和改善与人民群众生产生活密切相关的信息和服务。要加快网络文化队伍建设,形成与网络文化建设和管理相适应的管理队伍、舆论引导队伍、技术研发队伍,培养一批政治素质高、业务能力强的干部。

此外,要着力增强网络舆论引导能力。实践中,需要建立健全舆情收集和研判制度,积极开展政策性专题社会舆情调研,对重大事项、重大活动、突发事件等社会敏感问题,特别是对可能引发的社会利益矛盾的内容、范围、程度进行定性定量分析,形成专题性的社会舆情分析报告。主动设置议题,深入研究各类受众群体的心理特点和接受习惯,认真研究舆论引导的现状和趋势,对一些容易激化社会利益矛盾的舆情民意进行定期、全面、准确的前期调查和前瞻性研究。吸收和采纳社会舆情分析报告的成果,制定舆论引导口径库,根据不同时期、不同阶段社会舆情工作的重点和难点,及时调整舆论引导工作和思想政治工作的策略、方法,不断提高舆

---

[1] 《习近平谈治国理政》,北京:外文出版社 2014 年版,第 155 页。
[2] 《习近平谈治国理政》,北京:外文出版社 2014 年版,第 198 页。

论引导的前瞻性。

应科学把握社会舆论的特点及其发展规律,及时掌握新形势下社会结构的新特点、利益格局的新变化、社会矛盾的新走向、群众思想的新趋势,以百姓喜闻乐见的方式传递党和政府的声音,赋予舆论引导鲜活的生活气息和时代气息;以解决实际问题为出发点和落脚点,敢于、善于介入人民群众普遍关心的重点、热点、难点等重大利益问题。要以疏导社会情绪、凝聚发展力量为己任,引导群众正确对待改革发展过程中出现的种种矛盾与问题,增强对改革的承受能力。

建立健全突发事件新闻报道应急工作机制,完善化解社会利益矛盾的策划报道和敏感热点问题引导应急预案。主流媒体应把握舆论引导主动权,准确捕捉热点难点,做到快人一步、先声夺人,最大可能地以最快的速度接近和进入第一现场,第一时间迅速发布权威信息。加大对社会热点问题的正面引导,通过摆事实讲道理,纠正人们的片面认识,化解因信息不对称和缺乏正确理解而引起的偏激情绪和逆反心理,引导群众妥善处理各种利益关系。

总的来说,在网络技术日益更新及其政治影响力不断增强的背景下,强调通过法治路径提升网络意识形态安全治理的能力,其实质就是要借助法治手段有效防范化解网络空间纷繁复杂的网络意识形态安全风险和挑战,从而牢牢掌握网络意识形态工作的领导权。

第五章　以法治路径促进网络意识形态安全治理的战略定位

随着网络技术快速发展,网络安全的重要性不断凸显,必须从战略高度把握和应对诸多网络安全问题。对此有研究指出,在战略定位上,应"将国家公共互联网安全提升到与国家领土安全、领海安全、领空安全、太空安全同等重要的地位。维护信息化时代国家在信息和网络空间的安全和利益,维持公众对信息社会的'信任'和'信心',是我国要成为现代化强国必须在国家公共互联网维护国家安全和战略利益的根本要求,也是顺应我国国民经济信息化发展趋势和全球化变革浪潮的必然选择"[①]。具体到网络意识形态工作来说,也依然如此。以法治路径促进网络意识形态安全治理,必须有准确的战略定位,进而从战略层面更好地应对网络意识形态安全问题。

一、从战略角度认识网络意识形态安全治理的法治路径

所谓"战略",按本义,是指导战争全局的计划和谋略。将其运用于社会生活中,意指促进某方面发展的总体计划和全局性策略,即长远的具有根本性的宏观发展规划。推进网络意识形态安全治理,也需要从战略高度考量相关问题。在推进网络意识形态安全治理中,法治的作用不可或缺,它直接关乎网络意识形态安全治理的整体成效,这就需要我们从战略高度把握网络意识形态安全治理的法治路径。

(一)以法治路径推进网络意识形态安全治理的战略考量

战略具是全局性的部署。战略的领导者和指挥者要把注意力摆在关照全局上面,胸怀全局,通观全局,把握全局,处理好全局中的各种关系,抓住主要矛盾,解决关键问题。同时,注意了解局部,关心局部,特别是注意解决好对全局有决定意义

---

① 汪玉凯、高新民:《互联网战略》,北京:学习出版社/海口:海南出版社2012年版,第320页。

的局部问题。做好意识形态工作,必须具有战略思维。以法治路径促进网络意识形态安全治理,从宏观战略层面考量,涉及下述几方面内容:

其一,网络安全。网络安全是伴随网络社会发展而出现的一个概念,它以网络技术的运用为基础,如今越来越受到各国政府的重视。2013年5月印度政府出台了《国家网络安全策略》、2013年6月日本政府出台了《网络安全战略》并提出要实现网络安全立国、2014年2月美国政府再次启动了《网络安全框架》等。在各国政府的政策文件中,网络安全已经是一个使用频率较高的词汇。在学术研究、新闻报道中亦是如此。简言之,所谓网络安全,就是"网络系统的硬件、软件及其系统中的数据受到保护,不因偶然的或者恶意的原因而遭受到破坏、更改、泄露,系统连续可靠正常地运行,网络服务不中断的状态"[①]。

当前,全球已有多个国家颁布了网络安全战略。通过对一些典型国家的网络安全战略制定情况的分析发现,尽管其内容构成、特征等不尽相同,侧重点也有所差异,但也不乏类似之处。比如,都将网络安全纳入到了整体国家安全战略加以重视。拿英国政府制定的《不稳定时代的强大英国:国家网络安全计划》来说,其中指出,英国政府部门每月受到超过2万起恶意攻击,其中1000起是故意针对英国政府的,至少有20个情报机构在网上进行不利于英国的活动,还将网络攻击与恐怖主义、涉及英国及盟国的国家间军事危机、重大事故和自然灾害列为国家安全的四大威胁。再如,这些战略都是一种信息化的安全战略,都较为关注网络信息安全在国家安全战略中的突出意义。当今社会,网络信息安全已成为关乎国家安全和主权、社会的稳定、民族文化的继承和发扬的重要问题,其重要性正随着信息化步伐的加快而变得越来越突出。[②] 所以,应对国家安全的挑战,前网络时代那种简单的强权控制手段已难以促效,而顺应社会信息化发展趋势,采用信息化的安全战略则是必然选择。

对我国来说,网络空间安全战略已经是国家发展中高度重视的问题。2016年12月27日,经中央网络安全和信息化领导小组批准,国家互联网信息办公室发布《国家网络空间安全战略》。《战略》开篇指出:"信息技术广泛应用和网络空间兴起发展,极大促进了经济社会繁荣进步,同时也带来了新的安全风险和挑战。网络空间安全(以下称"网络安全")事关人类共同利益,事关世界和平与发展,事关各国国家安全。维护我国网络安全是协调推进全面建成小康社会、全面深化改革、全面依法治国、全面从严治党战略布局的重要举措,是实现'两个一百年'奋斗目标、实现中华民族伟大复兴中国梦的重要保障。"并强调:"没有网络安全就没有国家安全,没有信息化就没有现代化。网络安全和信息化是一体之两翼、驱动之双轮。正确

[①] 上海社会科学院信息研究所:《信息安全辞典》,上海:上海辞书出版社2013年版,第21页。
[②] 胡键、文军:《网络与国家安全》,贵阳:贵州人民出版社2002年版,第199页。

处理发展和安全的关系,坚持以安全保发展,以发展促安全。安全是发展的前提,任何以牺牲安全为代价的发展都难以持续。发展是安全的基础,不发展是最大的不安全。没有信息化发展,网络安全也没有保障,已有的安全甚至会丧失。"

有学者研究指出:"网络安全是一个新生事物,它对主权国家的冲击已扩散到政治、经济、军事、文化、社会和外交的各个方面,网络威胁这种非传统安全的危害性不亚于传统战争,已日益引起各国执政者的高度重视。如何应对网络政治安全的挑战,也是包括现行社会主义国家在内的发展中国家执政党、执政当局将长期面临的一项艰巨任务。"[1]在我国改革发展过程中,互联网络无疑是一个全新变量。虽然它在近年来表现出了迅猛的发展态势,但网络空间仍然是一个变幻无穷并难以把握的场域,网络安全面临着巨大风险。

网络安全是网络意识形态安全的重要依托。有效应对诸多网络意识形态安全问题,必须依托总体的网络安全战略。应将网络意识形态安全战略置入国家整体的网络安全战略之中,并随着网络社会的发展变化而不断调整和更新,以增强其适应性。而且,网络意识形态安全战略也应符合本国网络技术发展状况及其对政治安全的特殊影响,以及顺应社会的信息化发展趋势,体现信息化的发展特点。进而,通过合理的安全战略,从宏观角度着手维护和实现网络意识形态安全。

其二,国家安全。安全是国家得以稳定发展的重要前提。建立"国家"这种政治共同体,是人类政治文明进步的重要体现,而国家要稳定发展,客观上就需要处于一种安全——内部没有混乱和分裂,外部没有威胁和侵害——状态,这样,国家安全就成了国家发展中的重要内容。通常来说,国家安全包括国家主权安全、领土安全、经济安全、政治安全、文化安全、军事安全、科技安全、生态安全等多方面,它们之间相互联系构成国家安全体系。

国家一般由特定的领土(管辖范围)、人口(享有公民权利的人口)、主权(对内对外的最高权力)、政府(国家得以运转的组织力量)构成。按照近代政治思想家们的观点,组成国家是为了保障个人的生命自由和财产等自然权利。但无论是保护私有财产,还是保护社会,保护集体安全,客观上都需要国家共同体处于一种安全的状况,即内部没有动荡、混乱、分裂,外部没有军事等敌对势力的威胁和侵害。因此,"国家安全关系到国家的生死存亡,是全国人民的根本利益之所在"[2]。当一个国家内部四分五裂、战争频发、社会持续动荡,或在外部强力入侵后被占领,国家组织被彻底打碎,那么国家安全也就无从谈起了。现代各国都非常强调国家安全问题,目的就是要通过各种方式实现国家安全,以确保国家共同体的存继和健康发展。

---

[1] 章德彪:《网络政治安全:一些国家执政当局面临的新课题及应对措施》,《当代世界》2010年第7期,第52~53页。

[2] 边和平、潘盘甫:《国家安全法通论》,青岛:中国海洋大学出版社2004年版,第15页。

《中华人民共和国国家安全法》第二条明确指出:"国家安全是指国家政权、主权、统一和领土完整、人民福祉、经济社会可持续发展和国家其他重大利益相对处于没有危险和不受内外威胁的状态,以及保障持续安全状态的能力。"而国家安全能力,则受多方面条件的影响。对此,有研究强调,"国家作为一个生命体,它的生命周期究竟有多长,取决于三种因素:第一,国家的组织形态("躯壳")对社会发展的适应程度;第二,这个躯壳对外来威胁的抵御能力;第三,国家组织社会力量对付自然挑战的能力。最终表现为应变的能力和实力"[①]。当一个国家能不断进行调整和改革,增强与社会生产力发展的适应性,拥有强大的国防军事力量,以及政府基于对人民的责任心而拥有高度的合法性,那么它就能较好地维持安全状态,反之要实现国家安全则是非常困难的。

在国家安全体系中,政治安全是一个重要且特殊的构成部分,它在整体国家安全中处于核心地位。2014年4月15日,习近平总书记在主持召开中央国家安全委员会第一次会议上提出了"总体国家安全观",其中就以"政治安全"为根本;党的十九大报告在阐述"坚持总体国家安全观"时指出,"必须坚持国家利益至上,以人民安全为宗旨,以政治安全为根本";党的二十大报告特别强调了要推进国家安全体系和能力现代化,坚决维护国家安全和社会稳定,在阐述总体国家安全观中,指出要坚持以人民安全为宗旨、以政治安全为根本。这种"根本"地位,充分体现了政治安全在国家整体安全中的特殊作用。意识形态安全是政治安全的重要内容。推进网络意识形态安全治理,是整体国家安全战略的重要组成部分。

互联网络迅猛发展,极大地改变了传统的信息传播格局,为中国共产党提供了新的执政资源。但人们在网络空间传播信息相对自由,加之互联网络跨越国界的特征,使得网络空间的信息传播错综复杂。各种反对势力借助互联网,往往以"自由民主"为名,不断在网上进行有针对性的攻击诬蔑、造谣生事。各种势力大肆宣扬自由民主模式、普世价值、宪政等,这对于正处于发展过程之中的社会主义民主政治的威胁是不言而喻的,使得对中国共产党执政地位的挑战更为严峻。《中共中央关于加强党的执政能力建设的决定》指出:"无产阶级政党夺取政权不容易,执掌好政权尤其是长期执掌好政权更不容易。党的执政地位不是与生俱来的,也不是一劳永逸的。我们必须居安思危,增强忧患意识,深刻汲取世界上一些执政党兴衰成败的经验教训,更加自觉地加强执政能力建设,始终为人民执好政、掌好权。"针对网络社会背景下党的执政环境已经发生的深刻变化,《决定》强调要"高度重视互联网等新型传媒对社会舆论的影响,加快建立法律规范、行政监管、行业自律、技术保障相结合的管理体制,加强互联网宣传队伍建设,形成网上正面舆论的强势"。

---

① 夏宝成、刘凤仙:《国家安全论》,长春:长春出版社2008年版,第14页。

因此,要从国家安全高度来把握网络意识形态安全治理。习近平总书记指出,"网络安全和信息化是事关国家安全和国家发展、事关广大人民群众工作生活的重大战略问题,要从国际国内大势出发,总体布局,统筹各方,创新发展,努力把我国建设成为网络强国",并强调"没有网络安全就没有国家安全,没有信息化就没有现代化。建设网络强国,要有自己的技术,有过硬的技术;要有丰富全面的信息服务,繁荣发展的网络文化;要有良好的信息基础设施,形成实力雄厚的信息经济;要有高素质的网络安全和信息化人才队伍;要积极开展双边、多边的互联网国际交流合作。建设网络强国的战略部署要与'两个一百年'奋斗目标同步推进,向着网络基础设施基本普及、自主创新能力显著增强、信息经济全面发展、网络安全保障有力的目标不断前进"[①]。可以说,没有网络安全就没有国家安全,同样,没有网络意识形态安全,就没有整体的国家意识形态安全。

其三,全面依法治国。依法治国是党领导人民治理国家的基本方略,是建设中国特色社会主义的必然要求和重要保障。深化党和国家机构改革,必须坚持全面依法治国原则,处理好改革和法治的关系,统筹考虑各类机构设置,统筹使用各类编制资源,完善国家机构组织法,构建系统完备、科学规范、运行高效的党和国家机构职能体系,全面提高国家治理能力和治理水平。党的十八大以来,以习近平同志为核心的党中央从关系党和国家长治久安的战略高度来定位法治、布局法治、厉行法治,把全面依法治国放在党和国家事业发展全局中来谋划、来推进,社会主义法治国家建设取得历史性成就。

在全面推进依法治国进程中,党的十八届四中全会是一次具有深远历史意义的会议,也是改革开放以来历次党的全会中,第一次以"依法治国"作为主题的会议。会议审议通过的《中共中央关于全面推进依法治国若干重大问题的决定》(简称《决定》),成为新时代全面依法治国的纲领性文件。《决定》指出:"依法治国,是坚持和发展中国特色社会主义的本质要求和重要保障,是实现国家治理体系和治理能力现代化的必然要求,事关我们党执政兴国,事关人民幸福安康,事关党和国家长治久安",并强调"全面建成小康社会、实现中华民族伟大复兴的中国梦,全面深化改革、完善和发展中国特色社会主义制度,提高党的执政能力和执政水平,必须全面推进依法治国"。推进依法治国的总目标,是建设中国特色社会主义法治体系,建设社会主义法治国家。具体来说,就是"在中国共产党领导下,坚持中国特色社会主义制度,贯彻中国特色社会主义法治理论,形成完备的法律规范体系、高效的法治实施体系、严密的法治监督体系、有力的法治保障体系,形成完善的党内法规体系,坚持依法治国、依法执政、依法行政共同推进,坚持法治国家、法治政府、法

---

① 《习近平谈治国理政》,北京:外文出版社2014年版,第197~198页。

治社会一体建设,实现科学立法、严格执法、公正司法、全民守法,促进国家治理体系和治理能力现代化"。

新时代全面推进依法治国的重要任务,即到二〇三五年基本建成法治国家、法治政府、法治社会。在中国这样一个大国,要实现经济发展、政治清明、文化昌盛、社会公正、生态良好,必须把全面依法治国坚持好、贯彻好、落实好。全面推进依法治国是一个系统工程,是国家治理领域一场广泛而深刻的革命。必须坚持依法治国、依法执政、依法行政共同推进,坚持法治国家、法治政府、法治社会一体建设,实现科学立法、严格执法、公正司法、全民守法,不断把法治中国建设推向前进。网络空间则是实施法治的重要领域。《中华人民共和国网络安全法》的颁布实施,标志我国依法治网达到了一个新的阶段。

习近平总书记指出:"网络空间是亿万民众共同的精神家园。网络空间天朗气清、生态良好,符合人民利益。网络空间乌烟瘴气、生态恶化,不符合人民利益。谁都不愿生活在一个充斥着虚假、诈骗、攻击、谩骂、恐怖、色情、暴力的空间。互联网不是法外之地。"[1]

在应对复杂的网络意识形态安全问题方面,法治受到了越来越多的重视,许多学者提出了网络意识形态工作的法治路径,强调网络意识形态安全治理法治化,都充分说明了这一点。以法治路径促进网络意识形态安全治理,需要我们切实打破传统思维定式,基于法治逻辑探寻解决问题的方法,塑造法治化网络空间,进而巩固马克思主义在网络意识形态领域的指导地位。没有法治就没有网络安全,同样也没有网络意识形态安全。以法治路径促进网络意识形态安全治理,是新时代意识形态工作的重要战略路径。

(二)从战略高度把握网络意识形态安全治理法治路径的价值

其一,以法治路径推进网络意识形态安全治理,是切实提升党的执政能力,巩固党的执政地位的必然要求。政权安全以及由此支撑的整个国家的政局稳定,是国家稳定发展的重要前提。今天,党的执政环境已经发生了深刻复杂的变化,西方敌对势力对中国实施西化、分化,力图颠覆中国共产党政权的战略图谋并没有改变,直接挑战党的执政能力。在网络化境遇中,网络技术的迅猛发展及其广泛运用,进一步增加了党的执政安全风险。

近现代特殊的发展境遇,决定了中国共产党成为中国社会变革与发展的领导核心,并建立了社会主义政治制度以及马克思主义意识形态,这是"历史的选择,人民的选择",保证了国家稳定发展。在转型的社会背景下,党的执政面临的风险不

---

[1] 《习近平谈治国理政》(第二卷),北京:外文出版社2017年版,第336~337页。

断增多。而互联网络的发展以及广泛运用,则加剧了这种风险和挑战。人们可以在网络空间向政府表达利益诉求、反映问题,然而一旦这些诉求没有得到满足或反映的问题没有得到有效解决,就会影响其对现有政治体系的信任。如此等等,都会从不同层面影响党和政府在民众心中的形象,消解人们对马克思主义主流意识形态和价值观念的认同,从而影响党长期稳定执政的社会根基。

因此,依法推进网络意识形态安全治理,充分发挥法治在规范网络空间秩序上的重要作用,依法应对网络空间的各种风险挑战,对于切实提升党的执政能力,巩固党的执政地位,具有十分重要的现实意义。

其二,以法治路径推进网络意识形态安全治理,是建设法治国家,增强国家竞争力的内在要求。网络意识形态安全治理作为网络安全治理的重要组成部分,实践中必然要体现法治的精神和要求。将依法治国的各项要求贯穿到网络空间治理的各个方面,这是全面依法治国的重要实践向度,是推进全面依法治国的重要方式和重要内容。

网络空间是全面依法治国涉及的重要领域。《中华人民共和国网络安全法》明确指出,"国家采取措施,监测、防御、处置来源于中华人民共和国境内外的网络安全风险和威胁,保护关键信息基础设施免受攻击、侵入、干扰和破坏,依法惩治网络违法犯罪活动,维护网络空间安全和秩序"。在《国家网络空间安全战略》中,"依法治理网络空间"是所确定的推进网络空间治理的重要原则,指出"全面推进网络空间法治化,坚持依法治网、依法办网、依法上网,让互联网在法治轨道上健康运行。依法构建良好网络秩序,保护网络空间信息依法有序自由流动,保护个人隐私,保护知识产权。任何组织和个人在网络空间享有自由、行使权利的同时,须遵守法律,尊重他人权利,对自己在网络上的言行负责"。在网络空间安全治理的战略任务方面,明确指出要"完善网络治理体系",要"坚持依法、公开、透明管网治网,切实做到有法可依、有法必依、执法必严、违法必究。健全网络安全法律法规体系,制定出台网络安全法、未成年人网络保护条例等法律法规,明确社会各方面的责任和义务,明确网络安全管理要求。加快对现行法律的修订和解释,使之适用于网络空间。完善网络安全相关制度,建立网络信任体系,提高网络安全管理的科学化规范化水平"。所以,没有法治,就没有网络空间安全。

而且,基于法治路径促进网络意识形态安全治理,也是进一步增强公民对主流意识形态的认同,提高软实力的重要内容。对我国来说,加强意识形态建设,就是要不断强化马克思主义主流意识形态的指导地位,就是要使全社会成员都认同国家主导的价值目标、价值取向、价值规范、价值标准等,以增强社会的凝聚力。这种凝聚力是国家软实力的重要体现。

软实力是近年来风靡国际关系领域的一个词语,它深刻地影响了人们对国际关系的看法,使人们从关心领土、军备、武力、科技进步、经济发展、地域扩张、军事打击等有形的"硬实力",转向关注文化、价值观、影响力、道德准则、文化感召力等无形的"软实力"。对于当今世界任何一个国家来说,软实力都是其国家综合国力必不可少的构成部分。软实力不同于硬实力,却是一种不可忽略的力量。任何一个国家在提升本国政治、经济、军事等硬实力的同时,也必须相应地提升本国的软实力。提高国家软实力,成为国家文化建设的一个重要战略目标,更是提高中国综合实力的重要表现。

可以想象,如果一个国家的主流意识形态失去了统摄作用,那么人们就会按照各自的利益与意志来行事,整个社会也就会面临混乱。在一定意义上来说,意识形态就是社会的一种主导价值体系,它能为全体社会成员确立其社会活动的共同价值导向和理想目标,使人们具有统一的意志和行动,因而在增强社会认同、维护社会稳定和促进社会和谐稳定等方面发挥着重要作用。

以法治路径促进网络意识形态安全治理,其实质就是要将全面依法治国的要求贯穿于网络空间治理的全过程,更好地发挥法治在规范和引领网络空间秩序,营造风清气正的网络空间的作用,从而增强人们对主流意识形态的认同,进而增强国家软实力。

其三,以法治路径推进网络意识形态安全治理,是维护社会秩序,实现国家长治久安的必由之路。对任何国家而言,稳定向来都是发展的第一要义。很难想象,一个动荡不安的社会能实现发展,更别说提高国家竞争力了。如前文所述,目前我国正处于社会转型期,社会矛盾多发,强调"稳定压倒一切",是维护国家安全的客观需要。但在网络社会,网络技术革命的持续推进与社会转型的交织,则对社会稳定构成了严重挑战。

在当下中国,在原有沟通和表达机制还不健全的情况下,网络就成了人们政治表达和互动的主要通道,一些敏感的政治话题在网络空间也得到了自由讨论。"某些偏激的网民喜欢上纲上线,把任何问题都政治化"[1],因而容易出现非理性行为,比如谩骂、恶搞、揭丑、泄愤,甚至传播网络谣言,"成为影响社会稳定乃至动摇国家政治权力的重要诱因"[2]。网络空间的信息传播,完全颠覆了前传统媒介时代的信息传播逻辑,给社会稳定带来了直接冲击。

在维持网络空间秩序的过程中,法治的作用必不可少。《中华人民共和国网络安全法》指出,"任何个人和组织使用网络应当遵守宪法法律,遵守公共秩序,尊重社会公德,不得危害网络安全,不得利用网络从事危害国家安全、荣誉和利益,煽动颠覆国家政权、推翻社会主义制度,煽动分裂国家、破坏国家统一,宣扬恐怖主义、

---

[1] 王金水:《网络政治参与与政治稳定机制研究》,《政治学研究》2014年第4期,第53~60页。
[2] 张雷:《论网络政治谣言及其社会控制》,《政治学研究》2007年第2期,第52~59页。

极端主义,宣扬民族仇恨、民族歧视,传播暴力、淫秽色情信息,编造、传播虚假信息扰乱经济秩序和社会秩序,以及侵害他人名誉、隐私、知识产权和其他合法权益等活动"。《国家网络空间安全战略》也强调,要"防范、制止和依法惩治任何利用网络进行叛国、分裂国家、煽动叛乱、颠覆或者煽动颠覆人民民主专政政权的行为;防范、制止和依法惩治利用网络进行窃取、泄露国家秘密等危害国家安全的行为;防范、制止和依法惩治境外势力利用网络进行渗透、破坏、颠覆、分裂活动"。其中,依法保障网络意识形态安全则是应有之义。

美国学者亨廷顿的研究表明,在政治制度化水平较低的情况下,失去控制的政治参与必然导致政治失序,带来不稳定。在我国,在原有沟通和表达机制还不够健全的情况下,网络就成了人们政治表达和互动的主要通道,其政治参与和政治表达的热情得到了空前释放,从而对社会安全稳定带来直接挑战。我国目前正处于转型期,互联网的政治影响空前增强,就更需要对之加以规制。借助于网络传播和获取政治信息当然是公民言论自由的权利,需要受到保护,但这种权利一旦失去控制,就会产生巨大危害。借助于法治方式规制网络空间的信息传播,就是要降低其对公民权利、社会舆论、社会稳定等方面的消极影响。

以法治路径应对网络空间诸种意识形态安全风险,就是通过发挥法律在规范人们网络行为方面的作用,通过依法用网、依法办网、依法治网,塑造法治化网络空间。这样,一方面不断强化马克思主义主流意识形态在网络意识形态领域的指导地位,另一方面有助于更好地规范网络空间秩序,进而使网络空间与现实社会实现良性互动,形成网上网下同心圆,更好地解决网络空间反映的矛盾和问题,筑牢国家长治久安的社会基础。

二、法治是决定网络意识形态安全治理成效的关键

有效解决诸多网络意识形态安全问题,必须将法治要求和法治精神贯穿其中。网络空间不是法外之地。没有法治,也就没有网络意识形态安全。法治是决定网络意识形态安全治理成效的关键变量。

(一)网络意识形态安全工作的重要性

在当今网络社会,马克思主义主流意识形态理念遇到了前所未有的挑战。互联网的开放性和跨越国界的特征,使各种意识形态在网络空间都在争夺话语权,都试图在网络空间争取自己的生存空间,阐释自己的优越性。尤其是在网络空间,诸多不符合中国国情的政治理念和政治思潮借助网络进行大肆传播,难免会冲淡主流意识形态对社会的主导作用和功能的发挥,造成主流意识形态凝聚力下降,进而

危害社会稳定和民族团结,这对意识形态安全都是极为不利的。网络空间的主流意识形态和非主流意识形态之间的分殊与碰撞,不仅削弱了主流意识形态的引导力,还容易激化社会矛盾。尤其是西方国家借助网络空间兜售自由主义意识形态,宣扬资本主义文化,对我国主流意识形态安全带来了直接挑战。

伴随网络信息技术革命的持续推进,以及网络技术在社会各领域的广泛运用,"互联网+"已经成为当今社会发展的新趋势。当然,互联网在深刻影响经济社会发展和生产生活方式的同时,也在深刻改变着信息传播革命和舆论生成逻辑。网络信息技术的广泛运用对意识形态的影响也表现出了前所未有的力度,意识形态工作因而变得极为复杂,意识形态工作的难度也随之不断增加。如今,网络空间已经成为意识形态工作的主阵地和最前沿,而且表现出了新的特点,比如传统现实场域向网络虚拟场域的延伸,"线下战"与"线上战"的交织,国内和国际的联动等。相较于传统意识形态工作,网络意识形态工作的难度更大,变数更多。而且,在互联网这个战场上能否顶得住、打得赢,直接关系着我国意识形态安全和政权安全。所以,基于网络社会发展变化表现出的新特点新趋势新挑战,从战略高度来审视和把握网络意识形态治理,就显得尤为重要。

习近平总书记指出:"网络安全和信息化对一个国家很多领域都是牵一发而动全身的,要认清我们面临的形势和任务,充分认识做好工作的重要性和紧迫性,因势而谋,应势而动,顺势而为。网络安全和信息化是一体之两翼、驱动之双轮,必须统一谋划、统一部署、统一推进、统一实施。做好网络安全和信息化工作,要处理好安全和发展的关系,做到协调一致、齐头并进,以安全保发展、以发展促安全,努力建久安之势、成长治之业。"①而网络意识形态安全问题就是网络安全问题在意识形态领域的突出表现,如果不能有效防范化解来自国内外的网络意识形态安全风险和挑战,对于国家整体安全来说都是极为不利的。

网络意识形态安全工作是一项极端重要的工作,直接影响党的执政能力。对此,习近平总书记特别指出:"网络意识形态安全风险问题值得高度重视。网络已是当前意识形态斗争的最前沿。掌控网络意识形态主导权,就是守护国家的主权和政权。各级党委和党员干部要把维护网络意识形态安全作为守土尽责的重要使命,充分发挥制度体制优势,坚持管用防并举,方方面面齐动手,坚决打赢网络意识形态斗争,切实维护以政权安全、制度安全为核心的国家政治安全。"②我们党要长期稳定执政,确保执政安全,必须一如既往地高度重视网络意识形态工作,牢牢掌握网络意识形态工作的领导权。重视网络意识形态安全治理工作,并将其作为意

---

① 《习近平谈治国理政》,北京:外文出版社2014年版,第197~198页。
② 中共中央文献研究室:《习近平关于社会主义文化建设论述摘编》,北京:中央文献出版社2017年版,第36页。

识形态工作的核心内容,乃势所必然。

(二)没有法治就没有网络意识形态安全

如果说过度自由的信息交流和沟通容易产生负面影响,乃至危及意识形态安全,那么互联网络的发展由于极大地拓展了这种自由而又加剧了其负面影响,从而使意识形态安全更具复杂性和不确定性。

现如今,网络技术快速发展,以及多元化的网络交流平台的涌现,展现出了网络媒介在信息交流和沟通上的巨大潜力和影响力。网络媒介是一种立体化的信息传播媒体,它不仅有利于丰富信息传播渠道和内容,还有利于增强信息传播效果及其影响力。正因如此,它对意识形态产生着深刻的影响,也成为意识形态工作的主阵地和最前沿。

网络作为现实生活的一部分,离不开法治的引领和规范作用。而且,网络技术迅猛发展及广泛运用而产生的巨大影响,决定了必须要通过法治来对网络空间加以规范,进而维持有序、可控的网络秩序。就此而论,网络意识形态安全治理必然要体现依法治国的要求。

完全可以说,没有法治,就没有网络意识形态安全。因此,要依法加强网络社会管理,加强网络新技术新应用的管理,确保互联网可管可控,使我们的网络空间清朗起来。"[①]

更好地利用网络技术传播主流意识形态价值理念,应对诸种网络意识形态安全问题,离不开网络空间的良法善治。这需要我们依法推进网络治理,不断加强网络空间相关法律法规建设,规范网络空间主体行为,从而形成和谐良好的网络空间氛围。不断加强依法治网方面的宣传教育,引导人们进行理性网络表达,自觉维护网络意识形态安全。司法部门和网络治理部门应及时颁布具有针对性的网络治理法律条例和细则,建立网民诚信档案,对网民违法行为要依法进行适当处罚。同时,还需积极参与国际社会网络安全治理,促进建立合理的国际网络新秩序,依法打击跨国网络犯罪,并着力于打造中国特色网络空间话语体系,讲好中国故事、传播好中国声音。

基于法治逻辑应对网络意识形态安全问题,不断强化主流意识形态的传播,其最终目标,就是要进一步巩固马克思主义在网络空间意识形态工作中的指导地位。通过法治方式解决网络意识形态安全问题,可以弥补非法治方式的诸多局限,这不仅是由于法律的有效实施可以更好地规范网络秩序,而且法律的实施也可以更好地保障网民的合法权利,从而能营造清朗网络空间,不断增强人们对主流价值理念

[①] 中共中央文献研究室:《习近平关于社会主义文化建设论述摘编》,北京:中央文献出版社2017年版,第29~30页。

的认同,起有效化解网络意识形态安全风险的作用。

三、法治路径与网络意识形态的内生安全动力

网络意识形态安全包含了两层含义:一是主流意识形态在网络空间免受威胁进而维持其权威性的状态;二是使主流意识形态在网络空间发挥引领和规范作用的能力。那么,这种状态和能力,不是简单地通过对网络实施管控就能获得的。通过法治路径促进网络意识形态安全治理,就是要将法治与网络意识形态安全有机融合,注重发挥法治在应对诸多网络意识形态安全中的关键作用,从而形成政治体系应对各种意识形态安全风险和挑战的内在能力。

(一)意识形态本身的生机与活力是最大的安全保障

互联网以其独特的传播方式和海量信息冲击着人们的价值理念,改变了意识形态的传统价值生态环境。人们在纷繁复杂的信息中获取信息必然会造成价值取向的多样化。能否用马克思主义主流意识形态价值理念引领其他社会思潮,用主流意识形态指导网民的思想,对于意识形态工作至关重要。网络技术的发展不仅颠覆了传统媒介的传播逻辑,而且正在重构现实社会的权力结构和权力关系,对意识形态工作带来了新的挑战。为打赢防控意识形态风险的战略主动仗,我们要高度关注互联网这个"最大变量",不断提升网络意识形态治理能力,以确保中国特色社会主义伟大事业行稳致远。[①]

对此,习近平总书记曾指出:"这些年,党的新闻舆论工作总的做得是好的,取得的成绩必须充分肯定,同时还存在不少短板和问题。面对媒体格局、舆论生态的深刻变化,新闻舆论工作适应步伐还不够快,一些主流媒体受众规模缩小、影响力下降。面对新媒体带来的深刻变化,新闻舆论工作理念、方式、手段还没有跟上,管好用好新媒体能力还不够强。面对受众阅读习惯和信息需求的深刻变化,一些媒体还是按老办法、老调调、老习惯写报道、讲故事,表达方式单一、传播对象过窄、回应能力不足,存在受众不爱看、不爱听的问题,时效性、针对性、可读性有待增强。面对'西强我弱'的国际舆论格局,我国新闻媒体国际传播能力还不够强,声音总体偏小偏弱。面对火热的社会生活,一些同志深入实际不够,习惯于跑机关、泡会议、抄材料,或借助网络摘抄拼凑,有的甚至为一己私利搞虚假新闻、有偿新闻,严重损

[①] 金伟、白舒娅:《当前我国网络意识形态风险的特点及防控策略》,《当代世界与社会主义》2022年第4期,第59~65页。

害新闻媒体公信力。这些问题,必须采取有力措施加以解决。"①从中不难看出,当前我们的意识形态工作中还面临诸多问题。

通过法治路径促进网络意识形态安全治理,其根本还在于基于法治逻辑推进意识形态建设,增强意识形态本身的生机和活力,强化马克思主义在意识形态领域的指导地位。换言之,主流意识形态本身的生机与活力,才是实现意识形态安全的最大保障。在意识形态工作中,必须多维并进,创新工作方法,不断壮大网络空间主流意识形态,增强网络意识形态的凝聚力和引领力。

事物的发展,内部动因是第一位的,故而事物自身的变革和完善,形成内生安全机制,才是适应外部环境变化,应对诸种挑战和风险,维持自身安全的根本保障。外部条件对于事物发展的安全固然重要,甚至在某些时候会起很关键的作用,但就一般情况而言,维系其安全最根本的还是取决于事物自身的安全能力。对于网络意识形态安全治理来说,意识形态本身的生机和活力才是最根本的,这也是维护和实现网络意识形态安全,牢牢掌握意识形态工作领导权的根本所在。

(二)通过法治方式增强主流意识形态内生安全动力

在党的坚强领导下,近年来我国网络意识形态工作取得显著成效,主流意识形态理论传播方式不断拓展、力度不断增强,激发了广大网民积极参与政治生活的热情,潜移默化中强化了网络空间马克思主义和中国特色社会主义主流意识形态的影响力。但必须看到,网络意识形态工作极为复杂,网络技术自身特点,特别是网络空间的跨国界特征,使得网络意识形态工作面临空前挑战。多元化社会思潮在网络空间以各种方式争夺自己的阵地,网络影视、电子书籍甚至网络游戏等已成为这些思潮蔓延的途径;西方思想文化渗透更增加了我国网络意识形态安全风险,不断破坏主流意识形态的权威性;一些网络平台不同程度地宣扬资产阶级自由思想、拜金主义思想、历史虚无主义等,对主流意识形态也形成了极大冲击。应对这些挑战和风险,牢牢掌握网络意识形态工作领导权,需要强化对网络技术的有效利用,创新网络意识形态传播方式,使马克思主义思想成为网络空间的最强音。

通过法治路径促进网络意识形态安全治理,其实质就是要基于法治理路防范化解诸多网络意识形态安全风险,满足网络意识形态工作日益增长的法治诉求。法治应该成为维护网络意识形态安全的内生动力。

从本质上说,互联网作为一种新兴的信息传播技术和手段并不具有善恶之分,关键在于什么样的主体如何运用它去实现什么样的目的。由于互联网使人们借助

---

① 中共中央文献研究室:《习近平关于社会主义文化建设论述摘编》,北京:中央文献出版社2017年版,第39~40页。

它可以畅所欲言,获取和传播政治信息、进行政治互动已较为便捷,信息流动打破了许多传统的限制。特别是对"问题"官员的曝光、对政府的批评都较为容易,现实社会的矛盾、问题、怨恨和不满、甚至抗争,在网络空间都有充分表现。并且不同国家、不同地区、不同群体的人们之间都可以借助网络进行自由交流,于是各种不同的利益诉求、思想观点、价值观念和意识形态等都充斥着网络空间。因此,维护网络意识形态安全,就需要政府对网络空间的信息交流和沟通活动进行规制,但这种规制不应是随意进行的,而必须是按照一定的规则来进行,而这就需要法治的作用。

通过法治方式增强主流意识形态内生安全动力,客观上就需要打破传统的在管理媒介过程中的人治观念,要尊重互联网信息传播的规律,通过法治来规范网络空间的信息交流和沟通。互联网极大地扩展了人们的言论自由和话语空间,赋予了人们前所未有的参与和表达机会,以至于网络舆论被称为"第五权力"。原因就在于网络可以最大限度地追求真相,真正实现全民监督,而这已经大大超越了前网络时代"第四权力"的舆论监督范围。尽管对网络进行规制是维护网络意识形态安全的现实需要,但在规制中不仅要有明确的规制边界,而且必须依照法律准则来进行,正所谓"无规矩不成方圆"。只有这样,才能促使网络空间的信息传播有序自由进行,才能明确网络空间各行为主体的权利范围和法律责任,进而更好地维护网络意识形态安全,切实提高牢牢掌握网络意识形态工作领导权的能力。

(三)以提升内生安全动力确保主流意识形态安全

网络空间是网络社会背景下意识形态工作不可忽视的领域,事实上它已成为意识形态工作的最前沿、主阵地,如何掌握网络空间意识形态工作领导权,是新时代中国特色社会主义发展中需要受到特别重视的问题。实践中,我们需要坚持以习近平新时代中国特色社会主义思想为指导,立足于意识形态工作面临诸多现实挑战以及网络技术的特点,从多方面着手开展工作,将牢牢掌握网络空间意识形态工作领导权落到实处。

其一,创新意识形态传播方式,强化网络空间意识形态工作之"本"。意识形态工作围绕两项基本任务展开,即巩固马克思主义在意识形态领域的指导地位,巩固全党全国人民团结奋斗的共同思想基础。牢牢掌握网络空间意识形态工作领导权,需要不断强化对主流意识形态的传播,而要提升传播效果,必须着力于创新网络空间意识形态传播方式。这需要顺应网络技术变革要求,利用多元化网络技术手段,准确表达和传播马克思主义理论,将主流意识形态通过生动的方式呈现出来;需要结合网络化境遇中人民群众信息需求新变化,创新话语体系,提升意识形态的凝聚力和引领力;需要按照网络传播规律,注重主体间的有机互动,以人民为中心,及时回应并解决网络空间人民群众反映的现实问题,以增强人们对马克思主义意识形态理念的心理认同、价值认同、政治认同;还需要创新理念,完善工作格局,切实提高网络意识形态的传播力、引导力、影响力、公信力。概言之,通过意识形态传播方式创新,就是要以更加鲜活的形式将意识形态的价值理念展现给人民群众,进而更好地发挥意识形态在统一思想、增进共识、凝聚力量上的重要作用。

其二,加强意识形态内容建设,牢固网络空间意识形态工作之"根"。主流意识形态的凝聚力和引领力,取决于其本身的内容,内容是根,正因如此,加强意识形态内容建设成为做好网络空间意识形态工作的重要抓手。必须看到,在网络空间,各种非马克思主义甚至反马克思主义的意识形态总是利用各种机会,与马克思主义争夺话语权。巩固主流意识形态的主导地位,增强其凝聚力和引领力,当然要对各种非主流意识形态加以引导,但更为重要的是需要扎实推进主流意识形态内容建设,使其自身"强"起来。加强意识形态内容建设,应不断丰富意识形态传播的载体和形式,使意识形态内容贴近实际、贴近生活、贴近群众,让党的创新理论"飞入寻常百姓家",深入人心,以增强其吸引力和感染力,让群众爱听爱看、产生共鸣;应伴随网络技术变革,进行意识形态话语体系和内容创新,增强主流意识形态对网络化发展的适应性;应激浊扬清、旗帜鲜明地批判多元化社会思潮中的消极乃至有害因素,努力消除各种错误思潮对人们思想的消极影响,强化理论武装,壮大主流思想舆论,捍卫社会主义主流意识形态话语权。通过加强意识形态内容建设,使其与时俱进,充满活力,为扎实开展各项网络意识形态工作筑好根基。

其三,突出先进文化引领,提振网络空间意识形态工作之"魂"。文化是一个国家和民族的灵魂,任何国家和民族的发展与振兴,都是以文化的兴盛为支撑的,而意识形态则是文化的一种特殊呈现。春风化雨,润物无声,在社会主义新时代,牢牢掌握网络空间意识形态工作的领导权,必须充分发挥我国先进文化的引领作用。突出先进文化在网络空间意识形态工作领域的引领作用,需要借助网络化手段加强对中华优秀传统文化的挖掘和阐发,努力实现中华传统美德的创造性转化、创新性发展,凸显其时代价值,提升其影响力;借助网络化方式积极传播社会主义核心价值观,发挥其在国民教育、精神文明创建、精神文化产品创作生产传播等方面的引领作用;利用网络技术手段挖掘红色文化资源,大力弘扬中国共产党人的奋斗精神,传承中国共产党的红色基因,将其转化为新时代激励人们奋进的精神动力;利用网络技术手段深化对中国特色社会主义和中国梦等内容的传播,弘扬民族精神和时代精神,加强爱国主义教育。充分发挥先进文化引领作用,唱响主旋律,壮大正能量,提振网络空间意识形态工作之"魂",促进主流意识形态价值理念传播,形成强大精神力量。

其四,优化网络空间治理,夯实网络空间意识形态工作之"基"。建立完善的网络综合治理体系,营造风清气正的网络空间,是牢牢掌握网络空间意识形态工作领导权的基础。治理不同于管制。推进网络空间治理,须打破传统管制思维,以现代互联网思维来应对网络空间纷繁复杂的意识形态问题,完善网络意识形态风险预警机制,进一步壮大主流意识形态阵地。为此,应借助网络通道加强政府与社会的互动,由此来充分了解民意,并及时回应社会关切;应依法推进网络治理,不断加强网络空间相关法律法规建设,推进网络依法规范有序运行,规范网络空间各行为主体的网络行为,尤其是网络"大V"和"意见领袖"的网络行为,以形成良好的网络空间生态;应积极引导网络舆论,把好时、效、度,强化网络舆情监测,感知社会动态,同时主动发声,掌握网络空间主流话语的主导权和正确舆论导向;应积极参与国际社会网络安全治理,基于主权平等原则建立网络新秩序,着力打造中国特色的话语体系,使网络空间成为传播中国特色社会主义意识形态的坚强阵地。

四、回归网络意识形态的凝聚力和引领力

以法治路径促进网络意识形态安全治理,从战略上讲,就是要通过法治的方式牢牢掌握网络意识形态工作领导权,其最终落脚点在于网络意识形态的凝聚力和引领力的增强。基于法治逻辑提升网络意识形态的凝聚力和引领力,提高网络空间马克思主义主流意识形态对社会多元化思想观念的整合能力,进而从网络空间夯实全国人民共同奋斗的思想文化基础,为新时代中国特色社会主义发展提供强大精神动力和思想保证。

(一)增强网络意识形态凝聚力和引领力的战略愿景

相比于传统的信息传播方式,网络传播具有自由性、快捷性、交互性、开放性、海量性等特点。借助互联网这一新技术平台,我国社会主义意识形态的传播获得了新的技术载体、新的传播渠道和新的言论空间,有助于增强社会主义意识形态的凝聚力和引领力。网络技术的发展,一方面为人们提供了获取信息和言论表达的新途径,网络一定程度上成为化解社会矛盾、疏导社会不良情绪的减压阀;另一方面,开放、多元、交互的信息传播方式加大了我国意识形态的控制难度,人们在海量的信息面前也可能不再被动接受主导媒体的灌输和教育,不再简单追随主流意识形态,导致对主流意识形态认同的弱化。如何增强网络意识形态的凝聚力和引领力,是需要深入研究的问题。

意识形态安全,从根本上说,需要意识形态本身的变革和完善,由此来增强自身的生机和活力。在网络社会,加强各方面的防范,尤其是加强对网络媒介的管控

是防范化解意识形态安全风险的必要手段,但并非维护和实现网络意识形态安全的根本之策。要切实维护和实现网络意识形态安全,必须从意识形态本身着手,不断增强主流意识形态本身应对各种外来挑战的能力,这很大程度上就体现在意识形态的凝聚力和引领力上。增强网络意识形态的凝聚力和引领力,是新时代整体的意识形态工作的重要战略取向,其核心要旨就是要使马克思主义思想成为网络空间的主旋律、最强音。它是从意识形态本身着手,防范化解复杂的网络意识形态安全风险的战略考量。

因此,不断推进意识形态本身的建设,才能切实强化马克思主义在意识形态领域的指导地位。正如习近平总书记所指出的,"意识形态决定文化前进方向和发展道路。必须推进马克思主义中国化时代化大众化,建设具有强大凝聚力和引领力的社会主义意识形态,使全体人民在理想信念、价值理念、道德观念上紧紧团结在一起。要加强理论武装,推动新时代中国特色社会主义思想深入人心"[①],并强调,"建设具有强大凝聚力和引领力的社会主义意识形态,是全党特别是宣传思想战线必须担负起的一个战略任务"[②]。

社会主义意识形态工作,重中之重是要坚定对马克思主义的信仰,坚定对社会主义和共产主义的信念,坚定对中国特色社会主义道路、理论、制度、文化的自信。没有巩固的意识形态,就没有道路自信、理论自信、制度自信和文化自信,同样,没有高度的道路自信、理论自信、制度自信和文化自信,意识形态阵地就不会稳固,就没有中国特色社会主义事业的大发展,没有中华民族的伟大复兴。就此来说,增强马克思主义主流意识形态的凝聚力和引领力无疑是一项重要的战略任务。

如今,互联网技术已经渗透到社会生活的方方面面,网络空间也成为一种全新的交流互动空间,但人们对诸多网络意识形态安全问题的认识仍然存在偏差,以至在意识形态安全治理中过分强调通过技术层面的控制来防范和化解意识形态安全风险。各种网络意识形态安全问题实际上是现实社会的意识形态安全问题借助网络通道的一种对称性反映,是网络空间与现实社会有机互动的结果,要从根本上消除网络意识形态安全风险和挑战,一定的网络规制是必要的,但仅靠对网络技术层面的控制和防范是远远不够的,它并不能从根本上消除社会转型过程中所累积的矛盾和问题。切实维护和实现网络意识形态安全,意识形态本身的凝聚力和引领力才是根本。

(二)以法治路径提升网络意识形态凝聚力和引领力

近年来,我们不断加强和完善针对信息网络的立法、执法和司法工作。比如在

[①] 《习近平谈治国理政》(第三卷),北京:外文出版社2020年版,第32~33页。
[②] 《习近平谈治国理政》(第三卷),北京:外文出版社2020年版,第312页。

立法方面,制定了《全国人民代表大会常务委员会关于维护互联网安全的决定》《互联网信息服务管理办法》《互联网电子公告服务管理规定》《互联网站从事登载新闻业务管理暂行规定》《互联网出版管理暂行规定》《互联网文化管理暂行规定》《中华人民共和国网络安全法》等一系列法律规范,为网络安全治理,特别是网络意识形态安全治理,提供了重要法律保障。特别是在全面依法治国背景下,更需要将法治的各项要求贯穿到网络意识形态安全治理之中,充分发挥法治在防范化解诸多网络意识形态安全风险方面的关键作用。

总体来看,我国法律法规所禁止的网络内容和网络行为主要有下述几方面:反对宪法确定的基本原则的;危害国家统一、主权和领土完整的;煽动抗拒、破坏宪法和法律、行政法规实施的;泄露国家秘密,危害国家安全或者损害国家荣誉和利益的;煽动民族仇恨、民族歧视,破坏民族团结,或者侵害民族风俗、习惯的;破坏国家宗教政策,宣扬邪教、迷信的;散布谣言,扰乱社会秩序,破坏社会稳定的;宣传淫秽、赌博、暴力或者教唆犯罪的;侮辱或者诽谤他人,侵害他人合法权益的;危害社会公德或者民族优秀文化传统的;损害国家机关信誉的;煽动非法集会、结社、游行、示威、聚众扰乱社会秩序的;以非法民间组织名义活动的;含有法律、行政法规禁止的其他内容的;等等。

通过制定一系列法律法规来规范网络使用、进行各种网络专项整治活动、强调网络媒体机构和网民自律、加大对网络空间不法言论的管制、对网络传播内容进行过滤和技术控制等,都是重要体现。不论是采取积极的防范手段,如通过法律规定为人们规定网络行为边界,通过网络评论员引导舆论,还是通过删帖、关闭网站,对借助网络传播非法信息、从事非法活动的网民进行直接刑事打击等,都是对网络媒介信息传播负面影响的回应。固然,网络媒介的发展为人们提供了多元化信息交流平台,也极大地扩展了人们的自由表达和参与的权利,但到目前为止,它仍然是一个难以把握的场域。借助网络媒介获取和传播政治信息当然是公民言论自由的权利,需要受到保护,然而这种自由的信息流动一旦失去控制,越过了法律底线,在诸种因素促动下很容易放大其负面效应并产生巨大危害,甚至会直接危及国家意识形态安全。为此,必须充分发挥法治在网络社会治理中的作用,通过法治切实提升网络意识形态的凝聚力和引领力。

在网络意识形态安全治理中,一方面要发挥法治在网络空间治理中的引领和规范作用,引导网络机构和广大网民树立依法办网、依法上网意识,维护网络意识形态安全;另一方面要在法治的框架内,对违反法律法规的网络行为依法进行查处,敢于亮剑、敢于斗争,坚决与各种错误的网络行为、网络思潮作斗争,同时加强引导。通过法治路径防止不良网络信息的传播和扩散,规避由此而造成的各种负面政治影响,进而确保网络意识形态安全,既具有必要性,也具有迫切性。

第六章 以法治路径促进网络意识形态安全治理的保障机制

强调"意识形态工作是党的一项极端重要的工作",这是我们党在新时代对意识形态工作的认识不断深化的结果。注重通过意识形态工作的开展牢牢掌握意识形态工作领导权,这既是对社会主义发展中意识形态工作的重要经验总结,也是推进新时代各项事业发展的现实需要。当前,网络意识形态安全已是国家整体的意识形态安全的核心内容。没有网络安全就没有国家安全,同样,没有网络意识形态安全,也就没有国家整体的意识形态安全。维护和实现网络意识形态安全,是新时代中国特色社会主义发展中面临的迫切任务。以法治路径推进网络意识形态安全治理,牢牢掌握网络意识形态工作领导权,离不开多方面条件的支撑和保障。

一、严格落实网络意识形态工作责任制

以法治路径推进网络意识形态安全治理,涵盖多方面内容,涉及多方面问题,但都围绕网络意识形态工作领导权展开,具体来说,就落实到网络意识形态工作责任制的问题上。在网络意识形态工作中,必须严格落实网络意识形态工作责任制,明确各级领导干部的意识形态工作责任,坚决守好"责任田",有效防范化解网络空间各种意识形态安全风险。

(一)高度重视网络意识形态工作

如今,互联网络已是意识形态斗争的主阵地和最前沿。掌握网络意识形态主导权,就是守护国家的主权和政权。各级党委和党员干部要把维护网络意识形态安全作为守土尽责的重要使命,坚决打赢网络意识形态斗争。牢牢掌握网络意识形态工作领导权,直接关系整体的意识形态安全,关乎国家长治久安。

这就要求,各级党委必须高度重视网络意识形态工作,切实提升做好网络意识形态工作的能力和水平。正如习近平总书记指出的:"要解决好'本领恐慌'问题,真正成为运用现代传媒新手段新方法的行家里手。要深入开展网上舆论斗争,严

密防范和抑制网上攻击渗透行为,组织力量对错误思想观点进行批驳。要依法加强网络社会管理,加强网络新技术新应用的管理,确保互联网可管可控,使我们的网络空间清朗起来。做这项工作不容易,但再难也要做。"[1]实践中,必须强化责任担当,承担主体责任,落实党委书记第一责任人制度,在网络宣传工作的学习和引导上发挥表率作用,带头重视和落实网络安全相关工作,始终坚持正确的政治导向和政治立场,不断提升网络意识形态工作成效。

网络空间已经是全新的信息传播平台和思想聚集空间,马克思主义不去占领,各种非马克思主义的思潮就会去占领。"意识形态工作是做人的工作,人在哪里,工作的重点就应该放在哪里;人们主要从哪里获得信息,哪里就应该成为意识形态工作的主阵地和最前沿。"[2]网络空间是意识形态工作的全新空间,做好网络意识形态工作,必须毫不动摇坚持党对网络意识形态工作的领导,把握网络意识形态工作的正确政治方向。要加强党对网络意识形态工作的集中统一领导,坚持党管宣传、党管意识形态、党管媒体不放松,始终保持正确的舆论导向和价值取向。各级党委要严格落实网络意识形态工作责任制,带头抓好网络意识形态工作,增强网络意识形态工作主动性,对各种错误思想要敢于亮剑,在重大原则问题上要敢于发声、敢于斗争,让党的声音引领网络空间。

(二)完善网络意识形态工作机制

依法保障网络意识形态安全,落实网络意识形态工作责任,离不开完善的工作机制的保障作用。

要把握网络意识形态治理的正确方向,必须充分发挥各级党委对网络意识形态工作的领导作用。当前,"面对改革发展稳定复杂局面和社会思想意识多元多样、媒体格局深刻变化,在集中精力进行经济建设的同时,一刻也不能放松和削弱意识形态工作,必须把意识形态工作的领导权、管理权、话语权牢牢掌握在手中"[3]。应该看到,近年来我国意识形态工作已取得显著成效,总体态势积极健康向上,但各种错误思潮和观点仍不时出现,维护意识形态安全依然是一项艰巨任务,需要常抓不懈。在网络意识形态工作中,法治路径的特殊作用就在于通过法律的实施,有效规范和约束人们的网络行为,使其维持在划定的边界以内,并引导人们进行理性网络表达,从而形成有序可控的网络空间。在这一过程中,必须发挥党

---

[1] 中共中央文献研究室:《习近平关于社会主义文化建设论述摘编》,北京:中央文献出版社2017年版,第29~30页。

[2] 孙炳炎:《新时代网络意识形态工作的意义、主要内容和基本策略——学习习近平关于网络意识形态工作的重要论述》,《社会主义研究》2019年第2期,第1~7页。

[3] 中共中央文献研究室:《习近平关于社会主义文化建设论述摘编》,北京:中央文献出版社2017年版,第34页。

对网络意识形态工作的领导作用,不断完善各级党委的网络意识形态工作领导机制。各级党委基于法治逻辑防范化解诸种网络意识形态安全风险,切实负起抓好网络意识形态工作的政治责任和领导责任,有助于确保网络意识形态工作的正确方向,巩固马克思主义在网络意识形态领域的指导地位。

在制度和机构上,要充分发挥各级网信领导小组战略统筹协调作用,完善统一指挥、协同联动的管理工作机制,推动建立起法律规范、行政监管、行业自律、技术保障、公众监督和社会教育相结合,全社会共同参与的网络治理体系。要合理划分"责任田",做到分工明确、责任清晰、压力适度,充分调动下级工作的积极性和主动性,对于落实不到位、执行不顺畅的相关负责人予以责任追究,从而发挥整体功能大于部分之和的效用,有效应对网络领域的冲击和挑战。形成齐抓共管的网络意识形态工作格局。党管媒体的原则也要求党对社会媒体加强管理和引导,牢牢掌握舆论引导的主动权。严格遵循"谁主管、谁负责,谁审批、谁监管"的原则和"守土有责、守土负责、守土尽责"的要求,强化各级党组织书记的政治责任,切实加强对新媒体发展重大问题的分析研判和重大任务的统筹指导。

此外,要不断强化相关实施主体的功能。对宣传部门来说,要根据新时代网络意识形态领域出现的新情况新问题,不断创新工作思路,改进工作方法。通过加强法治宣传,营造依法推进网络意识形态工作的良好氛围。强化阵地建设,凸显各阵地的法治因素。注重网络意识形态安全治理法治化路径的研究,加强网络意识形态工作的理论武装,提升对网络意识形态安全问题的辨识能力、应对能力。对法治实施部门来说,要围绕意识形态安全治理积极推进互联网领域立法,完善网络治理的法规体系,确保网络意识形态工作有法可依。科学划定明确的网络行为边界和责权范围,使各网络行为主体在规定的范围内活动,使网络意识形态工作沿着法治轨道稳步推进[①],同时健全网络突发事件处置机制,依法打击网络犯罪,塑造良好网络生态。有效发挥司法部门特别是互联网法院等机构的作用,使网络意识形态领域的违法行为得到严惩,进而提振法治威慑力。对网信管理部门来说,要加强监管,依法治理充斥于网络空间的各种错误言论和思潮,保证网络空间正确舆论导向。通过法治规范网络市场运行,促使网络市场健康发展。同时,发挥好网络法治专业人才作用,切实做好网络安全保护和监督管理。

(三)强化网络阵地管理和建设

网络意识形态工作是以网络平台为主要依托的,依法推进网络意识形态安全治理,必须依法强化网络阵地管理和建设。当前,人类社会已进入网络时代,基于

---

① 余晓青:《新时代意识形态网络舆情治理探析》,《马克思主义研究》2019 年第 3 期,第 93~101 页。

网络技术的发展及在社会各领域的广泛运用,人人都成为信息传递中心,人们借助网络渠道获取和传递信息的渠道和速度也发生了革命性变化。但与此同时,网络环境也存在着喧闹有余、清朗不足的弊病,比如个别网络媒体底线失守、西方国家借助网络进行各自形式的意识形态和文化渗透等,这些现象的存在,都给网络意识形态工作带来了挑战。

在近年来整体的意识形态工作中,阵地建设被放到了非常重要的地位。习近平总书记指出:"我们的同志一定要增强阵地意识。宣传思想占地,我们不去占领,人家就会去占领。我看,思想舆论领域大致有三个地带。第一个是红色地带,主要是主流媒体和网上正面力量构成的,这是我们的主阵地,一定要守住,决不能丢了。第二个是黑色地带,主要是网上和社会上一些负面言论构成的,还包括各种敌对势力制造的舆论,这不是主流,但其影响不可低估。第三个是灰色地带,处于红色地带和黑色地带之间。对不同地带,要采取不同策略。对红色地带,要巩固和拓展,不断扩大其社会影响。对黑色地带,要勇于进入,钻进铁扇公主肚子里斗,逐步推动其改变颜色。对灰色地带,要大规模开展工作,加快使其转化为红色地带,防止其向黑色地带蜕变。这些工作,要抓紧做起来,坚持下去,必然会取得成效。"①因此,不断加强网络阵地建设管理,就成为意识形态工作的重要内容。

做好网络阵地管理,是当前意识形态工作中的重要内容。"管好用好互联网,是新形势下掌控新闻舆论阵地的关键,重点要解决好谁来管、怎么管的问题。有些人企图让互联网成为当代中国最大的变量。要把党管媒体的原则贯彻到新媒体领域,所有从事新闻信息服务、具有媒体属性和舆论动员功能的传播平台都要纳入管理范围,所有新闻信息服务和相关业务从业人员都要实行准入管理。有关部门要认真研究,拿出管用的办法。"②不断强化阵地建设,特别是网络阵地建设和管理,已经成为网络社会中牢牢掌握网络意识形态工作领导权的必不可少的环节。要适应现代传播方式发展的新趋势,高度重视和积极运用互联网、手机等新兴媒体,着力加强网络文化建设,建设开展意识形态工作的新平台。

更好处理网络空间的非法和不良网络信息,是网络阵地管理中面临的重要课题。如今,互联网的迅猛发展及广泛运用,使得社会交往方式以及传统的社会组织、动员、政治传播方式等都发生了深刻变化,这是造成网络意识形态工作日趋复杂的重要原因。在原有沟通和表达机制还不健全的情况下,网络已然成为当前人们政治表达和互动的主要通道,其政治参与和政治表达的热情得到了空前释放。

---

① 中共中央文献研究室:《习近平关于社会主义文化建设论述摘编》,北京:中央文献出版社2017年版,第30~31页。
② 中共中央文献研究室:《习近平关于社会主义文化建设论述摘编》,北京:中央文献出版社2017年版,第42~43页。

问题是,伴随现实社会中的矛盾、问题在网络空间的呈现,各种违法和不良网络信息也随之出现,使意识形态安全更具复杂性和不确定性。比如,由"人人都是麦克风"导致的网络空间各种谣言、虚假信息特别是错误思想观点的传播,会直接影响主流意识形态凝聚力;网络空间弥漫的各种谩骂、恶搞、泄愤,会直接影响人们对主流意识形态的认同;各种形式的抹黑、丑化党的领导和社会主义制度的言论,极力歪曲历史的言论,违背宪法及否定"四项基本原则"的观点,以及历史虚无主义、自由主义等错误思潮,成为破坏网络意识形态安全的重要因素;一些网络推手、"大V"的恶意炒作,有意放大社会矛盾,制造负面舆论,煽动群众对党和政府的不满的言论,不仅会影响社会安全稳定,还会直接消解人们对党和政府的政治信任。因此,依法处置各种违法和不良网络信息,疏堵并举,营造良好网络生态,是以法治路径促进网络意识形态安全治理需要受到高度重视的内容。

切实维护网络安全,是网络阵地管理的重要目标。当前,网络空间存在的跨越国界的负面政治信息流动,网络犯罪,特别是通过网络渠道进行思想文化渗透等问题,成为影响网络意识形态安全的重要因素,因此,依法保障网络安全,成为维护和实现网络意识形态安全的现实需要。网络空间跨国信息流动的本质就是意识形态的传播,深刻影响着意识形态安全。比如,网络空间跨国信息自由流动为恐怖主义、分裂主义、极端主义势力进行跨国犯罪提供了便利条件,这会挑战主流意识形态的权威性;西方国家的一些非政府组织不但以"网络自由""言论自由"等为旗号,宣扬西方价值理念,对中国特色社会主义制度和中国共产党领导进行诋毁,还借助网络插手社会热点问题和敏感事件,激化社会矛盾,制造负面舆论。《中华人民共和国国家安全法》明确提出,要"加强网络管理,防范、制止和依法惩治网络攻击、网络入侵、网络窃密、散布违法有害信息等网络违法犯罪行为,维护国家网络空间主权、安全和发展利益"。可见,应对跨国网络信息传播带来的意识形态安全风险,法治的作用不可或缺。在以法治路径促进网络意识形态安全治理中,必须依法做好舆论斗争,提升对异质意识形态信息在我国网域内传播的防御力和管控力,通过维护网络安全确保我国网络意识形态安全。

(四)完善网络舆情工作机制

所谓网络舆情,是社会公众在网络这一公共空间对公共事务,社会热点、焦点问题,某些组织或个人带有公共性的问题,政治问题等方面的具体事件而发表的情绪、意见、看法、态度、诉求的交汇与综合。① 网络舆情的形成一般会经过开始、聚集、爆发、回落等过程,具体表现为信息发布,信息扩散,对某一信息或观点的大规

---

① 杨兴坤:《网络舆情研判与应对》,北京:中国传媒大学出版社2013年版,第20页。

模关注以及信息因时效性而产生的自然回落。

网络舆情工作是网络意识形态工作中非常重要的内容。依法推进网络意识形态安全治理，必须不断完善网络舆情工作机制。具体来说，需要做好以下几方面的工作：

其一，建立舆情预警机制。一般来说，并不是所有舆情信息一开始就达到严重影响和妨碍意识形态工作的程度，很多舆情信息在产生之初处于能小范围控制的可控阶段，所以应该建立完善的网络舆情预警机制。舆情信息具有自由性、交互性、多元性、突发性的特点，使得舆情处理工作具有随机性。为此，必须建立了一套应急处理机制，一旦大规模舆情爆发，就有一套有章可循的机制可使用，这就可避免相关工作人员在处理舆情问题时手忙脚乱，不知所措。通过完善的舆情预警机制及规范的决策程序和应急预案，使其在舆情事件发生过程中，为如何快速开展应急工作，如何畅通无阻地上报突发舆情，如何科学民主地制定决策方案，如何快速有效地进行应急舆论引导提供制度上的保障，从而使有关部门和工作人员能够忙而不乱、有条不紊地进行舆情处理。

其二，建立常态的沟通反馈渠道。目前，各地都建立了常态化的网络信息沟通反馈渠道，以及时处理和应对网络舆情，但仍需要不断完善和拓展。因为舆情是建立在社会发展所面临的诸多矛盾和问题的基础之上的，其传播速度较快、聚集效应较大，如果不能及时发现和有效处理，极容易诱发大规模的群体矛盾，甚至可能从网上"聚集"变为网下"聚集"，这就决定了信息沟通反馈的重要性。

其三，积极引导网络舆论。舆论形成的迅速性成为反映社会各方面思想动态的晴雨表。鉴于此，网络宣传要密切关注舆论动态，通过正面宣传教育开展教育引导工作，及时防范可能出现的舆论误导。舆论引导也要遵循公众舆论生成和运动的基本规律，讲究灵活性和针对性，对于不同信息形态的舆论，其引导方式也应采取不同的方式，只有这样才能使舆论引导具有强大的吸引力、感召力。网络宣传员要按照舆情规律，坚持舆论引导贴近性和针对性原则，变封闭式为开放式，变训导式为诱导式，变灌输式为启发式，力求做到正面舆论引导。

其四，建强舆情工作队伍。舆情信息工作是一项非常重要的工作，政治性、政策性、敏感性强，专业化程度比较高，舆情工作要切实有效地开展，必须对其组织结构和队伍建设加以完善。应建立相应的网络舆情沟通机制和工作流程，为舆情工作提供组织和制度保障。形成一支具备较高的政治素质、较强的专业技能、较多的工作经验的工作队伍，以保障舆情工作能有效开展，进而提升网络舆情工作能力和水平。

二、完善网络意识形态领域的法律规范体系

通过法治路径促进网络意识形态安全,完善的法律规范体系至关重要,它直接关乎在防范化解诸多网络意识形态安全风险中能否有法可依。"网络决不应该成为法外空间,成为不同个体和社会群体恣意妄为、言所欲言的新大陆。网络空间同样需要一套完善的、行之有效的法律法规,既能够为互联网正面宣传提供制度保障,也能够为有效处理和惩戒负面言行提供重要的制度支撑。"[①]因此,必须不断加强网络意识形态领域的法律规范体系建设,为网络意识形态工作提供充分有效的法律制度。

(一)加强网络意识形态领域的法制建设

网络空间是意识形态斗争的主阵地、最前沿,形成完善的法制体系,是依法推进网络意识形态安全治理的前提。正如党的十八届三中全会所指出的那样,要"坚持积极利用、科学发展、依法管理、确保安全的方针,加大依法管理网络力度,加快完善互联网管理领导体制,确保国家网络和信息安全"[②]。法制建设是优化互联网运行环境的强力措施,是优化网络运行环境的基本手段,也是确保网络意识形态价值取向与主流意识形态价值取向趋同的根本保障。[③]

进入社会主义新时代,加强网络法制建设,已经成为我国网络安全治理的重要实践向度。2014年2月27日,习近平总书记在中央网络安全和信息化领导小组第一次会议上强调:"要抓紧制定立法规划,完善互联网信息内容管理、关键信息基础设施保护等法律法规,依法治理网络空间。"[④]加强网络法制建设,坚持依法治网,是强调的重要内容,也是进一步做好网络意识形态安全工作的必然要求。

在加强网络空间治理中,加强法制建设一直受到特别的重视。比如《"十三五"国家信息化规划》指出,要"完善信息化法律框架,统筹信息化立法需求,优先推进电信、网络安全、密码、个人信息保护、电子商务、电子政务、关键信息基础设施等重点领域相关立法工作。加快推动政府数据开放、互联网信息服务管理、数据权属、数据管理、网络社会管理等相关立法工作。完善司法解释,推动现有法律延伸适用到网络空间。理顺网络执法体制机制,明确执法主体、执法权限、执法标准。加强

[①] 孙炳炎:《新时代网络意识形态工作的意义、主要内容和基本策略——学习习近平关于网络意识形态工作的重要论述》,《社会主义研究》2019年第2期,第1~7页。
[②] 参见《中共中央关于全面深化改革若干重大问题的决定》。
[③] 张卫良、龚珊:《网络意识形态的二重性特质与主流意识形态安全维护》,《中南大学学报(社会科学版)》2020年第1期,第137~143页。
[④] 《习近平谈治国理政》,北京:外文出版社2014年版,第198~199页。

部门信息共享与执法合作,创新执法手段,形成执法合力。提高全社会自觉守法意识,营造良好的信息化法治环境。"《"十四五"国家信息化规划》特别强调了加强网络立法统筹的作用,指出要"完善网络实名法律制度,推进社会公众数字身份管理体系建设,加大数字身份管理体系标准化整合衔接","完善网络综合执法协调机制,加强对未成年人网络保护工作的监督检查,严厉打击网络违法犯罪。鼓励社会主体依法参与网络内容共治共管,畅通社会监督、受理、处罚、反馈、激励闭环流程,激活社会共治积极性"。可见,不断完善网络安全治理领域的法律法规,进而"密织法律之网、强化法治之力",是当前的重要任务。而加强互联网领域的立法应该以不同主体为出发点和落脚点,通过完善网络建设者、参与者和管理者的法律法规,推动依法办网、依法用网和依法管网的实现,形成文明网络行为的外在约束机制。①

党的十八大以来,网络信息立法进程加快,《中华人民共和国国家安全法》《中华人民共和国网络安全法》《中华人民共和国反恐怖主义法》等法律陆续出台,相关管理规定如《网络信息内容生态治理规定》制定并实施。比如,《中华人民共和国网络安全法》的出台,标志着中国特色社会主义网络空间法律法规体系已经初步形成,但是当前网络法治建设与信息技术的快速发展、网络安全形势的日趋复杂还不适应,在未来的发展中,不断加强网络空间立法,仍是重要的工作任务。再如,《网络信息内容生态治理规定》是应对新的网络环境而制定的重要规定,它以网络信息内容为主要治理对象,以建立健全网络综合治理体系、营造清朗的网络空间、建设良好的网络生态为目标,突出了"政府、企业、社会、网民"等多元主体参与网络生态治理的主观能动性,重点规范网络信息内容生产者、网络信息内容服务平台、网络信息内容服务使用者以及网络行业组织在网络生态治理中的权利与义务。当然必须看到,虽然近年来"我们坚持依法治网,加快网络立法进程,出台了一批法律法规,网络空间法治化持续推进,但同网络空间快速发展新形势相比,互联网领域立法仍有很多空白,依法治网水平仍有待提高,广大网民尊法守法意识有待增强",所以,"要把依法治网作为基础性手段,继续加快制定完善互联网领域法律法规,推动依法管网、依法办网、依法上网,确保互联网在法治轨道上健康运行"。②

法制建设是影响网络意识形态安全治理整体成效的关键。要围绕意识形态安全治理积极推进互联网领域立法,完善网络治理的法规体系,确保网络意识形态工作有法可依。就目前意识形态阵地建设和管理的法治化来看,有研究强调,要完善

---

① 孙炳炎:《新时代网络意识形态工作的意义、主要内容和基本策略——学习习近平关于网络意识形态工作的重要论述》,《社会主义研究》2019年第2期,第1~7页。
② 中共中央党史和文献研究院:《习近平关于网络强国论述摘编》,北京:中央文献出版社2021年版,第45页。

意识形态领域法律法规,一是要积极探索制定统领性的《中华人民共和国意识形态安全法》,统筹包括网络条件下的意识形态治理工作,使新时代网络意识形态工作沿着法治轨道稳步推进,充分发挥法治在意识形态管理中的重要作用;二是要大力推进《新闻法》《出版法》的制定工作,通过法律规范新闻界及其相关领域的新闻报道、舆论宣传等行为,防止因媒介权力的滥用而造成对国家意识形态安全以及公众利益的危害;三是建议制定《意识形态安全条例》,并完善如《教育部关于高等学校意识形态工作单行条例》《意识形态阵地建设和管理规定》等各种补充性的意识形态行政法规。① 不难看出,其观点正说明了立法对于意识形态工作的重要性。要通过加强网络法制建设以筑牢网络意识形态安全的"法律网",②使各网络行为主体在规定的范围内活动,使网络意识形态工作"有法可依",沿着法治轨道稳步推进。

(二)注重相关法律的适应性变革

依法治网的前提是有法可依,但是,随着网络技术迅猛发展及网络运用方面的变化,网络空间不断出现各种新问题、新情况,这就对相应法律的适应性提出了更高的要求。无疑,只有适应网络技术变革的法律,才能更好地发挥其作用。对此,瑞士学者约万·库尔巴里贾曾指出,社会是动态的,而立法总是滞后于社会变革。这在今天尤为明显,因为技术发展重塑社会现实的速度远远快于立法者的步伐。有时,规则甚至在其生效之前就已过时。法律过时的风险是互联网监管中的重要考虑因素。③ 当前,涉及网络空间治理的许多法律明显滞后于网络日新月异的发展速度,非常不利于诸多网络意识形态安全问题的解决。

法律是社会关系和利益的调节器,通过法治促进网络各主体利益协调发展,不断完善相关法律法规,进而构建完善的社会主义网络空间法律规范体系,是有效应对网络空间各种意识形态安全问题的现实需要。在依法推进网络空间治理,进而确保网络意识形态安全的过程中,充分有效的法律规范体系至关重要,但要使得既有的法律制度更好发挥其作用,体现其在防范化解网络意识形态安全问题上的优势,就必须对其进行适应性变革,从而使这些法律更好地适应由于网络技术发展及网络运用环境的变化而对法律制度提出的新要求。

拿《中华人民共和国网络安全法》来说,其颁布实施为我国网络安全治理提供了坚实的法律保障。在网络安全运行方面,第三十五条明确指出:"关键信息基础设施的运营者采购网络产品和服务,可能影响国家安全的,应当通过国家网信部门

---

① 余晓青:《新时代意识形态网络舆情治理探析》,《马克思主义研究》2019年第3期,第93~101页。
② 刘建华:《美国对华网络意识形态输出的新变化及我们的应对》,《马克思主义研究》2019年第1期,第140~149页。
③ [瑞士]约万·库尔巴里贾:《互联网治理》,鲁传颖,等译,北京:清华大学出版社2019年版,第145页。

会同国务院有关部门组织的国家安全审查。"而为了更好地补充和完善该规定,国家互联网信息办公室发布的《网络产品和服务安全审查办法(试行)》中进行了具体规定。该办法旨在提高网络产品和服务安全可控水平,防范供应链安全风险。根据该办法,关系国家安全和公共利益的信息系统使用的重要网络产品和服务以及关键信息基础设施运营者采购的网络产品和服务,可能影响国家安全的,都要经过网络安全审查;网络安全审查重点在于网络产品和服务的安全性、可控性。而配套法规的出台及实施,就是为了更好地落实网络安全法中的相关规定,从而体现其在规范网络空间秩序方面的优势。

网络社会是一种全新的社会形态,它伴随互联网的迅猛发展及对社会的全面介入和渗透而形成,与农业社会和工业社会环境有巨大差别。其重要表现就在于社会发展的信息化、数字化特征,而基于网络信息技术的普及和广泛运用,人际互动模式、政府和社会关系形态、既有的权力结构和权力关系等都发生了深刻变化。唐·泰普斯科特和阿特·卡斯顿认为,伴随着计算机技术的商业应用、信息技术本身以及技术的主导应用的深刻变化,我们正步入信息时代的第二阶段。如果企业组织无法适应新的形势,不能有效地实现转轨,就会被无情地淘汰。[①] 也就是说,伴随网络信息技术的变革,企业组织必须实时地进行调整和改革,才能适应信息时代的发展要求。虽然这里谈论的主要是企业组织的变迁,但对于网络法治建设来说又何尝不是如此呢?互联网时代出现了许多新情况、新事物,需要及时修订现有法律法规,制定新的法律法规,从而使有关法律法规顺应互联网时代的新趋势。[②]

如果网络空间的法律规定在网络社会中的适应能力较差,不能随着网络信息技术的变革而调整自身,甚至表现出了刻板性和僵化特点,那么其适应能力就无从谈起,也就很难发挥在规范网络空间秩序方面的重要作用,这对防范化解纷繁复杂的意识形态安全风险都是极为不利的,实现网络意识形态安全也是十分困难的。

网络技术已然成为人们参政议政的重要平台,它改变了既有的政治表达和参与模式,以及权力和权利关系。不论是政府与社会之间政治沟通状况的变化,网络民意在政府过程中重要性的凸显,还是政治参与模式的变迁,都考验着网络空间法律规范的适应能力。在依法保障网络意识形态安全过程中,强调相关法律规范的适应性变革,一个重要原因就在于通过适应性变革更好地发挥法治在网络意识形态安全治理中的作用。

---

① [美]唐·泰普斯科特、阿特·卡斯顿:《范式的转变——信息技术的前景》,米克斯,译,大连:东北财经大学出版社1999年版,第15~16页。
② 金江军、郭英楼:《互联网时代的国家治理》,北京:中共党史出版社2016年版,第346页。

三、夯实依法保障网络意识形态安全的技术基础

在以法治路径促进网络意识形态安全治理的诸多保障条件中,网络技术是十分重要的方面。切实提升网络意识形态安全治理的能力和水平,牢牢掌握网络意识形态工作的领导权,必须注重网络技术的作用。

(一)积极的网络技术运用与网络意识形态安全

应该认识到,虽然网络技术的发展及其广泛运用已经成了影响国家政治安全的重要因素,但作为一种先进的生产力代表,网络技术给社会诸方面发展带来的机遇要远远大于挑战。卡斯特所言极是:"网络建构了我们的新社会形态,而网络化逻辑的扩散实质地改变了生产、经验、权力与文化过程中的操作和结果。"①在网络意识形态安全治理中,我们的观念必须要符合网络社会和网络技术本身的发展特征。但实际上,我们在应对诸种网络意识形态安全挑战和风险方面,在技术观念方面还相对滞后,尤其是过多地强调对网络技术的管控来实现所谓的"安全"。对此,有研究指出,相对于发达国家而言,我国的网络治理效果是滞后的,其原因有行政体制问题,也有政府引导和民众认知等因素,但首要问题是解决网络治理的价值定位,即网络治理理念问题。②

在讨论网络安全治理的主题时,学者们常常会提及这一问题,即目前我们的技术观念与网络社会发展和网络技术发展的实际需求之间还有一定差距。比如有研究指出,目前官员对网络可谓爱恨交加,一些官员对网络惊慌失措、望而生畏,对网络舆论视而不见者有之,拒绝采访者有之,屏蔽、删除、封杀网贴者亦有之,把网络监督视为"洪水猛兽"予以阻挡,"跨省(追捕)"成为网络热词,甚至一些人惊呼网络让"官不聊生"。③ 还有调查发现,一些领导干部的思维方式与新媒体舆论环境变化还不适应,对新兴媒体舆论生成特点缺乏深刻理解,在管理媒体和引导舆论上仍然墨守成规;有的领导干部面对新兴媒体的崛起和巨大影响力,缺乏危机感,不是把网络当作"察民声、知民情、解民怨"的有效手段,而是当作一种消遣娱乐的工具;有的则认为"网络问政"是分外之事、与己无关,甚至将其视为额外负担;有的领导干部认为,网上传播的信息公信力和影响力比较差,小波小浪翻不起大船,不必太在意,结果往往贻误了妥善处置事件的最佳时机;有的对网上舆论保持沉默,不解释、不说明、不澄清,以至舆论酝酿发酵、流言扩散、以讹传讹,造成舆论失控的局

---

① [美]曼纽尔·卡斯特:《网络社会的崛起》,夏铸九,等译,北京:社会科学文献出版 2003 年版,第 569 页。
② 刘素华:《略论中国网络治理理念的完善》,《中共中央党校学报》2013 年第 2 期,第 100~104 页。
③ 曹峰旗:《恐惧、技术恐惧与官员网络恐惧》,《天津行政学院学报》2015 年第 4 期,第 59~65 页。

面。① 上述问题的存在,其原因是多方面的,但不得不承认政府工作人员的网络技术观念是一个极为重要的方面,而网络技术观念的不足会无形中增加网络意识形态安全治理的难度。

达雷尔·韦斯特指出,新技术总是能够激发人们的热情,分化人们的立场,派生出关于新技术对社会、对个人的影响的许多问题。从本质上讲,新技术通过破坏性创造,深刻影响社会和政府的运行方式以及人们的互动方式。新技术的拥护者总是会罗列一大堆好处,而批评家们总是担心、顾虑新技术对政治制度、社会生活、个人价值观等方面的负面影响。② 其观点反映了人们关于网络技术的影响在认知上的分野,必须承认,作为一种先进技术手段,网络技术就其对社会的影响来说,积极作用无疑大于消极作用。因此,充分利用网络技术,是有效开展网络意识形态工作,以及应对各种网络意识形态安全问题的现实需要。

近年来,在国家层面出台的规范文件(见表6-1)中,如《国务院关于大力推进信息化发展和切实保障信息安全的若干意见》《国家信息化发展战略纲要》《中华人民共和国网络安全法》等,都强调了对互联网要坚持"积极利用、科学发展、依法管理、确保安全"的方针,而且基于网络技术对社会各方面渗透和介入的逐步加深,"互联网+"也已成为政府推进社会发展的重要方略。《关于积极推进"互联网+"行动的指导意见》中指出,"'互联网+'是把互联网的创新成果与经济社会各领域深度融合,推动技术进步、效率提升和组织变革,提升实体经济创新力和生产力,形成更广泛的以互联网为基础设施和创新要素的经济社会发展新形态",应"充分发挥'互联网+'对稳增长、促改革、调结构、惠民生、防风险的重要作用"。

表6-1 中央在应对网络安全问题上指导方针和目标导向的转变

政府权威文件	发布时间	指导方针	目标导向
《国家信息化领导小组关于加强信息安全保障工作的意见》	中共中央办公厅、国务院办公厅2003年9月7日发布	坚持"积极防御、综合防范"的方针	全面提高信息安全防护能力,保障和促进信息化发展,维护国家安全
《2006—2020年国家信息化发展战略》	中共中央办公厅、国务院办公厅2006年3月19日发布	坚持"积极防御、综合防范"的方针	探索和把握信息化与信息安全的内在规律,主动应对信息安全挑战,实现信息化与信息安全协调发展

---

① 熊黎明、张德寿:《领导干部运用新兴媒体的发展态势及其能力提升——基于云南省领导干部抽样调查的分析》,《湖北行政学院学报》2014年第3期,第40～43页。
② [美]达雷尔·韦斯特:《下一次浪潮:信息通信技术驱动的社会与政治创新》,廖毅敏,译,上海:上海远东出版社2012年版,第2页。

续表

政府权威文件	发布时间	指导方针	目标导向
《国务院关于大力推进信息化发展和切实保障信息安全的若干意见》	国务院 2012 年 6 月 28 日发布	坚持"积极利用、科学发展、依法管理、确保安全"的方针	国家信息安全保障体系基本形成,重要信息系统和基础信息网络安全防护能力明显增强,信息化装备的安全可控水平明显提高,信息安全等级保护等基础性工作明显加强
《国家信息化发展战略纲要》	中共中央办公厅、国务院办公厅 2016 年 7 月 26 日发布	坚持"积极利用、科学发展、依法管理、确保安全"的方针	建立法律规范、行政监管、行业自律、技术保障、公众监督、社会教育相结合的网络治理体系
《中华人民共和国网络安全法》	第十二届全国人民代表大会常务委员会 2016 年 11 月 7 日通过	遵循"积极利用、科学发展、依法管理、确保安全"的方针	推进网络基础设施建设和互联互通,鼓励网络技术创新和应用,支持培养网络安全人才,建立健全网络安全保障体系,提高网络安全保护能力

注:根据相关资料整理而成。

当前网络空间事实上已成为人们表达和参与的主要通道。加之互联网自身的许多明显优势,比如高度的开放性、互动性以及跨越国界的特征,使其不再像前网络时代那样由于政府对大众媒介所有权的垄断而对传播内容进行层层过滤和把关。借助网络技术平台进行利益表达、反映社会问题、进行各种宣传和动员、组织政治活动等都较为容易。对于政府而言,能否借助网络技术,对网络空间反映的社会矛盾和问题进行积极回应,感知社会动态,对网络舆情进行及时疏导,增强与社会的对话与沟通,直接关乎网络意识形态安全。

可见,网络新技术对意识形态安全的效果如何,关键取决于如何对其加以利用。"网络的快速信息传递既使公众的信息反馈速度大大加快,也使得政府对问题的回应速度大大加快。网络还使民众与高层政府官员的直接对话已经不再是不可及或偶然的事情,网络使公民和政府实现了没有中间环节的直接沟通,它必将有利于矛盾的化解,密切政民关系,从而增加社会稳定"①。因此,在网络技术迅猛发展的背景下,借助多元化的网络技术手段加强与社会沟通,畅通沟通渠道,保障公民借助网络实现其知情权、参与权、表达权、监督权,促进决策科学化民主化以及社会治理创新,避免消极网络技术运用导致的对社会需求的排斥而造成的政治体系与社会之间的矛盾和冲突,从而使网络技术在促进网络意识形态安全方面发挥实质性作用。

在面对各种网络意识形态安全问题时,应积极主动与持不同意见的社会群体进行充分的协商、对话,使人们在交流沟通中认清事实本质,化解认识误区,而且积极吸纳各方意见和建议,也有利于纠正政府决策中的种种失误。而且,"准确、权威的信息不及时传播,虚假、歪曲的信息就会搞乱人心;积极、正确的思想舆论不发展壮大,消极、错误的言论观点就会肆虐泛滥"。② 只有积极主动利用互联网,强化互联网思维,积极引导网络舆论,才能达到政府和社会各主体的良性网络互动,消除各种因"管制"带来的弊病,促进网络意识形态安全问题的解决。

(二)优良的网络技术治理与网络意识形态安全

在网络社会,一个不可否认的事实是,网络技术的多元化运用对社会治理带来了严峻挑战。其中,对意识形态安全的挑战是重要方面。

随着网络普及程度不断提高,网络技术对社会各方面渗透和介入的加强,诸如网络空间各种不良信息的传播,借助网络而进行的负面政治宣传、动员甚至进行犯罪活动,以及各种跨越国界的网络攻击、渗透、颠覆活动等,都呈现出多样化特征,网络意识形态安全问题日益凸显了出来。这在客观上就决定了必须不断优化网络治理。

应该看到,目前我国网络治理中还存在许多不足。比如在网络治理过程中存在的"碎片化治理""运动式治理"等,网络治理思路仍然是实体社会的国家主义逻辑,"全部的互联网秩序又都镶嵌在传统的国家治理体制之下,时时经受着各种直接或间接的国家控制,其手段从网络水军、行政管制到刑事打击各色不等,国家力量可以很轻易地打破任何主体在网络空间获得的虚拟平等与自由"③,且尚未形成完善的网络治理体系,以至于在网络安全治理中还存在种种"乱象"。事实上,网络

---

① 刘文富:《网络政治:网络社会与国家治理》,北京:商务印书馆2002年版,第209页。
② 中共中央党史和文献研究院:《习近平关于网络强国论述摘编》,北京:中央文献出版社2021年版,第59页。
③ 田飞龙:《网络时代的治理现代化:技术、管制与民主》,《苏州大学学报(哲学社会科学版)》2015年第1期,第71~80页。

治理不完善势必会不断加剧网络意识形态安全风险,这会进一步强化政府对网络进行管控的欲望,而政府越是对网络严防死守和管制,越容易激化与社会之间的矛盾和冲突,越容易引发激进的网络行为以及消解政府与社会之间的相互信任,从而就越不利于网络意识形态安全。

当前我国网络治理已经形成了政府主导、市场参与、多元共治、充分动员的治理模式,[①]但随着网络社会以及网络技术的动态发展,这种治理模式也需要不断完善,以优化网络治理体系。《国家网络空间安全战略》明确提出了推进网络治理、完善网络治理体系的战略任务,强调应"坚持依法、公开、透明管网治网,切实做到有法可依、有法必依、执法必严、违法必究"。"加快构建法律规范、行政监管、行业自律、技术保障、公众监督、社会教育相结合的网络治理体系,推进网络社会组织管理创新,健全基础管理、内容管理、行业管理以及网络违法犯罪防范和打击等工作联动机制。""鼓励社会组织等参与网络治理,发展网络公益事业,加强新型网络社会组织建设。鼓励网民举报网络违法行为和不良信息。"通过完善的网络治理,规范网络运行,形成应对网络意识形态安全问题的有效机制,依法惩治网络违法犯罪行为,从而有助于提高政府应对网络风险的能力。

各个国家的发展状况、国家治理体系、网络文化以及法治状况等方面都有所不同,使得其网络治理体系也各具特点并且存在较大差异。但总体来说,大部分国家的网络治理都会涉及以下几方面:维护网络安全,主要是打击和遏制网络恐怖活动、网络犯罪、黑客、病毒等;治理不良信息,保护未成年人权益,主要是针对诸如色情、暴力、危害国家安全、煽动种族和宗教仇恨歧视的内容、垃圾邮件等;监管互联网市场,包括市场准入、普遍服务、IP地址和域名网络资源管理等;引导和规范数字内容产业,包括保护知识产权、发展本土网络文化等。[②]

通过完善的网络治理体系促进网络治理,一方面可以规范网络技术运用,促进网络文化、网络产业健康发展,另一方面也可以借此不断挖掘网络技术潜力,以发挥其在国家发展中的积极作用。《"十四五"国家信息化规划》强调,要"加强网络安全核心技术联合攻关,开展高级威胁防护、态势感知、监测预警等关键技术研究,建立安全可控的网络安全软硬件防护体系","完善网络安全监测、通报预警、应急响应与处置机制,提升网络安全态势感知、事件分析以及快速恢复能力",突出了网络技术治理的重要性。从确保网络意识形态安全的角度来说亦是如此。借助完善的网络治理体系实现有效的网络治理,塑造安全的网络发展和运用环境,使网络技术

---

① 黄相怀,等:《互联网治理的中国经验:如何提高中共网络执政能力》,北京:中国人民大学出版社2017年版,第20~24页。

② 汪玉凯、高新民:《互联网发展战略》,北京:学习出版社2012年版,第72页。

和政治体系之间实现良性互动,这是在网络时代维护和实现网络意识形态安全的必要条件。

(三)充分发挥网络技术专业人才的作用

推进网信事业发展,切实维护网络安全,离不开网络技术人才的支撑作用。"建设网络强国,要把人才资源汇聚起来,建设一支政治强、业务精、作风好的强大队伍。"①在社会主义新时代,以法治路径促进网络意识形态安全治理,牢牢掌握网络意识形态工作的领导权,建强网络意识形态工作人才队伍是重要保障。没有一支强大的人才队伍作为智力支撑,网络意识形态安全必定是镜中花、水中月,面对激烈复杂的网络意识形态斗争将难以立足、失去阵地。

如今,网络技术渗透到了社会生活的方方面面,谁掌握了先进的网络技术,谁就占领了信息传播的制高点,谁就拥有了影响整个世界的能力。对于网络意识形态安全治理更是如此。习近平总书记指出,人才是第一资源,强调"网络空间的竞争,归根结底是人才竞争。建设网络强国,没有一支优秀的人才队伍,没有人才创造力迸发、活力涌流,是难以成功的。念好了人才经,才能事半功倍。对我国来说,改革开放初期,资本比较稀缺,所以我们出台了很多鼓励引进资本的政策,比如'两免三减半'。现在,资本已经不那么稀缺了,但人才特别是高端人才依然稀缺。我们的脑子要转过弯来,既要重视资本,更要重视人才,引进人才力度要进一步加大,人才体制机制改革步子要进一步迈开。网信领域可以先行先试,抓紧调研,制定吸引人才、培养人才、留住人才的办法"②,"要鼓励支持国内科研院校、网信企业吸收海外高端人才。要研究制定网信领域人才发展整体规划,推动人才发展体制机制改革,让人才的创造活力竞相迸发、聪明才智充分涌流"③。网络意识形态工作专业化程度很高,仅凭传统的机关化工作方法难以做好,必须大力培养网络技术人才,构建高素质的人才体系,为依法推进网络意识形态安全治理提供坚强人才保障。

着力队伍建设,强化人才支撑,是推进国家信息化发展的重要政策措施。在《"十三五"国家信息化规划》《"十四五"国家信息化规划》中,都特别强调了网络人才的重要性。比如指出,要"建立适应网信特点的人才管理制度,着力打破体制界限,实现人才的有序顺畅流动。建立完善科研成果、知识产权归属和利益分配机

---

① 《习近平谈治国理政》,北京:外文出版社2014年版,第199页。
② 习近平:《在网络安全和信息化工作座谈会上的讲话》,2016年4月19日。
③ 中共中央党史和文献研究院:《习近平关于网络强国论述摘编》,北京:中央文献出版社2021年版,第46页。

制,制定人才入股、技术入股以及税收等方面的支持政策,提高科研人员特别是主要贡献人员在科技成果转化中的收益比例。聚焦信息化前沿方向和关键领域,依托国家'千人计划'等重大人才工程和'长江学者奖励计划'等人才项目,加快引进信息化领军人才。开辟专门渠道,实施特殊政策,精准引进国家急需紧缺的特殊人才。加快完善外国人才来华签证、永久居留制度。建立网信领域海外高端人才创新创业基地,完善配套服务。建立健全信息化专家咨询制度,引导构建产业技术创新联盟,开展信息化前瞻性、全局性问题研究。推荐信息化领域优秀专家到国际组织任职。支持普通高等学校、军队院校、行业协会、培训机构等开展信息素养培养,加强职业信息技能培训,开展农村信息素养知识宣讲和信息化人才下乡活动,提升国民信息素养"。要"优化人才培养机制,着力培育信息化领域高水平研究型人才和具有工匠精神的高技能人才。通过搭建国际合作交流平台、开展世界级大科学项目研究,推动科研人才广泛交流。深化新工科建设,建设一批未来技术学院和现代产业学院,打造信息化领域多层次复合型人才队伍","加强领导干部网信教育培训,大力推动领导干部学网、懂网、用网,提升各级领导干部获取数据、分析数据、运用数据的能力,不断提高对信息化发展的驾驭能力"。

与之相应,应着力打造一支具有较高思想政治素质、过硬业务能力、富有开拓创新精神、忠于党忠于人民的网络工作人才队伍。要进一步加强对涉网党政机关领导干部及工作人员的专业化培训,既要强调做到守土有责、守土负责、守土尽责,各有关方面要加强沟通、密切配合,齐心协力做好网络领域意识形态工作,又要注重互联网思维和互联网技术的再教育、再培训。各级领导干部及相关涉网工作人员应充分认识到上网、用网是党治国理政的需要;充分认识到网络已经成为舆论斗争的主战场,这块阵地绝不能拱手相让,必须与时俱进、顺势而为;充分认识到互联网最大的特点是交互性,要努力做网民的贴心人;充分认识到网络领域意识形态工作具有极强的专业性,要学会用专业化的手段来处置网络上发生的事件。还要不断壮大网络评论员、网络文明志愿者等专业力量和群众力量,进一步优化相关管理制度和调度流程,让正能量的声音响彻网络、深入人心。

四、基于依法治网构建网上网下同心圆

必须看到,诸多意识形态安全问题正是社会转型发展中所累积的矛盾和问题的一种反映。网络空间是现实社会的延伸和拓展,也是现实社会的映射,维护网络

空间安全仅靠政府是不够的,必须让全社会广泛参与,打一场"人民战争"①。依法促进网络意识形态安全治理,切实化解网络空间的诸多矛盾和问题,进而夯实网络意识形态安全的社会基础是关键。

(一)依法解决网络空间反映的矛盾和问题

网络意识形态是一种全新的意识形态,它是网络社会的产物,是高度融渗和综合了线上线下意识形态而形成的网络社会的全新样式,是传统意识形态各要素在网络信息空间的延伸和再现。网络意识形态安全能否实现,关键就在于政治体系能否与社会环境实现良性互动,即能否从环境中不断吸纳新生的政治力量,能否充分有效发挥其在推动经济社会发展中的功能,能否得到社会的广泛支持和认同。只有社会中广大民众的民主权利得到了基本实现,民生问题得到了切实解决,免于各种恐慌和侵害,公平正义得以体现,社会安定,人民安居乐业,各方面日益增长的安全需求得到了切实满足,才能从根本上消除网络空间的不安全因素。网络意识形态工作归根结底要依靠人民这一建设主体、评价主体,这是祛除意识形态虚幻性之魅的根本途径,故而,人民利益能否切实得到维护和增长,这是检验网络意识形态工作成效的根本标志。②

网络空间是一种虚拟空间,但借此展开的各种网络政治活动并非与现实社会无关,相反,其根基正在于现实社会,网络空间的政治矛盾和冲突正是现实政治矛盾和冲突的反映。因此,网络技术只是诸多网络意识形态安全问题的一个必要条件,绝非根本因素。如果只是停留于对网络技术的简单管控,以一种传统的信息传播观念看待网络平台的信息传播,那么是不利于网络意识形态安全问题的解决的。正如习近平总书记所强调的,"形成良好网上舆论氛围,不是说只能有一个声音、一个调子,而是说不能搬弄是非、颠倒黑白、造谣生事、违法犯罪,不能超越了宪法法律界限","对网上哪些处于善意的批评,对互联网监督,不论是对党和政府工作提的还是对领导干部个人提的,不论是和风细雨的还是忠言逆耳的,我们不仅要欢迎,而且要认真研究和吸收"。③ 没有这样的互联网思维,就难以应对网络空间反映的诸多问题,申而言之,要真正净化网络空间也是不可能的。

互联网络的发展充斥着中国的政治生态,特别是使政府过程的公开性和透明性大大增强,暗箱操作已变得极为困难。而这在客观上也决定了政府必须转变传

---

① 杜飞进:《中国的治理:国家治理现代化》,北京:商务印书馆2017年版,第183页。
② 李艳艳:《习近平关于网络意识形态工作重要论述的逻辑探析》,《思想理论教育导刊》2022年第5期,第46~55页。
③ 中共中央党史和文献研究院:《习近平关于网络强国论述摘编》,北京:中央文献出版社2021年版,第72页。

统的政治认知，并借助网络与社会进行积极互动，这一方面能及时发现诸多社会矛盾和问题，从而有效应对，防患于未然，完善决策，增强政府的有效性，维护社会稳定，另一方面能拉近政府与民众的关系，增强民众对政府的理解和支持，增强其合法性。实际上，"网络政治表达的是一种双向、互动、直接的民主，领导干部应积极主动与公民进行沟通，倾听公民的意见，对越来越多民众的参与要适应、要习惯、要给予理解和宽容。同时，领导干部也要有更多的平等精神，坦诚、平等地与公民对话，克服居高临下，单向说服的陈旧观念。此外，领导干部要转变职能，学会遇到问题虚心向群众求教，提高效率，更好地为公众服务"①。目前，许多领导干部都能以较为积极的心态来处理与民众的关系，比如通过博客、微博、微信平台等方式与民众交流，积极回应其所反映的问题。并且，通过网络了解民意，掌握舆情动态，就相关问题与网民在线讨论，如今都已成为普遍现象。然而，也有不少领导干部在对待网络上存在许多传统观念，存在"网络恐惧症"。传统的封、堵、删等手段显然已不适应网络时代维护网络意识形态安全治理需要，而借助网络与民众互动，依法解决网络空间发言的矛盾和问题，才是应有做法。

网络治理不能一封了之。特别是中国目前正处于转型期，社会矛盾多发，互联网成了重要的"民意集散地"，因此，若不能有效解决网络空间反映的各种矛盾和问题，必然起不到预期的效果，即便能起一定作用，那也是一种短期效应，很难从根本上解决问题。就像有研究所表明的，屏蔽、删贴的手段固然可以在舆情事件发生时作为紧急措施加以采用，却不能也不可能作为常态化的舆论管理方式，否则必然出现事倍功半的结果。②虽然对网络的管制必不可少，特别是"维稳"的现实需要，但"管制"不应成为解决问题的主要方式，更为重要的是如何更充分地利用互联网络实现政府与社会各主体间的协商、对话来发现社会问题，并了解社会各主体的真实利益诉求，进而促进科学施政，夯实网络意识形态安全基础。

（二）在政府与社会的有机网络互动中强化主流意识形态认同

网络技术的发展赋予了人们前所未有的言论自由和话语空间，以及前所未有的参与和表达机会，但网络活动一旦失去了应有的控制，很容易造成舆论失控，最终会演化成极具破坏性的力量，从而给网络意识形态安全造成不利影响。就像有学者所说的，"网络社会也是一个高风险的社会，网络社会中的信息安全风险由此也成为政治安全风险的表征之一"③。正是这种状况，使得政府对网络进行控制有

---

① 杜骏飞：《互联网思维》，南京：江苏人民出版社 2015 年版，第 248 页。
② 李艳艳：《互联网意识形态建设研究》，北京：人民出版社 2019 年版，第 213 页。
③ 黄新华、何雷：《国家治理现代化进程中的政治安全风险研究》，《探索》2015 年第 4 期，第 93~99 页。

了合理的理由。

相比于众多西方早发达国家,互联网在中国这种后发现代化国家承载了更多的政治功能,比如促进民众的政治表达、政治参与、实施政治监督、进行政治动员,等等,这些功能的正常发挥对于网络意识形态安全的作用是不言而喻的。而当前主导中国政府网络安全治理的"管制"理念则难以适应网络意识形态安全的真实需求,并且过分的"管制"还会降低甚至消除网络在促进网络意识形态安全上的诸种功能,虽说"管制"可以实现短期或表面的稳定,但其背后可能存在更为严重的安全隐患。比如过分强调"管制"会造成社会对政府的不信任,甚至引发各种猜测,由此便会引发各种网络谣言、虚假信息传播,增加了社会不稳定的潜在风险,从而就会出现"越管制越不稳定"的困境。而走出这种困境,实现政府与社会间的协商、对话就是一个必要途径。

习近平总书记指出:"各级党政机关和领导干部要学会通过网络走群众路线,经常上网看看,潜潜水、聊聊天、发发声,了解群众所思所愿,收集好想法好建议,积极回应网民关切、解疑释惑。善于运用网络了解民意、开展工作,是新形势下领导干部做好工作的基本功。各级干部特别是高级干部一定要不断提高这项本领。"[①] 做好网络意识形态工作,必须要坚持线上与线下协同推进。原因就在于,网络意识形态是现实意识形态在网络空间的延伸和映照,现实空间有多少种意识形态,网络空间就有多少种意识形态与其相呼应。现实空间的意识形态会在网络空间呈现,网络空间意识形态也会引发现实空间意识形态振动。[②]

作为一种客观的空间存在形式,网络空间是现实物理空间的延伸,网络空间生态是现实社会生态的一种折射,不仅网络空间各行为主体都是现实的,网络空间所反映的矛盾和问题也都根源于现实社会。在既有参与渠道有限或不畅的情况下,网络的出现就为人们参与政治提供了重要管道,当广泛的网络参与不能得到现有制度的吸纳,人们反映的问题无法得到有效解决时,他们往往就会用极端的、偏激的参与行为对其面临的问题和矛盾进行非理性表达,这容易消解人们对马克思主义意识形态价值理念的认同。在互联网迅猛发展的时代场域中,社会治理已表现出了新的趋势,即正在从线下治理转向线上线下协同治理。通过法治路径促进网络意识形态安全治理,要实现网上与网下协同推进,如此,才能一方面借助网络通道了解多元化的社会诉求,另一方面通过现实社会的政策调整更好地解决人们在网络空间反映的问题。"只有线上与线下融合治理,才能及早抽丝剥茧、寻根探源,

---

① 《习近平谈治国理政》(第二卷),北京:外文出版社2017年版,第336页。
② 陈双泉、韩璞庚:《新时代我国网络意识形态风险防范与治理逻辑》,《甘肃社会科学》2022年第1期,第193~201页。

又虚实结合、对症下药,达到根治的目的。"① 实现网上与网下协同推进,构建网上网下同心圆,才能更好地利用法治应对因网络技术发展及广泛运用而造成的各种风险,切实解决诸多网络意识形态安全问题。

综上所述,通过政府和社会各主体的良性网络互动,增强人们对党和政府的政治认同,也能增强对马克思主义主流意识形态的认同。对于网络空间反映的各种问题,必须线上线下共同发力。在加强线上互动、线下沟通过程中,才能有助于形成网络安全治理合力,减少网络空间的戾气。这样,有助于净化网络空间,进而提升网络意识形态安全工作成效。

---

① 王承哲:《意识形态与网络综合治理体系建设》,北京:人民出版社 2018 年版,第 316 页。

结语　高度重视和不断完善网络意识形态安全治理的法治路径

随着网络技术快速发展,互联网技术已成为国家稳定发展的重要影响变量,其中对意识形态的影响是非常重要的一方面,日益突出的网络意识形态安全问题,已然成为必须正视的重大现实问题。而网络意识形态安全,意味着马克思主义为指导的社会主义意识形态,通过在网络空间的传播,能够得到最广大人民群众的认可、拥护和支持,社会主义核心价值体系能够引领网络空间各种社会思潮;同时,社会主义意识形态经由网络媒介的传播,在国际上能够拥有一定的话语权和影响力,在西方国家意识形态的冲击下,能够保持其指导地位不动摇。党的二十大报告在阐述建设具有强大凝聚力和引领力的社会主义意识形态时特别强调,要"健全网络综合治理体系,推动形成良好网络生态"[①],进一步突出了前进道路上维护网络意识形态安全的重要性。推进网络空间治理,法治是重要的方式。以法治路径推进网络意识形态安全治理,是新时代意识形态工作的重要理路,实践中应高度重视和不断完善网络意识形态安全治理的法治路径。

一、准确把握网络意识形态安全治理法治路径的基本要求

当今社会,互联网不仅已经成为一种全新的大众传播媒介形式,而且通过对社会生活各领域的全方位渗透,促进了各种社会变革的发生。网络空间已经成为意识形态工作的重要战略空间,互联网因而成为意识形态安全的重要影响变量。目前,虽然学界已有学者提出网络空间意识形态安全治理的法治路径,特别是提出网络阵地意识形态建设法治化,但基本都是初步探讨,而且大都停留于从单向度的法治角度对网络空间的意识形态工作提出建议,忽视了对意识形态本身特殊性的考

[①]　习近平:《高举中国特色社会主义伟大旗帜　为全面建设社会主义现代化国家而团结奋斗——在中国共产党第二十次全国代表大会上的报告》,北京:人民出版社2022年版,第40页。

察,以及对法治与意识形态二者内在的逻辑关联的探讨。强调以法治路径推进网络意识形态安全治理,必须转变简单的管控思维,遵循法治逻辑以及意识形态工作规律。这也决定了准确把握网络意识形态安全治理的"法治路径"的内涵及基本要求的重要性。

必须明确,强调网络意识形态安全治理的法治路径,绝不是简单地运用法治手段对网络空间进行强行规制。在社会中既有的沟通和表达机制尚不健全的情况下,互联网已逐步成为人们政治表达和互动的主要通道,因而其政治参与和表达的热情得到了空前释放。但在多方面因素的作用下,网络参与者往往会表现出非理性行为,加之各种网络推手的推波助澜、乘机渲染、无限放大,于是成为意识形态安全问题的重要诱因。而在应对复杂的网络意识形态安全风险方面,法治的规范引领作用必不可少。

正如叶叙理·埃萨雷和肖强在分析网络数字化传播与中国政治变革的关系时所说的,数字化媒介技术在中国的普及,导致公众讨论的自由化,为人们提供了许多新的机会用以表达政治主张,而中国共产党(政府)则利用法律和技术手段来控制和引导网络空间的政治表达,以应对网络对其形成的挑战。[①] 但我们在网络治理中,往往会出现"过度管制"的情形。这种"过度管制",会使网络技术带来的自由、民主、创新等价值大打折扣甚至被抵消,反而不利于网络意识形态安全。在转型中的中国,社会矛盾多发,在多重因素影响下,很多时候人们的网络表达和参与并不是理性的,比如各种网络谣言、负面网络宣传和动员、网络暴力甚至网络犯罪,以及跨国网络意识形态安全风险的存在,都会对马克思主义主流意识形态的凝聚力和引领力带来冲击。这种现状客观上决定了需要对网络媒介进行法治化规制。然而,这并不是说我们就要借助法治手段对网络空间人们的所有表达和参与行为进行强行规制,原因就在于这种规制有其特有的内容和边界。

强调网络意识形态安全治理的法治路径,也不是说法治就能解决网络空间的一切意识形态安全问题。有人可能会认为,法律会不断进步,能逐步解决这个世界上绝大多数的问题,让所有人和组织都在一个完美的制度框架下协作,但这往往只是一种美好愿望。实际上,网络意识形态安全问题的解决,还需要其他方式的共同作用。习近平总书记指出:"没有网络安全就没有国家安全,没有信息化就没有现代化。建设网络强国,要有自己的技术,有过硬的技术;要有丰富全面的信息服务,繁荣发展的网络文化;要有良好的信息基础设施,形成实力雄厚的信息经济;要有

---

① Ashley Esarey, Xiao Qiang, Digital Communication and Political Change in China, International Journal of Communication, 2005, 5, pp.298 – 319.

高素质的网络安全和信息化人才队伍;要积极开展双边、多边的互联网国际交流合作。"①这说明,要有效应对网络安全风险和挑战,需要多维并进,协同发力。法治虽然在解决诸多网络意识形态安全问题上具有独特优势,但并不是说法治就能解决一切网络意识形态安全问题。

网络意识形态安全治理的法治路径,强调的是在意识形态和法治的有机融合中来应对诸多网络意识形态安全问题。在全面推进依法治国的背景下,在网络空间治理方面实现法治是必然要求,运用法治方式推进网络空间的意识形态安全治理是必然选择。实践中,我们应切实转变简单的管控思维,切实遵循法治逻辑以及意识形态工作规律,以法治方式推进网络空间意识形态安全治理。必须综合考虑法治和意识形态工作二者的特殊逻辑及其互动关系,在此基础上来寻求推进网络空间意识形态安全治理的可行路径,进而切实提高应对网络空间各种意识形态安全风险的能力。

此外,强调网络意识形态安全治理的法治路径,是以法治为主要方式,综合利用其他各种方式应对网络空间的意识形态安全问题。在全面推进依法治国的背景下,在网络空间治理方面实现法治是必然要求。即便如此,我们在看待网络空间的意识形态安全治理问题上,不能片面地强调通过法律的执行来维持网络空间秩序,进而通过严格管控实现意识形态安全。网络空间是一个全新场域,其内部的治理有其特殊的逻辑,强调以法治方式推进网络空间意识形态安全治理,不仅仅是法律执行的问题,还会涉及观念层面的、法律规范层面的、技术层面的问题,是一个有机的系统过程。

尽管也有研究指出:"法治与人治之间不是简单的对立关系,相反,法治的实现必然依赖人治的支持。即使在一个严格的法治社会,其政治体制也不能避免一定程度的自由裁量,尽管这种自由裁量很可能被滥用。因此,法治要尽可能限制滥用自由裁量权的机会,当然这种限制又不能导致决策的僵化,因为僵化的决策体制是没有销路的,也缺乏责任感。于是,我们看到,法治与人治是内在统一的,二者并不对立。"②但从规范网络空间秩序的角度来说,法治应成为主要方式。

以法治路径促进网络意识形态安全治理,其前提便是我们要精准把握"法治路径"的核心意涵与基本要求。我们知道,技术变迁必然会影响政治生活的变迁,有什么样的技术形态,就会以此为基础形成与之相应的政治生活形态。网络技术对社会各方面发展的影响已不可忽视,而且网络技术在解决社会诸方面发展中出现

---

① 《习近平谈治国理政》,北京:外文出版社 2014 年版,第 198 页。
② 王立峰:《法治中国》,北京:人民出版社 2014 年版,第 75 页。

的矛盾和问题上也具有重要作用。就中国而言,社会的转型发展应高度重视对网络技术的利用,这既是对网络社会发展的一种回应,也是解决具体社会问题的现实需要。但由于各方面的制度尚不健全,加之种种原因,政府在应对和解决社会矛盾和问题时往往更注重政治权力的运作,而在对网络技术的积极利用方面远未达到理想的状态,并且存在突出问题,这些问题很大程度上体现在依法治网方面。以法治路径促进网络意识形态安全治理,必须要更好地落实依法治网要求,由此来消除网络空间诸多网络意识形态安全风险。

二、不断完善和强化网络意识形态安全治理的法治路径

当今网络时代,网络空间作为一重要空间存在形式,其对经济社会发展乃至整个国家安全稳定的影响是不容忽视的。推进国家治理现代化,网络空间治理是重要内容,网络空间治理成效是整体国家治理成效的重要体现。

在营造风清气正的网络空间的过程中,法治的作用不容忽视,故而,网络意识形态安全治理的法治路径需要受到特别的重视。这要求我们,必须不断强化和完善网络意识形态安全的法治路径,通过法治的方式更好地应对各种网络意识形态安全风险和挑战。《中共中央关于坚持和完善中国特色社会主义制度 推进国家治理体系和治理能力现代化若干重大问题的决定》指出:"各级党和国家机关以及领导干部要带头尊法学法守法用法,提高运用法治思维和法治方式深化改革、推动发展、化解矛盾、维护稳定、应对风险的能力。"而这也是切实提升网络意识形态安全治理成效的现实需要。

实践中,必须将网络空间意识形态工作与法治建设有机结合,依法保障网络意识形态安全。

其一,必须强化法治思维。法治思维是法治在人们思想观念层面的体现,它是全面依法治国的重要前提。法治思维不同于人治思维,在网络意识形态工作中,它强调对法律规则和方法的运用,基于法治的逻辑认识和分析相关问题。对领导干部来说,做好网络意识形态工作,必须打破传统思维定式,注重思维方式的适应性变革,切实树立法治思维。实践中,需要增强依法办事意识,按照法律的规定和原则而非主观意愿或随便的"理由"管理网络空间的信息交流和沟通行为;增强规则意识,通过划定网络空间各行为主体的责权范围和行为边界,依法引导网络表达和参与行为,确保正确网络舆论导向,形成有序、可控的网络秩序;增强依法用权意识,通过法律约束权力运行,"坚持法定职责必须为、法无授权不可为,勇于负责、敢

于担当,坚决纠正不作为、乱作为","不得法外设定权力,没有法律法规依据不得作出减损公民、法人和其他组织合法权益或者增加其义务的决定";增强权利保障意识,在用法律法规和引导网民行为的同时,应依法保障其合法权利,并对其进行相应的法律救济。思维观念是前提,是行动的"总开关"。领导干部是否具备法治思维,直接关乎网络意识形态安全工作中法治作用是否能有效发挥。因此,不断强化领导干部的法治思维,是新时代维护和实现网络意识形态安全的迫切需要。

其二,必须注重法治方式运用。网络技术的迅猛发展及广泛运用使得意识形态工作变得极为复杂,一方面,网络技术变革与社会转型的交织,加剧了网络意识形态的安全风险,另一方面,西方国家借助网络手段对我国进行的各种意识形态渗透,更增加了网络空间意识形态安全的变数。网络意识形态工作的主要内容,就是要强化马克思主义意识形态在网络空间的主导地位。依法保障网络意识形态安全,必须注重法治方式的运用,办事依法、遇事找法、解决问题靠法,依照法治的理念、要求、原则解决网络意识形态安全问题。具体来说,需要将网络意识形态工作融入法治,借助法治方式,有效应对网络空间的各种意识形态安全问题,使法治取代非法治方式成为推进网络意识形态安全治理的基本方式;依法引导网络空间各主体的网络行为,防止网络空间与现实社会不良互动而造成消极影响,增强人们对马克思主义意识形态价值理念的认同;严格执法,有力打击网络犯罪,确保网络空间秩序;采取全方位、立体性、交叠性措施,依法对网络空间多元化的非主流意识形态进行引导,由此提升主流意识形态的凝聚力和引领力。无疑,运用法治方式推进网络意识形态工作,着力防范化解网络空间复杂的意识形态安全风险,可以弥补非法治方式的诸多不足,进而切实保障网络意识形态安全。

其三,必须严格落实依法治网。对于维护和实现网络意识形态安全来说,加强网络空间治理,建立完善的网络综合治理体系,是一重要突破口,而这需要法治保驾护航。因此,坚持依法治网,不断优化网络空间治理,提高网络综合治理能力,成为依法保障网络意识形态安全的关键环节。实际工作中,要围绕网络意识形态安全治理积极推进互联网领域立法,健全各项法律法规,完善网络治理法律法规体系,以保证网络空间依法有序运行;加强监管,使各网络行为主体在法律规定的范围内活动,把相关法律法规落到实处,使网络意识形态工作沿着法治轨道稳步推进;健全网络突发事件处置机制,网络舆情分析、研判、处置机制,切实维护网络安全;重视发挥网络法治专业人才作用,加强网络信息内容管理,保证网络空间正确舆论导向;依法加强网络资源管理,促进网络市场健康发展;依法规范网络产业发展,培养积极向上的网络文化,唱响主旋律,促进主流意识形态价值理念有效传播。概言之,唯有严格落实依法治网,进而塑造一个全方位无死角的法治化网络空间,才能为网络意识形态安全提供坚实保障。

其四，必须坚持依法用网。作为一种技术手段，网络技术对于网络意识形态安全是起推进作用还是反作用，终究取决于使用技术的人或网络行为，也就是说，如何用网是关键。充分体现网络意识形态安全工作中法治路径的优势，必须坚持依法用网。具体而言，需要注重依法引导，满足新时代人民群众在网络参与、表达、互动等多方面的新需求；借助多元化网络互动平台，大力传播主流意识形态理论，精准表达马克思主义理论核心观点，特别是要利用"双微平台"等新媒体传播方式，以鲜活的形式将主流意识形态价值理念展现给广大网民，更好发挥主流意识形态在统一思想、增进共识、凝聚力量上的重要作用；根据网络技术变革进行意识形态话语体系创新，使意识形态内容贴近实际、贴近生活、贴近群众，更符合网络社会特点，让党的新时代创新理论"飞入寻常百姓家"；按照网络传播规律，注重主体间的有机互动，重视网络民意，及时回应并依法解决网络空间人民群众反映的现实问题，走好网络群众路线，以增强人们对马克思主义意识形态理念的认同；完善各种网络互动和交流平台，拓宽意识形态工作的网络通道，依法规范各种网络平台的运行，为网络意识形态工作创造有利条件。在当今网络社会，谁掌握了网络技术，谁就拥有了话语权，也就拥有了意识形态工作的主动权，我们需要坚持依法用网，积极利用网络技术手段开展工作，充分发挥互联网技术在维护网络意识形态安全中的作用。

三、使法治成为牢牢掌握网络意识形态工作领导权的关键抓手

全面依法治国是中国特色社会主义的本质要求和重要保障。在新时代坚持和发展中国特色社会主义的基本方略的"十四个坚持"中，"坚持全面依法治国"是重要内容，而且明确了"建设中国特色社会主义法治体系、建设社会主义法治国家"的总目标，这标志着我们党对建设法治中国的理论探索和实践发展都达到了新的高度。新征程中，"必须更好发挥法治固根本、稳预期、利长远的保障作用，在法治轨道上全面建设社会主义现代化国家"[①]。

强调依法治国，原因就在于，只有全面依法治国，建设中国特色社会主义法治体系，才能建设科学立法、严格执法、公正司法、全民守法的社会主义法治国家，才能增强社会活力、促进社会公平正义、维护社会和谐稳定、确保党和国家长治久安。

---

① 习近平：《高举中国特色社会主义伟大旗帜 为全面建设社会主义现代化国家而团结奋斗——在中国共产党第二十次全国代表大会上的报告》，北京：人民出版社2022年版，第40页。

结语　高度重视和不断完善网络意识形态安全治理的法治路径

"依法治国是坚持和发展中国特色社会主义的本质要求和重要保障,是实现国家治理体系和治理能力现代化的必然要求。我们要实现经济发展、政治清明、文化昌盛、社会公正、生态良好,必须更好发挥法治引领和规范作用。"①"推进国家治理体系和治理能力现代化,……要更加注重治理能力建设,增强按制度办事、依法办事意识,善于运用制度和法律治理国家,把各方面制度优势转化为管理国家的效能,提高党科学执政、民主执政、依法执政水平。"②加强法治建设、切实推进依法治国是一项十分重要的任务。"我们必须把依法治国摆在更加突出的位置,把党和国家工作纳入法治化轨道,坚持在法治轨道上统筹社会力量、平衡社会利益、调节社会关系、规范社会行为,依靠法治解决各种社会矛盾和问题,确保我国社会在深刻变革中既生机勃勃又井然有序。"③

依法治网是依法治国的重要实践向度。习近平总书记强调:"我们要本着对社会负责、对人民负责的态度,依法加强网络空间治理,加强网络内容建设,做强网上正面宣传,培育积极健康、向上向善的网络文化,用社会主义核心价值观和人类优秀文明成果滋养人心、滋养社会,做到正能量充沛、主旋律高昂,为广大网民特别是青少年营造一个风清气正的网络空间。"④进入社会主义新时代,依法治网不断深入推进,不论是《中华人民共和国网络安全法》的颁布实施,还是《网络信息内容生态治理规定》的制定和实施,都是依法治网的重要呈现,并且极大地提升了互联网治理模式和治理能力的法治化水平。

以法治路径促进网络意识形态安全治理,就是要使法治成为牢牢掌握网络意识形态工作领导权的关键抓手。"党的十八大以来,意识形态工作积极主动,阵地意识明显提升,主旋律更响亮,正能量更强劲。同时应当看到,意识形态工作面临的内外环境更趋复杂,境外敌对势力加大渗透和西化力度,境内一些组织和个人不断变换手法,制造思想混乱,与我争夺人心。"⑤能否做好意识形态工作,直接关乎新时代中国特色社会主义事业的发展全局。特别是在当今网络时代,在社会转型与网络技术革命的交织背景下,意识形态工作面临着空前的风险,诸多意识形态安全问题因网而生、因网而增,网络意识形态安全问题必须受到特别的重视。网络意识形态风险防控是一项系统性、全局性工作,在把握当前我国网络意识形态风险特

---

① 习近平:《在党的十八届四中全会第一次全体会议上关于中央政治局工作的报告》,2014年10月20日。
② 《习近平谈治国理政》,北京:外文出版社2014年版,第92页。
③ 习近平:《在中共十八届四中全会第二次全体会议上的讲话》,2014年10月23日。
④ 《习近平谈治国理政》(第二卷),北京:外文出版社2017年版,第337页。
⑤ 中共中央党史和文献研究院:《习近平关于防范风险挑战、应对突发事件论述摘编》,北京:中央文献出版社2020年版,第38页。

点的前提下,要有针对性地选择、制定网络意识形态安全策略,守护网络意识形态主导权和领导权,为实现中华民族的伟大复兴构筑坚实的思想防线。[①] 因此,牢牢掌握网络意识形态工作领导权,是网络社会背景下意识形态工作的核心内容。这就要求,"要持续巩固壮大主流舆论强势,加大舆论引导力度,加快建立网络综合治理体系,推进依法治网。"[②]基于法治逻辑防范化解网络空间诸种意识形态安全风险和挑战,因而是一现实选择。

在新时代意识形态工作的整体战略框架中,法治应成为重要手段,我们要借助全面推进依法治国的契机,不断完善网络空间治理的诸多法律法规,严格厉行法治,通过法治提升网络意识形态安全治理水平和成效。强调网络意识形态安全治理的法治路径,这是牢牢掌握意识形态工作领导权、是全面推进依法治国、是网络社会治理的必然要求。坚信,在中国共产党的领导下,严格厉行法治,在网络意识形态治理与法治的有机融合中,将不断提升网络意识形态安全治理能力。借助于法治,切实解决网络空间存在的诸多意识形态安全问题,使马克思主义成为网络空间最强音,有助于强化马克思主义在意识形态领域的指导地位,推进形成具有强大凝聚力和引领力的社会主义意识形态。

[①] 金伟、白舒娅:《当前我国网络意识形态风险的特点及防控策略》,《当代世界与社会主义》2022年第4期,第59～65页。

[②] 《习近平谈治国理政》(第三卷),北京:外文出版社2020年版,第220页。

参 考 文 献

[1] 马克思恩格斯选集:第一~四卷[M].北京:人民出版社,1995.
[2] 毛泽东选集:第一~四卷[M].北京:人民出版社,1991.
[3] 邓小平文选:第一~三卷[M].北京:人民出版社,1994.
[4] 江泽民文选:第一~三卷[M].北京:人民出版社,2006.
[5] 胡锦涛文选:第一~三卷[M].北京:人民出版社,2016.
[6] 习近平谈治国理政[M].北京:外文出版社,2014.
[7] 习近平谈治国理政:第二卷[M].北京:外文出版社,2017.
[8] 习近平谈治国理政:第三卷[M].北京:外文出版社,2020.
[9] 习近平谈治国理政:第四卷[M].北京:外文出版社,2022.
[10] 中共中央文献研究室.习近平关于社会主义文化建设论述摘编[M].北京:中央文献出版社,2017.
[11] 中共中央文献研究室.习近平关于全面依法治国论述摘编[M].北京:中央文献出版社,2015.
[12] 中共中央党史和文献研究院.习近平关于防范风险挑战、应对突发事件论述摘编[M].北京:中央文献出版社,2020.
[13] 中共中央党史和文献研究院.习近平关于网络强国论述摘编[M].北京:中央文献出版社,2021.
[14] 中共中央关于党的百年奋斗重大成就和历史经验的决议[M].北京:人民出版社,2021.
[15] 习近平.高举中国特色社会主义伟大旗帜 为全面建设社会主义现代化国家而团结奋斗——在中国共产党第二十次全国代表大会上的报告[M].北京:人民出版社,2022.
[16] 俞吾金.意识形态论[M].北京:人民出版社,2009.
[17] 侯惠勤,等.马克思主义意识形态论[M].南京:南京大学出版社,2011.
[18] 郑永廷.社会主义意识形态发展研究[M].北京:人民出版社,2002.
[19] 童世骏.意识形态新论[M].上海:上海人民出版社,2006.
[20] 朱继东.新时代党的意识形态思想研究[M].北京:人民出版社,2018.
[21] 张志丹.意识形态功能提升新论[M].北京:人民出版社,2017.

[22] 王永贵,等.意识形态领域新变化与坚持马克思主义指导地位研究[M].北京:人民出版社,2015.

[23] 胡伯项,等.我国现代化进程中意识形态安全问题研究[M].北京:人民出版社,2017.

[24] 杨河,等.当代中国意识形态研究[M].北京:北京大学出版社,2015.

[25] 黄传新,等.社会主义意识形态的吸引力和凝聚力研究[M].北京:学习出版社,2012.

[26] 陈锡喜.意识形态:当代中国的理论和实践[M].北京:中国人民大学出版社,2018.

[27] 李萍.意识形态问题研究[M].南宁:广西人民出版社,2019.

[28] 郝保权.多元开放条件下中国社会主义意识形态安全研究[M].北京:人民出版社,2018.

[29] 王永进.网络意识形态工作话语权研究[M].杭州:浙江大学出版社,2018.

[30] 吴满意,黄冬霞,苗国厚.网络意识形态相关问题初探[M].北京:人民出版社,2019.

[31] 聂智.自媒体领域我国主流意识形态的话语权研究[M].北京:人民出版社,2020.

[32] 黄冬霞.网络意识形态话语权研究[M].北京:中国社会科学出版社,2020.

[33] 张治中.网络空间意识形态安全治理体系研究[M].北京:社会科学文献出版社,2022.

[34] 杨永志,吴佩芬,等.互联网条件下维护我国意识形态安全研究[M].天津:南开大学出版社,2015.

[35] 李艳艳.互联网意识形态建设研究[M].北京:人民出版社,2019.

[36] 张艳新.社会主义意识形态建设研究:基于和谐社会的视角[M].北京:社会科学文献出版社,2013.

[37] 夏一璞.互联网的意识形态属性[M].北京:首都经济贸易大学出版社,2015.

[38] 王承哲.意识形态与网络综合治理体系建设[M].北京:人民出版社,2018.

[39] 姚建军.主流意识形态建设与社会整合研究[M].北京:光明日报出版社,2015.

[40] 王一岚.新媒介情景下的意识形态构建[M].北京:社会科学文献出版社,2016.

[41] 于华.中国共产党意识形态领导权研究[M].北京:人民出版社,2017.

[42] 杨文华,何翘楚.网络意识形态领导权研究[M].沈阳:东北大学出版社,2017.

[43] 张志安.网络空间法治化:互联网与国家治理年度报告(2015)[M].北京:商务印书馆,2015.

[44] 刘旺洪.法律意识论[M].北京:法律出版社,2001.

[45] 黄辉.法律意识形态论[M].北京:中国政法大学出版社,2010.

[46] 孙春伟.法律意识形态论[M].北京:法律出版社,2014.

[47] 李步云,高全喜.马克思主义法学原理[M].北京:社会科学文献出版社,2014.

[48] 张文显.法理学[M].北京:高等教育出版社,2018.

[49] 王立峰.法治中国[M].北京:人民出版社,2014.

[50] 吴伟光.网络新媒体的法律规治:自由与限制[M].北京:知识产权出版社,2013.

[51] 郑慧.国家治理·依法治国·政治安全[M].北京:中国社会科学出版社,2015.

[52] 倪建民.国家安全:中国的安全空间与21世纪国略选择[M].北京:中国国际广播出版社,1997.

[53] 刘跃进.国家安全学[M].北京:中国政法大学出版社,2004.

[54] 唐文彰,姜红明.当代中国国家安全问题[M].北京:中国社会科学出版社,2010.

[55] 刘建飞.中国特色国家安全战略[M].北京:中共中央党校出版社,2015.

[56] 刘毅.网络舆情研究概论[M].天津:天津人民出版社,2007.

[57] 张显龙.全球视野下的中国信息安全战略[M].北京:清华大学出版社,2013.

[58] 余潇枫.中国非传统安全能力建设:理论、范式与思路[M].北京:中国社会科学出版社,2013.

[59] 张新华.信息安全:威胁与战略[M].上海:上海人民出版社,2003.

[60] 田作高.信息革命与世界政治[M].北京:商务印书馆,2006.

[61] 汪玉凯,高新民.互联网发展战略[M].北京:学习出版社,2012.

[62] 何哲.网络社会时代的挑战、适应与治理转型[M].北京:国家行政学院出版社,2016.

[63] 王舒毅.网络安全国家战略研究:由来、原理与抉择[M].北京:社会科学文献出版社,2016.

[64] 郭宏生.网络空间安全战略[M].北京:航空工业出版社,2016.

[65] 杜骏飞.互联网思维[M].南京:江苏人民出版社,2015.

[66] 张化冰.网络空间的规制与平衡:一种比较研究的视角[M].北京:中国社会科学出版社,2013.

[67] 贺善侃.网络时代:社会发展的新纪元[M].上海:上海辞书出版社,2004.
[68] 蔡翠红.网络时代的政治发展研究[M].北京:时事出版社,2015.
[69] 高桂云.网络媒体与党的执政能力建设[M].北京:中国社会科学出版社,2012.
[70] 马利.互联网:治国理政新平台[M].北京:人民日报出版社,2012.
[71] 高红玲.网络舆情与社会稳定[M].北京:新华出版社,2011.
[72] 张春华.网络舆情:社会学的阐释[M].北京:社会科学文献出版社,2012.
[73] 张雷.虚拟技术的政治价值论[M].沈阳:东北大学出版社,2004.
[74] 黄惟勤.互联网上的表达自由:保护与规制[M].北京:法律出版社,2011.
[75] 李艳.网络空间治理机制探索:分析框架与参与路径[M].北京:时事出版社,2018.
[76] 钟海帆.互联网与国家治理现代化[M].北京:社会科学文献出版社,2015.
[77] 金江军,郭英楼.互联网时代的国家治理[M].北京:中共党史出版社,2016.
[78] 蔡文之.网络:21世纪的权力与挑战[M].上海:上海人民出版社,2007.
[79] 蔡文之.网络传播革命:权力与规制[M].上海:上海人民出版社,2011.
[80] 沈雪石.国家网络空间安全理论[M].长沙:湖南教育出版社,2017.
[81] 惠志斌.全球网络空间信息安全战略研究[M].上海:上海世界图书出版公司 2013.
[82] 黄相怀,等.互联网治理的中国经验:如何提高中共网络执政能力[M].北京:中国人民大学出版社,2017.
[83] 俞可平.治理与善治[M].北京:社会科学文献出版社,2000.
[84] 杜飞进.中国的治理:国家治理现代化[M].北京:商务印书馆 2017.
[85] 刘平.法治与法治思维[M].上海:上海人民出版社,2013.
[86] 曼海姆.意识形态与乌托邦[M].黎鸣,译.北京:商务印书馆,2000.
[87] 麦克里兰.意识形态[M].孙兆政,等译.长春:吉林人民出版社,2005.
[88] 汤普森.意识形态理论研究[M].郭世平,等译.北京:社会科学文献出版社,2013.
[89] 汤普森.意识形态与现代化[M].高铦,等译.南京:译林出版社,2019.
[90] 贝尔.后工业社会的来临:对社会预测的一项探索[M].高铦,等译.北京:新华出版社,1997.
[91] 贝尔.意识形态的终结:50年代政治观念衰微之考察[M].北京:中国社会科学出版社,2013.
[92] 卡斯特.网络社会的崛起[M].夏铸九,等译.北京:社会科学文献出版社,2003.

[93] 卡斯特.网络星河:对互联网,商业和社会的反思[M].郑波,译.北京:社会科学文献出版社,2007.

[94] 巴雷特.数字化犯罪[M].郝海洋,译.沈阳:辽宁教育出版社,1998.

[95] 托夫勒.权力的转移[M].吴迎春,等译.北京:中信出版社,2006.

[96] 奈斯比特.大趋势:改变我们生活的十个新方向[M].孙道章,等译.北京:新华出版社,1984.

[97] 斯劳卡.大冲突:赛博空间和高科技对现实的威胁[M].黄锫坚,译.南昌:江西教育出版社,1999.

[98] 辛格,弗里德曼.网络安全:输不起的互联网战争[M].中国信息通信研究院,译.北京:电子工业出版社,2015.

[99] 尼葛洛庞帝.数字化生存[M].胡泳,等译.海口:海南出版社,1997.

[100] 桑斯坦.网络共和国:网络社会中的民主问题[M].上海:上海人民出版社,2003.

[101] 格雷厄姆,达顿.另一个地球:互联网+社会[M].胡泳,等译.北京:电子工业出版社,2015.

[102] 穆勒.网络与国家:互联网治理的全球政治学[M].周程,等译.上海:上海交通大学出版社,2015.

[103] 郑永年.技术赋权:中国的互联网、国家与社会[M].邱道隆,译.北京:东方出版社,2013.

[104] 杨国斌.连线力:中国网民在行动[M].邓燕华,译.桂林:广西师范大学出版社,2013.

[105] 季卫东.论法律意识形态[J].中国社会科学,2015(11):128-145.

[106] 郭东方,邹绍清,李军.论新时代中国特色网络意识形态治理的实践逻辑[J].马克思主义研究,2019(3):85-92.

[107] 黄冬霞,吴满意.网络意识形态内涵的新界定[J].社会科学研究,2016(5):107-112.

[108] 杨广越,黄明理.网络意识形态治理法治化的内涵与实践进路[J].治理研究,2020(3):93-99.

[109] 魏崇辉.中国特色社会主义法治原则视野下意识形态建设研究[J].宁夏社会科学,2016(1):10-15.

[110] 陈金钊.意识形态法治化及意义[J].北京联合大学学报(哲学社会科学版),2015(3):47-58.

[111] 冯颜利,王玉鹏.推进网络意识形态治理法治化[J].人民论坛,2015(14):38-39.

[112] 任庆华,许今朝.网上意识形态工作法治化探讨[J].西安政治学院学报,2016(3):82-84.

[113] 郭鹏.依法治国视域下的社会主义意识形态及其建设[J].理论与改革,2015(1):17-19.

[114] 段辉艳,蒲清平.新时代网络意识形态治理法治化的三重逻辑[J].学校党建与思想教育,2019(1):26-28.

[115] 胡荣涛,徐进功.改革开放以来中国共产党意识形态话语的法治化建构[J].学术论坛,2018(4):66-72.

[116] 王永贵,路媛.网络空间主流意识形态认同困境及其路径创新[J].理论探索,2019(3):49-54.

[117] 丁强,牟德刚,孔德民.突发公共事件中网络意识形态风险的表象、生成与治理[J].思想教育研究,2021(8):149-153.

[118] 许川川,孙洲.新时代网络意识形态风险防控的实践进路[J].理论探讨,2022(3):118-124.

[119] 李艳艳.习近平关于网络意识形态工作重要论述的逻辑探析[J].思想理论教育导刊,2022(5):46-55.

[120] 金元浦.互联网思维:科技革命时代的范式变革[J].福建论坛(人文社会科学版),2014(10):42-48.

[121] 赵蓉,黄明理.社会主义核心价值观融入法治建设的逻辑理路[J].理论探讨,2018(5):69-74.

[122] 蒋传光,王逸飞.论社会主义意识形态对当代中国法治发展的主导作用[J].学习与探索,2011(5):95-99.

[123] 杨嵘均.论网络虚拟空间的意识形态安全治理策略[J].马克思主义研究,2015(1):98-107.

[124] 刘建华.美国对华网络意识形态输出的新变化及我们的应对[J].马克思主义研究,2019(1):140-149.

[125] 姚元军.网络意识形态安全问题探究[J].江汉大学学报(社会科学版),2014(5):20-23.

[126] 张卫良,龚珊.网络意识形态的二重性特质与主流意识形态安全维护[J].中南大学学报(社会科学版),2020(1):137-143.

[127] 金哲,张瑜.中国共产党推进网络意识形态建设的历史进程与基本经验[J].社会主义核心价值观研究,2021(6):66-74.

[128] 陈双泉,韩璞庚.新时代我国网络意识形态风险防范与治理逻辑[J].甘肃社会科学,2022(1):193-201.

[129] 金伟,白舒娅.当前我国网络意识形态风险的特点及防控策略[J].当代世界与社会主义,2022(4):59-65.

[130] 刘章仪,李钢.人工智能赋能网络意识形态风险防控:背景、向度与进路[J].当代传播,2022(3):56-58.

[131] 孙炳炎.新时代网络意识形态工作的意义、主要内容和基本策略:学习习近平关于网络意识形态工作的重要论述[J].社会主义研究,2019(2):1-7.

[132] 任剑涛,朱丹.意识形态与国家治理绩效[J].学海,2018(2):72-81.

[133] 郑志龙,余丽.互联网在国际政治中的"非中性"作用[J].政治学研究,2012(4):61-70.

[134] 郎平.网络空间安全:一项新的全球议程[J].国际安全研究,2013(1):128-141.

[135] 许开轶.网络边疆的治理:维护国家政治安全的新场域[J].马克思主义研究,2015(7):128-136.

[136] 史献芝.新时代网络意识形态安全治理的现实路径[J].探索,2018(4):172-178.

[137] 吴涛."坚决打赢网络意识形态斗争"——学习习近平相关重要论述[J].党的文献,2021(6):54-61.

[138] 吕峰,王永贵.提升我国网络意识形态话语权的思路[J].理论探索,2022(4):57-64.

[139] 徐家林.网络政治舆论的极端情绪化与民众的政治认同[J].马克思主义与现实,2011(3):174-177.

[140] 胡建淼.法治思维的定性及基本内容:兼论从传统思维走向法治思维[J].国家行政学院学报,2015(6):83-87.

[141] 夏学銮.网络社会学建构[J].北京大学学报(哲学社会科学版),2004(1):85-91.